Mitarbeitergespräche

Anleitungen – Checklisten – Beispiele aus der Praxis

Frank E. Callies / Janine Völkert-May

ZEBRABUCH

Mitarbeitergespräche

von Frank Callies und Janine Völkert-May

Dieses Werk entspricht der aktuellen amtlichen Regelung der deutschen Rechtschreibung von 2017.

© 2018, Zebrabuch GbR, Auf dem Kamp 15, D-51645 Gummersbach

Alle Rechte vorbehalten.

Der Nachdruck, auch auszugsweise, ist nicht gestattet.

Redaktion Ute Knüsting

Umschlaggestaltung Susanne Schneider

ISBN: 9 783864 270574

www.zebrabuch.de

Inhaltsverzeichnis

Inhaltsverzeichnis 3

Worum geht es? 9

Hinweise 11

Definition: Was ist ein Mitarbeitergespräch und was ist es nicht? 13

Mitarbeitergespräche – Fluch oder Segen? 17

Diese Vorteile bringen Mitarbeitergespräche 23

    Leistungsbeurteilung und Einstufung 25

    Mitarbeiterqualifikation und Entwicklung 26

    Mitarbeiterführung und Mitarbeiterbindung 27

    Vertrauensbildung 28

    Feedback zum eigenen Verhalten 29

    Kennenlernen 30

    Informationsaustausch 31

    Abbau von Missverständnissen 32

    Probleme werden angesprochen und gelöst 34

    Gerüchte und „Buschfunk" werden vermieden. 35

    Motivation 36

Anlässe für Mitarbeitergespräche 37

    Regelmäßige Mitarbeitergespräche 38

        Beurteilungsgespräch 39

        Karrieregespräch 42

    Anlassbezogene Mitarbeitergespräche 46

    Einführungsgespräch 47

    Kritikgespräch 55

    Gehaltsgespräch 61

    Anerkennungsgespräch 63

    Delegationsgespräch 66

    Kündigung / Trennungsgespräch 71

    Austritts- Exit-Gespräch 74

    Ende der Probezeit 80

    Arbeitsunfähigkeit oder Krankheit 82

Vorbereitung auf ein Mitarbeitergespräch 101

    Checkliste: Vorbereitung für ein Mitarbeitergespräch 102

    So sorgt man für eine positive Gesprächsatmosphäre 111

    Ziele, die in jedem Mitarbeitergespräch erreicht werden sollten 119

So läuft ein Mitarbeitergespräch ab 123

    Gesprächseinstieg 124

    Gesprächsführung 127

    Gesprächsthema und Ablauf klären 128

    Rückblick und Feedback 134

    Ziele und Zielvereinbarungen 140

        Was ist ein Ziel? 141

        Jährliches Beurteilungsgespräch 144

        Bewertungskriterium: Umsatz 145

        Bewertungskriterium: Führung von Mitarbeitern 147

        Beurteilungskriterium: Loyalität und Engagement 148

        Kritikgespräch anlässlich eines Fehlverhaltens 149

    Gespräch zur Entwicklung des Mitarbeiters 152

    Gespräch aufgrund eines Konfliktes 153

    Kündigungsgespräch 155

    Missverständnisse vermeiden 156

  Fördermaßnahmen und Hilfen vereinbaren 170

  Zwischengespräche festlegen bzw. vereinbaren 173

  Schriftliches Protokoll und Zielvereinbarungen 178

  Nachbereitung und Qualitätskontrolle 182

So bauen Sie Vertrauen auf 185

  Transparenz 189

  Erklären 195

  Integrität 199

    Zuverlässigkeit 200

    Authentizität 222

    Respekt und Anteilnahme 228

Typische Fehler und Probleme 233

  Fehler in Gesprächsführung und Verhalten 234

    Den Mitarbeiter häufig unterbrechen 235

    Durch suggestive Formulierungen wird dem Mitarbeiter „nahegelegt", was er zu meinen und zu sagen hat. 237

    Vorgesetzter hält einen Monolog 239

    Vorgesetzter und Mitarbeiter sprechen nicht die gleiche Sprache 241

    Eine Situation wird zu einseitig betrachtet 244

    Vorgesetzte spielen ihre Position in der Hierarchie aus 246

    Einer oder beide Gesprächspartner wollen „gewinnen" 248

- Gedankenlesen 249
- Anschuldigungen vorbringen 250
- Laut und/oder unsachlich werden 251
- Auf Provokationen oder Verletzungen „einsteigen" 252
- Nicht schon vor dem Gespräch Erwiderungen zurechtlegen 256
- Das Ziel aus den Augen verlieren 257

Bewertungsfehler 258
- Sympathie oder Antipathie 259
- Mangelnde Sprachkenntnisse 261
- Tendenzfehler 262
- Halo-Effekte 263
- Vorurteile 265
- Primacy- oder Recency-Effekte 267
- Schlechte Bewertung aufgrund zu optimistischer Vorgaben 269
- Falsche Bewertung aufgrund des Leistungsumfelds 270
- Bewertung nach „Vitamin B" 273
- Bewertung der Position anstelle der Leistung 274

Probleme des Mitarbeiters 275
- Mitarbeiter hat Hemmungen, seine Meinung frei zu äußern 276
- Mitarbeiter sagt gar nichts 278
- Mitarbeiter verweigert das Gespräch 280
- Mitarbeiter beginnt zu weinen 282
- Mitarbeiter fühlt sich falsch beurteilt 284
- Mitarbeiter weiß nicht, worum es geht 286

Inhaltliche und formale Fehler 287

    Entscheidungen sind bereits vor dem Gespräch gefallen 288

    Vertrauliches wird nach außen getragen 289

    Beim Bewertungsgespräch werden vorwiegend Defizite erwähnt 291

    Im Kritik- oder Konfliktgespräch wird die Aussage „verwässert" 292

    Es mangelt an Ruhe und Ungestörtheit 293

Die Bewertung **295**

    Was soll eigentlich bewertet werden? 296

    Was taugen Ranking-Systeme? 299

    Was bedeutet 360-Grad-Feedback? 303

    Die Wirkungen negativer Bewertungen 309

    Liste typischer Bewertungsfehler 311

    Muster-Bewertungsbogen 315

Ausblick **327**

ANHANG **329**

    10 Tipps für erfolgreiche Mitarbeitergespräche 330

    10 Dinge, die Mitarbeiter denken, aber nie sagen würden 340

    Checklisten + Downloads 349

    Allgemeine Checklisten für Mitarbeitergespräche 350

        Planung und Ablauf von Mitarbeitergesprächen 351

        Reflexion direkt nach einem Gespräch 356

        Regelmäßige Reflexion 363

        Ziele des Mitarbeitergesprächs 365

        Positive Gesprächsatmosphäre 367

        Aufbau von Vertrauen 370

        Typische Fehler und Probleme 372

Tipps für jedes Mitarbeitergespräch	378
Checklisten zu regelmäßigen Mitarbeitergesprächen	380
Beurteilungsgespräch (Jahresgespräch)	381
Einschätzungsgespräch	383
Karrieregespräch	386
Checklisten zu anlassbezogenen Mitarbeitergesprächen	389
Einstellungsgespräch	390
Unterweisungsgespräch	396
Gespräch zum Ende der Probezeit	400
Gehaltsgespräch	402
Anerkennungsgespräch	405
Kritikgespräch	407
Rückkehr nach Krankheit	411
Kündigungsgespräch	413
Exit-Gespräch	417
Index der Beispiele	419
Index	421
Downloads	426
Die Autoren	427
Kontakt	428

Worum geht es?

Mitarbeitergespräche sind wichtig. Eine gut funktionierende Mitarbeiterkommunikation gehört unumstritten zu den wichtigsten Elementen, die über den Erfolg eines Unternehmens entscheiden. Doch auch wenn das mittlerweile alle größeren Unternehmen eingesehen haben, mangelt es in vielen Firmen nach wie vor an einer effektiven Umsetzung dieses Wissens. Ein Grund dafür: Viele Vorgesetzte wissen nicht, wie sie zielführende Gespräche mit ihren Mitarbeitern führen sollen. Deshalb werden Mitarbeitergespräche oftmals entweder gar nicht, oder auf eine Weise geführt, die für beide Seiten unbefriedigend verläuft.

Vielen Vorgesetzten graut es förmlich davor, wenn das Datum für die Jahresgespräche näher rückt. Und das liegt nicht etwa an mangelnden Fähigkeiten der Führungskräfte. Vielmehr wird in vielen Unternehmen einfach versäumt, die Mitarbeiter mit Personalverantwortung angemessen auf diese Aufgabe vorzubereiten. Oft fehlen klare Vorschriften oder Richtlinien. Die Vorgesetzten müssen sich auf ihr Gefühl verlassen, was mal mehr und mal weniger gut funktioniert.

Und so werden Jahr für Jahr viele Chancen verschenkt, die dem Unternehmen UND den Mitarbeitern zugutekommen könnten. Denn: Mitarbeitergespräche sind wichtig! Werden sie gut vorbereitet und in einer offenen Atmosphäre geführt, profitieren alle Beteiligten davon.

Dieses Buch richtet sich an Vorgesetzte, die bessere Gespräche mit ihren Mitarbeitern führen wollen. Dabei spielt es keine Rolle, wie groß ein Unternehmen ist, denn die Grundlagen eines guten und effektiven Mitarbeitergesprächs sind überall die Gleichen.

Ganz gleich, ob Sie als Abteilungsleiter, Ausbildungsleiter oder als Chef eines kleineren Unternehmens mit Ihren Mitarbeitern sprechen. In diesem

Worum geht es?

Buch finden Sie für jeden Gesprächsanlass die richtige Anleitung. Neben vielen Hinweisen zur Vorbereitung und Gesprächsführung finden Sie unter anderem auch Checklisten und andere hilfreiche Werkzeuge, um Ihr nächstes Mitarbeitergespräch zu einem Erfolg zu machen.

Hinweise

Die Inhalte dieses Buchs dienen der allgemeinen Information und nicht der Beratung bei individuellen rechtlichen Fragen. Zur Klärung individueller rechtlicher Anliegen sollte immer ein Jurist oder eine Rechtsberatung konsultiert werden.

Aus Gründen der besseren Lesbarkeit wird im Text an vielen Stellen nur die männliche Form verwendet. Gemeint ist stets sowohl die weibliche als auch die männliche Form. Ebenfalls aus Gründen der Lesbarkeit wird der Begriff „Mitarbeitergespräch" an einigen Stellen im Buch durch das kürzere „MAG" ersetzt.

Im Buch finden Sie viele Beispieldialoge, die so oder so ähnlich stattgefunden haben. Dialoge sind in der Regel durch 💬 gekennzeichnet. Negative Beispiele, also solche, wie man es NICHT machen sollte, sind durch ein 👎 am Anfang und ein * am Ende des Dialogs gekennzeichnet.

Viele der im Buch eingestreuten Zitate und Fragen stammen aus Gesprächen, die wir im Vorfeld mit Betroffenen, also Abteilungsleitern, Vorgesetzten und Führungskräften jeglicher Art geführt haben. Wir bedanken uns hiermit noch einmal ausdrücklich für die Gespräche und die Anregungen, die wir daraus gewinnen konnten.

Die vorgestellten Checklisten stehen zur leichteren Verwendung auch als ausdruckbare PDF-Dokumente auf der Website zum Buch bereit. Die Anleitung dazu finden Sie im Anhang.

Wir halten das Buch immer auf dem aktuellsten Stand. Neuerungen oder Änderungen werden regelmäßig in das Buch eingearbeitet. Dank neuester Print-On-Demand-Technik erhalten Sie automatisch immer die zum Bestellzeitpunkt aktuellste Version des Buchs.

Hinweise

Wenn Sie Fragen oder Hinweise zu den behandelten Themen haben, freuen wir uns auf Ihre Nachricht. Die Kontaktdaten von Verlag und Autoren finden Sie wie immer am Ende des Buchs.

Definition: Was ist ein Mitarbeitergespräch und was ist es nicht?

In der Kommunikation innerhalb eines Unternehmens finden täglich viele Gespräche zwischen Mitarbeitern und Vorgesetzten statt. Das ist zu begrüßen, hat aber nur wenig mit einem Mitarbeitergespräch im eigentlichen Sinne zu tun. Im Gegensatz dazu sind echte Mitarbeitergespräche gesonderte Gespräche, die bewusst von der Alltagskommunikation abgegrenzt sind.

Als Mitarbeitergespräche werden klar definierte Gespräche zwischen einer Führungskraft und einem ihrer untergebenen Mitarbeiter bezeichnet. Mitarbeitergespräche passieren auch nicht zufällig, weil man sich vielleicht gerade auf dem Flur begegnet. Stattdessen wird ein Mitarbeitergespräch immer ganz klar und offiziell angekündigt und terminlich vereinbart.

Auch die Inhalte eines Mitarbeitergesprächs sind nicht beliebig, auch wenn es Mitarbeitergespräche zu ganz verschiedenen Themen gibt. Grundsätzlich unterscheidet man regelmäßige und anlassbezogene Mitarbeitergespräche.

Regelmäßig stattfindende Mitarbeitergespräche

- Jahresgespräch
- Beurteilungsgespräch
- Karrieregespräch

Anlassbezogene Mitarbeitergespräche

- Kritikgespräch
- Anerkennungsgespräch
- Einstellungsgespräch
- Exit-Gespräch

Definition: Was ist ein Mitarbeitergespräch und was ist es nicht?

- Ende der Probezeit
- Rückkehr nach längerer Krankheit

Mitarbeitergespräche sind in der Regel 4-Augengespräche. Das heißt, dass Sie in den meisten Fällen alleine im Gespräch mit Ihrem Mitarbeiter sind. In einigen Unternehmen wird es toleriert, wenn ein Mitarbeiter einen Beistand (zum Beispiel ein Mitglied des Betriebsrats) mit in das Gespräch bringt. Ein grundsätzliches Recht dazu hat er – von Ausnahmefällen abgesehen – aber nicht. Auch ein Anwalt muss als Begleiter des Mitarbeiters nicht akzeptiert werden.

Die Vorteile und Ziele von Mitarbeitergesprächen sind vor allem in folgenden Punkten zu sehen:

- Beurteilung der Leistung des Mitarbeiters
- Bessere Kommunikation über Aufgaben, Ziele und mögliche Probleme
- Vertrauensbildung zwischen Vorgesetztem und Mitarbeiter
- Feedback zum eigenen Verhalten des Vorgesetzten
- Förderung einer partnerschaftlichen Zusammenarbeit
- Verbesserung des Arbeits- bzw. Betriebsklimas
- Mitarbeiterbindung und Mitarbeiterführung
- Entwicklungsmöglichkeiten des Mitarbeiters aufzeigen
- Qualifikation von Mitarbeitern fördern
- Lösung von Problemen und Konflikten
- Aktive Mitwirkung am Unternehmensgeschehen
- Frühzeitiges Bemerken von schwelenden Konflikten oder Problemen
- Mitarbeiterentwicklung

Definition: Was ist ein Mitarbeitergespräch und was ist es nicht?

Ziele

Ein wichtiger Bestandteil eines Mitarbeitergesprächs ist die Vereinbarung von Zielen. Damit sind in der Regel Leistungsziele gemeint, die der Mitarbeiter in der Zeit bis zum nächsten Mitarbeitergespräch erreichen soll. In einem guten Mitarbeitergespräch werden solche Ziele immer in Verbindung mit Angeboten der Hilfe und Förderung festgesetzt. Ebenso müssen Ziele in einem Mitarbeitergespräch immer möglichst klar definiert werden. Optimalerweise kann das Erreichen eines Ziels an eindeutigen Zahlen abgelesen werden.

Dokumentation

Ein weiteres wichtiges Merkmal, das ein Mitarbeitergespräch von einem Alltagsgespräch unterscheidet, ist die Dokumentation. Um für beide Seiten eine größere Verbindlichkeit zu erreichen, sollten alle getroffenen Vereinbarungen stichpunktartig schriftlich festgehalten und von beiden Teilnehmern unterschrieben werden. In einem solchen Protokoll können neben den Vereinbarungen auch die Punkte Erwähnung finden, über die keine Einigkeit erzielt werden konnte. Zum Schluss erhält jeder der Teilnehmer eine Kopie des Protokolls. Aus Gründen der Vertraulichkeit sollten Dritte möglichst keinen Zugriff auf dieses Protokoll haben. Ausnahmen bilden lediglich besondere Zielvereinbarungen und Entwicklungsmaßnahmen, die gesondert an die Personalabteilung gehen sollten.

Ein Teil des Systems

In vielen großen Unternehmen ist das Mitarbeitergespräch eingebettet in eine umfangreiche Systematik zur Leistungsbewertung, die mehrere gut strukturierte Gespräche im Laufe des Jahres vorsieht. Ausführliche Kompetenzmodelle und Vorgaben zur Zielsetzung und Bewertung der jährlichen Leistung sind Basis dieser Strukturen. Komplexe Formulare sind auszufüllen. Nicht selten erfolgt die Umsetzung mithilfe von Online-Systemen, auf

Definition: Was ist ein Mitarbeitergespräch und was ist es nicht?

die Mitarbeiter und Vorgesetzte unabhängig voneinander zugreifen können. Von zentraler Stelle, z. B. Geschäftsführung oder zentralen Personalabteilungen, kann die Einhaltung der vorgegebenen Termine sowie die quantitative und auch qualitative Umsetzung überwacht und gesteuert werden. Umfangreiche Auswertungen über die Leistung der Mitarbeiter lassen sich durchführen, und in der Regel findet eine Verknüpfung mit den Entlohnungssystemen des Unternehmens statt.

In anderen – insbesondere kleinen - Unternehmen werden Mitarbeitergespräche unkomplizierter und in „kleinerem Rahmen" durchgeführt.

Dazwischen lassen sich in der Praxis zahlreiche Varianten finden, mit jeweils unterschiedlicher Ausprägung in die eine oder andere Richtung.

Fazit:
- Mitarbeitergespräche sind besondere, von der Alltagskommunikation abgegrenzte Gespräche, die für Führungskräfte und Mitarbeiter verbindlich sind.
- Mitarbeitergespräche können regelmäßig oder anlassbezogen durchgeführt werden.
- In einem Mitarbeitergespräch können Ziele vereinbart werden, die der Mitarbeiter in einem bestimmten Zeitrahmen erreichen soll.
- Werden Ziele vereinbart, sollten dem Mitarbeiter Hilfe und Unterstützung für das Erreichen der Ziele oder für die Verbesserung seiner Qualifikation angeboten werden.
- Die in einem Mitarbeitergespräch getroffenen Vereinbarungen werden stichpunktartig protokolliert und von beiden Seiten unterschrieben

Mitarbeitergespräche – Fluch oder Segen?

Mitarbeitergespräche gehören seit vielen Jahren zu den Standardwerkzeugen in großen und mittleren Unternehmen. Es wurde bereits viel darüber gesprochen und geschrieben, sodass auch der letzte Personalchef und (theoretisch) auch alle Führungskräfte ausreichend über die Vorteile und den Nutzen von Mitarbeitergesprächen informiert sein sollten. Und trotz all dem gibt es in fast jedem Unternehmen Abteilungsleiter und andere Führungskräfte, die Mitarbeitergesprächen mit einem ungutem Gefühl entgegensehen. Nicht wenige haben regelrecht Angst vor den anstehenden Mitarbeitergesprächen. Meist einfach deshalb, weil sie nicht wissen, wie sie respektvoll und offen, aber auch ehrlich mit ihren Mitarbeitern sprechen sollen.

Warum ist das so? Warum drücken sich so viele Führungskräfte immer noch davor, mit großer Klarheit auf ihre Mitarbeiter zuzugehen und ihnen zu vermitteln, was sie wirklich von ihnen erwarten? Warum betrachten viele Vorgesetzte Mitarbeitergespräche nach wie vor eher als Fluch, denn als Segen?

„Es fällt mir schwer, einem Mitarbeiter unangenehme Wahrheiten mitzuteilen."

Die Erfahrung zeigt, dass gerade bei schwierigen Themen sehr häufig versäumt wird, den Mitarbeitern deutlich aufzuzeigen, welche Probleme gesehen werden. Dies führt nicht selten dazu, dass Vorgesetzte sich über einen langen Zeitraum hinweg mit Mitarbeitern „plagen", die durchaus in der Lage wären, sich positiv zu entwickeln, wenn sie nur genau wüssten, wie sie gesehen werden und was genau von ihnen verlangt wird.

Mitarbeitergespräche – Fluch oder Segen?

Anstatt deutliche Worte zu wählen, vermeiden Vorgesetzte häufig ein klares Gespräch, halten eine schwierige Situation lieber über Monate hinweg aus, weil sie sich vor dem Konflikt zu sehr scheuen. Umgekehrt verlassen gute Mitarbeiter eigenständig ein Unternehmen, wenn sie ihre Stärken nicht geschätzt sehen und ihr Talent nicht voll zur Geltung bringen können. Auch dies bringt Verluste für alle Beteiligten mit sich.

Warum werden Mitarbeitergespräche als so schwierig empfunden?
Feedback ist ein hartes Brot. Vor allem wenn es um kritische Rückmeldungen geht, tun wir uns schwer. Menschen können mit Ablehnung nur sehr schlecht umgehen. Auch wenn es Seminare und Literatur in wachsender Zahl gibt, um Feedback geben und nehmen zu lernen, ist es doch ein inneres Bedürfnis eines jeden Menschen, akzeptiert und geschätzt zu werden. Das Akzeptieren-Können von (negativem) Feedback ist daher eine Charaktereigenschaft, über die nicht jeder in gleichem Maß verfügt.

Ein echtes und ehrliches Feedback zu geben und positiv anzunehmen, gelingt somit oft nur dann, wenn der Druck hoch genug ist. Dies ist leider nur sehr selten der Fall, denn in der täglichen Routine überlebt jede Führungskraft und auch jeder Mitarbeiter den einzelnen Tag leicht auch mit kleineren Unwägbarkeiten und Fehlschlägen. Der Vorgesetzte hat zwar ein leichtes „Bauchgrummeln", wenn der Mitarbeiter ihm nicht die volle gewünschte Leistung erbringt. Dennoch ist es erstaunlich, wie hoch das Maß solcher Fehlleistungen werden muss, bevor viele Führungskräfte zur Tat schreiten.

Mitarbeitergespräche – Fluch oder Segen?

"Ich habe keine Zeit für so etwas."

In einer Hochleistungsgesellschaft und unter dem Druck, ständig die Effizienz zu steigern und Personal eher ab- als aufzubauen, hat auch ein Vorgesetzter einen so eng gesteckten Tagesplan, dass es leichtfällt, sich mit anderen Themen als einem schwierigen Mitarbeiter zu beschäftigen. Sei es aus einer Vermeidungstaktik heraus, oder auch, weil die Ansprüche an viele andere Dinge und Termine wirklich so hoch sind, finden sich jeden Tag aufs Neue Wege, ein klares Gespräch mit einem Mitarbeiter zu vermeiden!

Die Strategien zur Entwicklung der eigenen Mitarbeiter sind dabei äußerst vielfältig. Manche Führungskräfte erdulden die Ergebnisse der Mitarbeiter, die nicht ihren Erwartungen entsprechen, und verkaufen sie als gute Leistungen. Die Erwartungen der Geschäftsführung werden so lange beeinflusst, bis die Minderleistung des eigenen Bereiches als immer noch akzeptable Leistung toleriert wird.

Führungskräfte, die auf die Einhaltung der eigenen Maßstäbe bestehen wollen, übernehmen die Ausführung der Aufgaben oft selbst und reiben sich damit zusätzlich auf.

"Ich weiß nicht, wie ich dem Mitarbeiter sagen soll, was von ihm erwartet wird."

Das Erstaunliche ist: Gute Mitarbeitergespräche sind grundsätzlich sehr einfach zu führen. Es braucht nur ein wenig Mut auf beiden Seiten, um über den eigenen Schatten zu springen und ohne Angst deutlich zu machen, was erwartet wird.

Mitarbeitergespräche – Fluch oder Segen?

Die Aussage, „Ich weiß nicht, wie ..." beschreibt sehr gut das Hauptproblem, das viele Vorgesetzte haben: Es fehlt ihnen einfach an Anleitung und Training. Denn leider wird zwar in vielen Unternehmen erwartet, dass Mitarbeitergespräche geführt werden, was fehlt, ist aber eine brauchbare Anleitung, *wie* das geschehen soll. Und damit ist nicht eine formale Anleitung zum korrekten Ausfüllen der MAG-Formulare gemeint. Die liegt in der Regel jeder Führungskraft vor. Was fehlt, sind Anleitungen und Trainings, wie ein Mitarbeitergespräch im konkreten Fall geführt werden sollte. Es fehlen Anleitungen zur Fragen wie:

- Wie bereite ich ein Mitarbeitergespräch optimal vor?
- Wie beginne ich das Gespräch?
- Wie schaffe ich eine entspannte Gesprächsatmosphäre?
- Wie funktioniert eine gelungene Gesprächsführung?
- Wie gehe ich mit schwierigen Situationen um?
- Wie formuliere ich klar und deutlich, was ich von dem Mitarbeiter erwarte?

Dieses Buch soll helfen, die Hürde zu einem guten und regelmäßigen klaren Kontakt zu Ihren Mitarbeitern leichter zu überwinden. Lassen Sie sich darauf ein, den „Fluch" bzw. den Auftrag, regelmäßig strukturierte Mitarbeitergespräche zu führen, als „Segen" zu verstehen. Mit einer positiven Einstellung kann das Instrument des Mitarbeitergesprächs leicht so verwendet werden, das Beste aus den Mitarbeitern herauszuholen und ihre Leistung effektiv zu nutzen. Das muss nicht unangenehm, lästig oder gar beängstigend sein. Ein gut geführtes Mitarbeitergespräch kann dann durchaus Spaß machen.

Mitarbeitergespräche – Fluch oder Segen?

Ziel dieses Buches ist es, Ihnen dafür die notwendigen Anleitungen, Hilfen, Tipps und Tricks zur Verfügung zu stellen. Benutzen Sie das Buch zum Nachschlagen oder arbeiten Sie es von vorn bis hinten durch. Und wenn Sie nach dem Lesen ein bisschen weniger Bauchgrummeln, oder sogar ein wenig Vorfreude vor dem nächsten Mitarbeitergespräch verspüren, haben wir als Autoren unser Ziel erreicht.

Diese Vorteile bringen Mitarbeitergespräche

Zunächst soll noch einmal klar umrissen werden, was überhaupt als „Mitarbeitergespräch" verstanden werden kann. Was also unterscheidet das „Mitarbeitergespräch" von einem beliebigen „Gespräch mit Mitarbeitern"? Das ist überaus wichtig, denn ein Gespräch nebenbei auf dem Flur ersetzt in keiner Weise ein echtes Mitarbeitergespräch. Auch wenn man als Vorgesetzter nach einem solchen Gespräch meint, man habe ja „über alles gesprochen", stellt sich das im Zweifelsfall (insbesondere dann, wenn es Probleme gibt) als falsch heraus. Ein unverbindliches Nebenbei-Gespräch lässt den Mitarbeiter im Unklaren darüber, was genau von ihm erwartet wird und wie verbindlich diese Erwartungen auch im arbeitsrechtlichen Sinne sind.

Das Gespräch ist das wirksamste Instrument der Menschenführung.

Hartmut Laufer Dipl.-Ing., Führungskräftetrainer und Managementautor

Ein Mitarbeitergespräch hat ein klares Ziel
Zunächst ist ein Mitarbeitergespräch dadurch definiert, dass es ein klares Ziel verfolgt, das vorher festgelegt und in der Regel beiden Seiten bekannt ist. Die Inhalte und Struktur des Gesprächs werden dem jeweiligen Anlass bzw. Ziel dann so angepasst, dass im Gesprächsverlauf das Ziel effizient erreicht werden kann.

Als übergreifendes Ziel steht der Wunsch des Unternehmens, dass alle Mitarbeiter die maximal mögliche Leistung erbringen und somit den größten

Diese Vorteile bringen Mitarbeitergespräche

Wert für das Unternehmen bieten. Das Potenzial jedes Mitarbeiters soll ausgeschöpft werden.

Die klare Vermittlung des Ziels stellt somit eine wichtige Herausforderung für ein effizientes Mitarbeitergespräch, gleich welcher Ausrichtung, dar. Nur, weil alle sich alle sympathisch sind, heißt das noch nicht, dass auch alle genau wissen, was voneinander erwartet ist. Im Gegenteil: Gerade, wenn man sich mag, fällt es noch schwerer, auch die problematischen Bereiche klar anzusprechen. Die eigenen Erwartungen in deutliche Worte zu fassen ist für viele Vorgesetzte schon eine große Hürde, wobei sie sich dessen noch nicht einmal bewusst sein mögen. Erst wenn schon einiges an Energie und Arbeit aufgewandt wurde und ein erstes Ergebnis sichtbar ist, zeigt sich die unterschiedliche Erwartungshaltung und es entsteht Frustration.

Dennoch: Viel miteinander zu sprechen, ist wichtig und richtig. Somit haben häufige Gespräche mit Mitarbeitern durchaus ihre Berechtigung. Sie sind aber nicht zu verwechseln mit dem echten „Mitarbeitergespräch", das ein klares Ziel, strukturierten Inhalt und ein deutliches Ergebnis hat. Ein solches Mitarbeitergespräch kann nicht in der Kaffeeküche oder innerhalb von fünf Minuten zwischen zwei anderen Terminen geführt werden. Es bedarf einer deutlich größeren Vorbereitung und Konzentration in der Durchführung.

Leistungsbeurteilung und Einstufung

In vielen – insbesondere größeren – Unternehmen dienen Mitarbeitergespräche u. a. dazu, die Leistungen eines Mitarbeiters zu beurteilen. Dies geschieht in zweierlei Hinsicht:

Feedback
Der Mitarbeiter bekommt in regelmäßigen Abständen (z. B. beim obligatorischen Jahresgespräch) Rückmeldungen darüber, wie seine Leistung eingeschätzt wird.

Einstufung
In nicht wenigen Unternehmen ist die Leistungsbewertung eines Mitarbeiters direkt an eine Einstufung in ein Entlohnungssystem gekoppelt. Ganz gleich, ob es sich dabei um die Einstufung in eine bestimmte Lohngruppe oder „nur" um die Ermittlung möglicher Prämien geht: Für den Mitarbeiter ist diese Einstufung essenziell wichtig.

Mitarbeiterqualifikation und Entwicklung

Bei einem Mitarbeitergespräch geht es nicht immer nur um die leistungsmäßige Einstufung eines Mitarbeiters. Auch die berufliche Förderung von Mitarbeitern kann ein wichtiger Bestandteil oder auch ausschließliches Thema für ein Mitarbeitergespräch sein. Auch beim Jahresgespräch, das leider nicht selten als reines Leistungsgespräch durchgeführt wird, sollte die Förderung des Mitarbeiters ein Thema sein.

Hier können dem Mitarbeiter Vorschläge oder Anregungen zum Beispiel für Weiterbildungsmaßnahmen mit auf den Weg gegeben werden. Auch entsprechende Wünsche des Mitarbeiters sollten berücksichtigt werden. Denn im Gegensatz zur Einschätzung vieler Vorgesetzter, sind nicht wenige Mitarbeiter daran interessiert, sich fortzubilden. Voraussetzung dafür ist natürlich, dass der Mitarbeiter über entsprechende Möglichkeiten informiert ist und der Vorgesetzte ihm signalisiert, dass Fortbildung nicht nur möglich, sondern auch erwünscht ist. Auch entsprechende Hilfen und Angebote können Teil eines Jahres- oder eines anderen Mitarbeitergesprächs sein.

Mitarbeiterführung und Mitarbeiterbindung

Regelmäßige Mitarbeitergespräche dienen auch dazu, einen permanenten Draht zum Mitarbeiter und den von ihm betreuten Projekten herzustellen.

Nicht zuletzt sind Mitarbeitergespräche ein wichtiges Instrument zur Bindung guter Mitarbeiter. Nur in regelmäßigen Mitarbeitergesprächen kann eine Führungskraft herausfinden, wenn sich ein Mitarbeiter unwohl fühlt oder ganz schlicht mit der Bezahlung unzufrieden ist.

Gute Mitarbeiter sind das Kapital jedes Unternehmens. Und so sollten Mitarbeitergespräche auch immer dazu genutzt werden, frühzeitig Maßnahmen zu ergreifen, wenn zu befürchten ist, dass ein Mitarbeiter dem Unternehmen verloren gehen könnte.

Vertrauensbildung

Gerade in größeren Abteilungen sind Mitarbeitergespräche manchmal die einzigen Gelegenheiten, bei denen ein 4-Augen-Gespräch zwischen Vorgesetztem und Mitarbeiter möglich ist. Mitarbeitergespräche können also auch dazu dienen, einfach „nur" ein vertrauensvolles Gespräch zu führen. Dabei können auch Themen zur Sprache kommen, die im Alltagsgeschäft und vor den Ohren der Kollegen so nicht stattfinden könnten.

Feedback zum eigenen Verhalten

Nicht zuletzt bieten Mitarbeitergespräche auch für den Vorgesetzten eine Gelegenheit, mehr oder weniger unverblümtes Feedback zur eigenen Leistung zu erhalten. Voraussetzung dafür ist natürlich eine offene und angstfreie Gesprächsatmosphäre. Ist diese aber gegeben, kann der Vorgesetzte in einem solchen Gespräch wichtige Informationen darüber erhalten, wie sein eigenen Führungsverhalten von den Mitarbeitern gesehen wird. Denn nicht nur Mitarbeiter schätzen ihre eigene Leistung häufig falsch ein, auch Vorgesetzte haben manchmal eine falsche Vorstellung davon, wie sie wirken und wie sie von ihren Mitarbeitern wahrgenommen werden.

Nutzen Sie die Chance, die Ihnen ein Mitarbeitergespräch gibt, um ein ehrliches Feedback zur eigenen Person zu bekommen.

Kennenlernen

Wenn Mitarbeiter neu in eine Abteilung kommen, lohnt es sich, ein gesondertes Gespräch zu organisieren mit dem einfachen Ziel, dass sich Mitarbeiter und Vorgesetzter besser kennenlernen können.

Sicherlich bietet auch schon der Small Talk zwischen den einzelnen Arbeitsabschnitten eine Möglichkeit, etwas voneinander zu erfahren. Trotzdem sollte sich der Vorgesetzte nicht scheuen, es zu seinem offiziellen Auftrag zu machen, schon beim Einstieg eines Mitarbeiters gute Kenntnis über den Menschen insgesamt zu erlangen. Hier geht es selbstverständlich nicht darum, private und persönliche Informationen aus dem Mitarbeiter heraus zu locken. Nur das, was der Mitarbeiter bereitwillig preisgibt, darf Thema eines solchen Gesprächs sein.

Zum Kennenlernen gehören ohnehin nicht nur private Dinge, sondern vielmehr alles, was hilfreich ist, zu verstehen, was die Person antreibt, was sie motiviert, was sie bei der Arbeit besonders interessiert oder beschäftigt, und natürlich auch, ob es im privaten Umfeld Themen gibt, die die Leistung bei der Arbeit beeinflussen können, und zwar sowohl positiv wie auch negativ. Umgekehrt ist es für den Mitarbeiter sinnvoll, den Vorgesetzten etwas besser zu kennen, um seine Führungsweise gut verstehen zu können und auch, um erkennen zu können, wann z. B. aus privaten Gründen auch der Chef mal eine Schwäche zeigen kann (und darf).

Das Kennenlernen kann als Hauptthema in einem Mitarbeitergespräch zu Beginn einer Beschäftigung angebracht werden. Zusätzlich kann es aber auch ein entspannender Abschluss eines Leistungsgesprächs oder sonstigen Mitarbeitergesprächs sein. Mit allgemeinen Fragen zur Person, einer freundlichen Nachfrage, z. B. „ob die Hochzeitsvorbereitungen gut vorangehen", kann jedes noch so anstrengende Gespräch in einer angenehmen Weise „abgerundet" werden.

Informationsaustausch

In der gemeinsamen Arbeit ist es äußerst wichtig, Informationen zu Themen und Projekten zu sammeln, zu bündeln und damit effizient zu nutzen. Gerade zu Beginn eines neuen Arbeitsauftrages macht es Sinn, sich mit relevanten Mitarbeitern strukturiert darüber auszutauschen, was jeder schon zu dem betroffenen Bereich weiß und beisteuern kann. Bevor der Vorgesetzte Energie darauf verwendet, sich neues Wissen und Information durch umständliche Recherche anzueignen, oder gar teure externe Dienstleister damit beauftragt, kann er die internen Ressourcen, nämlich die eigenen Mitarbeiter, nutzen.

In einem solchen Gespräch wird schnell deutlich, welche Mitarbeiter sich für bestimmte Aufgaben besonders eignen, weil sie schon über ein solides Wissen darüber verfügen.

Hier muss sich das Gespräch nicht auf Mitarbeiter des eigenen Bereiches beschränken. Um Informationen zu sammeln, können auch Mitarbeiter aus anderen Bereichen hinzugezogen werden. Gefragt zu werden, ist ein unschlagbares Mittel zur Motivation. Wer gefragt wird, ob er sein Wissen und seine Expertise beisteuern kann, fühlt sich gehört und respektiert und ist somit in der Regel auch bereit, sein Wissen bereitwillig zu teilen und Vorschläge mit hoher Motivation einzubringen.

Ein zielgerichtetes Gespräch zwischen den beteiligten Personen kann deutliche Vorteile bringen. Für ein strukturiertes Gespräch zum Informationsaustausch macht sich der Vorgesetzte im Vorfeld ein paar Gedanken und erstellt eine Übersicht der wichtigsten Fragen. Im Gespräch selbst erläutert er die Zielsetzung und bietet somit allen Beteiligten die Möglichkeit, die vorhandenen Informationen gleich zielgerichtet und effektiv auszutauschen.

Abbau von Missverständnissen

Missverständnisse können auf vielerlei Art entstehen. In allen Fällen führen sie jedoch zu Ineffizienz und Schwächung der Leistung einzelner oder des ganzen Teams. Missverständnisse können sich auf Arbeitsinhalte, Ziel, gegenseitige Absprachen, persönliches Miteinander und vieles mehr beziehen. Im schlimmsten Fall führt ein *Missverständnis* zu *Misstrauen* und damit zu einer Vergiftung der Arbeitsatmosphäre, die sich nur sehr schwer reparieren lässt.

In jedem Fall ist ein konzentriertes Mitarbeitergespräch ein guter Weg, um Missverständnissen auf den Grund zu gehen und sie auszuräumen, damit alle wieder störungsfrei arbeiten können.

Hier einige Beispiele für Missverständnisse und ihre jeweiligen Auswirkungen, sowie einem Vorschlag, das Missverständnis durch ein Mitarbeitergespräch auszuräumen:

- Missverständnisse bei Terminabsprachen
- Missverständnisse im Team
- Missverständnisse bei der Aufgabenverteilung
- Missverständnisse in der Produktion

Beispiel: Missverständnis in der Produktion

Den Mitarbeitern in der Produktion wird mitgeteilt, dass sie ab der nächsten Charge der Maschinen, die sie bauen, eine andere Sorte Schrauben verwenden sollen. Sie erhalten die Information durch eine kurze mündliche Mitteilung des Entwicklungsleiters, der mit einem Mitarbeiter der Produktion bei Arbeitsbeginn darüber spricht. Der Mitarbeiter versteht jedoch, dass die neuen Schrauben ab sofort verbaut werden sollen, und wechselt sofort die Schraubenkästen aus. Der Fehler fällt erst am nächsten Tag auf, als für die nächste Charge nicht mehr genügend Schrauben verfügbar sind. Die Produktion von 1,5 Tagen ist somit fehlerhaft und muss korrigiert werden, was insgesamt weitere drei Tage Arbeit in Anspruch nimmt. Es entsteht ein erheblicher finanzieller Schaden. Zudem können einige Kunden nicht zeitgerecht beliefert werden, was zu einer Schädigung der Reputation nach Außen führt, die nur mit viel Mühe wieder unter Kontrolle gebracht werden kann. Der Entwicklungsleiter versucht, sich der Verantwortung zu entziehen, und macht den Mitarbeiter in der Produktion dafür verantwortlich, dass er nicht richtig zugehört habe. Der Produktionsleiter stellt beim Geschäftsführer den Antrag, den Mitarbeiter aus der Produktion sofort zu entlassen.

Der Geschäftsführer lässt sich nicht sofort auf den Antrag des Produktionsleiters ein. Er organisiert ein Gespräch mit dem Entwicklungsleiter, dem Mitarbeiter der Produktion und dem Produktionsleiter und lässt sich von allen berichten, wie sie den Informationsfluss wahrgenommen haben. Es stellt sich heraus, dass der Entwicklungsleiter die Information nicht einfach nur mündlich an irgendeinen Mitarbeiter der Produktion hätte geben dürfen. Dies war dem Entwicklungsleiter zwar bekannt, aber er war an dem besagten Tag durch andere Aufgaben sehr belastet und hatte den offiziellen Informationsweg schlichtweg vergessen. Der Produktionsmitarbeiter fühlte sich dem ranghöheren Entwicklungsleiter gegenüber verpflichtet, den Auftrag sofort umzusetzen.

Wir sehen, wozu Missverständnisse führen können. Es wird aber auch deutlich, wie leicht Missverständnisse beseitigt werden können, wenn in strukturierter Form „Ursachenforschung" durchgeführt wird. Sofern das Gespräch dann sachlich und mit Offenheit für eine gemeinsame Lösung geführt wird, gibt es gute Chancen, dass nach der Klärung eines Missverständnisses die Motivation sogar noch größer ist als zuvor.

Probleme werden angesprochen und gelöst

Manch einer versteht es als das „Salz in der Suppe" des Arbeitsalltags, dass die Planung von Problemen gespickt ist, die gelöst werden wollen. Probleme stellen nicht selten Herausforderungen dar, an denen Mitarbeiter Neues lernen und wachsen können. Auch dies sollte einen Rahmen erhalten, der eine reibungslose Bewältigung von Problemen ermöglicht.

Probleme können unterschiedlichste Ursachen haben: Mitarbeiter können ein persönliches Problem miteinander haben, sich unsympathisch sein und nicht gern zusammenarbeiten. Es können Probleme in der Entwicklung eines neuen Produktes entstehen, die nicht vorhersehbar waren. Die Kosten für einen Arbeitsauftrag können unerwartet hoch ausfallen. Ungewöhnlich viele Mitarbeiter erkranken und gefährden den reibungslosen Arbeitsablauf. Ein Lieferant liefert fehlerhafte Teile. Der Vorgesetzte ist mit der Leistung eines Mitarbeiters nicht einverstanden, das Ergebnis ist Frustration.

Das Mitarbeitergespräch ist nicht nur prädestiniert für die Themen, die die Mitarbeiter in ihrer Person und Leistung betreffen. Persönliche Konflikte sind ebenfalls ein wichtiges Thema von Mitarbeitergesprächen.

Das Mitarbeitergespräch sollte bei Problemen möglichst zeitnah geführt werden, um eine weitere Verschärfung zu vermeiden. Auch hier gilt: Ein strukturiertes Gespräch, das der Vorgesetzte gut vorbereitet hat, in dem mit Klarheit und Offenheit agiert wird, führt in der Regel auch zu einem guten Ergebnis. Sobald ein Problem auftaucht, kann ein Gespräch mit den beteiligten Personen dazu führen, dass schnell eine Lösung gefunden wird, zu der alle gemeinsam beitragen können.

Gerüchte und „Buschfunk" werden vermieden.

Je mehr Information einem Mitarbeiter zur Verfügung steht, umso weniger Raum bietet sich für Gerüchte. Mitarbeiter, die sich schlecht informiert fühlen, entwickeln ein hohes Maß an Energie, sich Informationen zu beschaffen, die selten fundiert sind und meist nicht den vollständigen Tatsachen entsprechen.

Ein wichtiger Auftrag an Vorgesetzte ist somit, Mitarbeiter möglichst sauber und umfassend zu informieren. Dabei gilt, dass stets so viel wie möglich informiert werden sollte, aber trotzdem nur so viel wie nötig. Auf keinen Fall dürfen vertrauliche oder geschützte Daten mit Mitarbeitern geteilt werden. Das Dilemma ist, dass Vorgesetzte in der Regel über mehr Informationen verfügen als ihre Mitarbeiter und auch früher über neue Entwicklungen informiert werden (das macht sie letztlich auch als Vorgesetzten aus). Sie müssen entscheiden, wann der richtige Zeitpunkt ist, die Mitarbeiter zu informieren und wie viel Information dabei fließen darf.

In jedem Fall gilt es, Gerüchte und „Buschfunk" weitestgehend zu vermeiden. Mitarbeitergespräche sind ein gutes Mittel dafür.

Motivation

Alle oben aufgeführten Vorteile führen in letzter Konsequenz zu einem wichtigen großen Vorteil: Motivation der Mitarbeiter. Nur wenn Mitarbeiter motiviert sind, können sie ihre Arbeit mit Energie und Engagement umsetzen. Dies ist ein unschätzbarer Vorteil für jeden Unternehmer, denn nur motivierte Mitarbeiter bringen maximale Leistung.

Durch gut strukturierte Mitarbeitergespräche, die mit Klarheit, Offenheit und Vertrauen geführt werden und die o. g. Vorteile bieten, erlangen die Mitarbeiter ein hohes Maß an Motivation und kommen gerne zur Arbeit. Sie fühlen sich gesehen und geschätzt durch den Vorgesetzten, entwickeln Vertrauen und können ihre Arbeit in Ruhe erledigen.

Anlässe für Mitarbeitergespräche

In der Praxis wird nicht jedes Mitarbeitergespräch auch als solches bezeichnet. In einigen Unternehmen sind damit nur die jährlich oder halbjährlich stattfindenden Einschätzungs- oder Bewertungsgespräche gemeint. Aber natürlich gibt es viel mehr Gespräche zwischen Vorgesetzten und Mitarbeitern und jedes einzelne davon ist ein Mitarbeitergespräch.

Ganz gleich, ob bei der Einstellung, der Verhandlung über das Gehalt, der persönlichen Unterweisung oder der Delegation von Aufgaben. Immer wieder finden Gespräche zwischen Vorgesetzten und Mitarbeitern statt, die gut vorbereitet und professionell geführt werden müssen. In diesem Abschnitt finden Sie deshalb wichtige Informationen zu allen wichtigen Formen von Mitarbeitergesprächen.

Regelmäßige Mitarbeitergespräche

Regelmäßige Mitarbeitergespräche sind solche, die sich turnusmäßig wiederholen. Sie werden in der Regel von der Unternehmensleitung oder der Personalabteilung initiiert. Sie dienen zum Beispiel der Mitarbeiterbewertung und damit oft auch indirekt der Regelung von Bonuszahlungen o. Ä. Auch Gespräche im Rahmen der Personalentwicklung werden in vielen Unternehmen regelmäßig, mindestens einmal pro Jahr, durchgeführt. Hier geht es dann weniger um die Beurteilung der Leistung eines Mitarbeiters, sondern um das Ausloten dessen Potenzials und das Aufzeigen von Möglichkeiten des beruflichen Weiterkommens.

Beurteilungsgespräch

Das Beurteilungsgespräch ist in erster Linie ein Instrument zur Leistungsbeurteilung eines Mitarbeiters. Betrachtet werden dabei die aktuellen und zurückliegenden Leistungen. Grundsätzlich gibt es zwei verschiedene Vorgehensweisen:

1. Abwärtsbeurteilung
   Bei der sogenannten Abwärtsbeurteilung handelt es sich um die gängige Form der Vorgesetztenbeurteilung, wie sie in den meisten Unternehmen üblich ist. Abwärts bedeutet dabei natürlich nicht „von oben herab", sondern beschreibt nur das Verhältnis der beiden Teilnehmer in der Hierarchie des Unternehmens.

2. Gleichgestellte Beurteilung
   Hier wird die Beurteilung von anderen Mitarbeitern der gleichen Hierarchieebene oder von den anderen Mitgliedern einer Arbeitsgruppe vorgenommen.

Manchmal kommt es auch vor, dass beide Formen zur Anwendung kommen. Zum Beispiel in der Weise, dass zunächst eine Beurteilung durch die Kollegen erfolgt und anschließend eine Beurteilung durch den Vorgesetzten. Der umgekehrte Fall, nämlich eine Aufwärtsbeurteilung (Beurteilung des Vorgesetzten durch seine Untergebenen) kommt in Unternehmen vergleichsweise selten zur Anwendung. Wenn doch, dann meist im Rahmen anderer Bewertungsformen, wie zum Beispiel beim 360-Grad Feedback.

Beurteilungsgespräche sind – richtig eingesetzt und durchgeführt – ein sehr mächtiges Instrument, das zu einer Steigerung von Motivation und Leistung führen kann.

Beobachtungsphase

Dem Beurteilungsgespräch geht eine Phase der Beobachtung voraus. In dieser Phase macht sich der Vorgesetzte ein Bild von den Leistungen des zu beurteilenden Mitarbeiters. Je nach hierarchischer Struktur des Unternehmens kann dies während der normalen Zusammenarbeit mit dem Mitarbeiter oder gesondert passieren. In jedem Fall muss der Vorgesetzte genau über die Leistungen des Mitarbeiters informiert sein. Diese sollten anhand verschiedener festgelegter Kriterien möglichst objektiv belegbar sein. Eine Beurteilung durch bloße Beobachtung oder „nach Gefühl" wird insbesondere im negativen Fall von den Mitarbeitern kaum akzeptiert werden.

Beurteilungskriterien

Die Kriterien, die zur Beurteilung eines Mitarbeiters herangezogen werden, sollten immer möglichst transparent und systematisch sein. Das heißt, sie sollten so wenig wie möglich dem subjektiven Eindruck des Beurteilers unterliegen. Idealerweise liegen die Beurteilungskriterien in Form eines Kriterienkatalogs vor, der für alle Mitarbeiter (aus dem gleichen Arbeitsbereich) gilt. Die Kriterien sollten ebenfalls langfristig stabil sein. Das heißt, es darf nicht dazu kommen, dass ein bestimmtes Kriterium plötzlich wegfällt oder neue willkürlich hinzukommen. Die Mitarbeiter müssen sich darauf verlassen können, dass ihre Leistungen an stabilen Wertmaßstäben gemessen werden.

Wenn es sich bei dem Beurteilten um eine Führungskraft oder einen anderen Mitarbeiter handelt, der eine leistungsorientierte Vergütung erhält, müssen die zugrunde gelegten Zahlen jederzeit auch von Dritten nachvollziehbar sein. Das heißt, solche Leistungen müssen sich an nach außen publizierten oder messbaren Zahlen orientieren. Nicht dazu gehören freiwillige oder Ermessens-Tantiemen und sogenannte *Goodwill-Prämien*.

Rechtliche Aspekte

Beurteilungsgespräche selbst benötigen keine Zustimmung des Betriebsrats. Anders sieht es aus, wenn zur Beurteilung standardisierte oder im Unternehmen festgelegte Beurteilungskriterien zum Einsatz kommen. Solche Fragebögen oder Checklisten bedürfen nach § 94 Abs. 2 BetrVG der Zustimmung durch den Betriebsrat.

Besprechung der Ergebnisse

Die Ergebnisse einer Beurteilung sollen in einem Gespräch zwischen Vorgesetztem/Beurteiler und dem Mitarbeiter besprochen werden. Der Mitarbeiter hat das Recht, zu erfahren, wie und warum seine Leistungen so und nicht anders beurteilt wurden. Der Mitarbeiter hat nach § 82 Abs. 2 BetrVG ein Anrecht auf ein solches Gespräch. Auf Wunsch kann er einen Vertreter des Betriebsrates mit hinzuziehen.

Karrieregespräch

Bei einem Karrieregespräch geht es vor allem darum, die Entwicklungsmöglichkeiten eines Mitarbeiters innerhalb des Unternehmens zu beleuchten. Diese können einen Aufstieg in der Hierarchie oder auch Änderungen und/oder Erweiterungen von Aufgaben- und/oder Verantwortungsbereichen beinhalten.

Natürlich geht das nicht, ohne auch die bisherigen und aktuellen Leistungen des Mitarbeiters zu betrachten. So ist ein Karrieregespräch zum Teil immer auch ein Beurteilungs- und Zielvereinbarungsgespräch. Diese Aspekte stehen bei der Bewertung im Vordergrund:

- Motivation
- Entwicklungsfähigkeit
- Leistungsbereitschaft

Karrieregespräche finden meist regelmäßig, z. B. einmal im Jahr statt. Für die Vorbereitung und Durchführung gelten die gleichen Regeln wie für alle Mitarbeitergespräche.

Schritt 1: Analyse der Ist-Situation

In diesem Teil des Gesprächs geht es um die aktuelle Situation des Mitarbeiters in seinem Arbeitsumfeld. Dabei wird unter anderem geklärt, inwiefern der aktuelle Aufgabenbereich des Mitarbeiters seinen Fähigkeiten entspricht, ob er über- oder unterfordert ist oder ob seine Fähigkeiten möglicherweise an anderer Stelle effektiver eingesetzt werden könnten. Darüber hinaus wird geklärt, welche Faktoren den Mitarbeiter aktuell in seiner Leistungsfähigkeit und Motivation eher fördern oder hindern.

Schritt 2: Selbsteinschätzung - Bedürfnisanalyse

In dieser Phase des Gesprächs geht es um die Zielvorstellungen des Mitarbeiters. Der Mitarbeiter formuliert, wie er seine berufliche Entwicklung einschätzt. An welcher Position, in welchem Aufgabenbereich sieht sich der Mitarbeiter in zwei, 5 oder 10 Jahren? Welche Maßnahmen wären aus seiner Perspektive dafür notwendig, um dieses Ziel zu erreichen?

Schritt 3: Entwicklungsmöglichkeiten

In diesem Teil des Gesprächs zeigt der Vorgesetzte vor dem Hintergrund von Unternehmensrahmenbedingungen und anderen Voraussetzungen (z. B. Qualifikationen des Mitarbeiters) auf, welche Möglichkeiten und Grenzen für den Mitarbeiter bestehen. Fehlen dem Mitarbeiter zum Beispiel bestimmte Qualifikationen für einen Aufstieg, könnten hier Möglichkeiten der Weiterbildung und andere Förderungen diskutiert werden.

Beispiele:
- Weiterbildung
- Auslandsaufenthalt in einer Filiale
- Traineeprogramm
- Tutor-Programme
- Sprachkurse

Direkte Förderungsmöglichkeiten durch den Vorgesetzten

Neben den oben genannten Förderungen durch Qualifikationsmaßnahmen seitens des Unternehmens kann der Vorgesetzte natürlich im Rahmen seiner Entscheidungskompetenz auch direkte Förderungen anbieten:
- Erweiterung des Aufgabenbereichs des Mitarbeiters.
- Größere Personalverantwortung.
- Weiterempfehlung an eine höhere Unternehmensebene.

- Aufnahme in vorhandene Förderkreise innerhalb des Unternehmens.

Schritt 4: Zielvereinbarungen

Zum Abschluss des Gesprächs werden konkret die angebotenen Fördermaßnahmen festgehalten. Der Mitarbeiter verpflichtet sich, diese wahrzunehmen und nach einem vorgegebenen Zeitraum eine entsprechend höhere Qualifikation zu erwerben.

Mögliche Probleme:

- **Fehlende Ressourcen für Qualifikationsmaßnahmen:**

  Das betrifft in erster Linie, kleinere Unternehmen oder solche, in denen kaum oder keine Möglichkeiten der Weiterbildung vorgesehen sind. Dies kann zur Folge haben, dass ein Mitarbeiter das Unternehmen verlässt, weil er dort keine Zukunft für sich sieht. Ein Ausweg aus dieser Situation ist der Verweis auf externe Weiterbildungsmöglichkeiten. Allerdings gibt in kleineren Unternehmen bekanntermaßen auch hier häufig Probleme. Selbst wenn dem Mitarbeiter die Teilnahme an externen Weiterbildungsmaßnahmen rechtlich zusteht, stehen dem in kleinen Unternehmen nicht selten personelle Probleme im Weg. Wenn es nur einen Mitarbeiter gibt, der eine bestimmte Maschine bedienen kann, wird es nicht so einfach sein, ihn für eine Weiterbildungsmaßnahme freizustellen.

- **Fehlender Wille des Mitarbeiters zum Karriereaufstieg:**
  Nicht jeder Mitarbeiter ist daran interessiert, auf der Karriereleiter möglichst weit nach oben zu gelangen. Viele sind zufrieden mit ihrer aktuellen Position und schätzen vielleicht den Wert von Freizeit mit der Familie höher ein, als mehr Verantwortung und ein höheres Gehalt. Solche Mitarbeiter können durch erzwungene (weil regelmäßig vorgesehene) Karrieregespräche unter Druck geraten. Möglicherweise geben sie Karriereziele nur an, weil sie meinen, dass das von ihnen erwartet wird. Dem kann man nur dadurch entgegenwirken, indem man eine möglichst offene Gesprächsatmosphäre schafft, in der der Mitarbeiter das Gefühl hat, seine eigenen Wünsche und Vorstellungen zu formulieren, ohne dadurch Nachteile befürchten zu müssen.

Anlassbezogene Mitarbeitergespräche

Anlassbezogene Mitarbeitergespräche sind Gespräche, die sich nicht automatisch regelmäßig wiederholen, sondern, die aus einem konkreten Anlass heraus geführt werden. Anlassbezogene Mitarbeitergespräche können sowohl vom Vorgesetzten als auch vom Mitarbeiter selbst initiiert werden.

Einführungsgespräch

Der erste Tag in einer neuen Position oder gar einem neuen Unternehmen kann sich entscheidend auf die Entwicklung des Mitarbeiters auswirken. Einen guten Einstieg zu ermöglichen, ist daher ein sehr wichtiges Element in der Führung und Entwicklung von Mitarbeitern.

Die Sichtweise, dass am schnellsten Schwimmen lernt, wer ins kalte Wasser geworfen wird, ist längst überholt. Muss ein Mitarbeiter sich am ersten Tag erst mal seinen eigenen Schreibtisch frei räumen, dann die notwendigen Arbeitsutensilien zusammensuchen, um dann zu erkennen, dass niemand Zeit hat, ihn wirklich einzuarbeiten, mag er sich zwar durchbeißen und im Verlauf der Wochen trotzdem einigermaßen gut arbeiten. Dennoch kann man in einem solchen Fall nicht von einem effizienten Einstieg sprechen.

Somit sollte sichergestellt sein, dass für den ersten Tag eines neuen Mitarbeiters alle Vorbereitungen gut getroffen sind. Dazu gehört auf jeden Fall auch ein Gespräch mit dem neuen Vorgesetzten. Und, dieses sollte sicher auch über einen kurzen Handschlag, gepaart mit den Worten „Herzlich willkommen!", hinausgehen.

Um ein vertrauensvolles Verhältnis zwischen Ihnen als Vorgesetzten und dem neuen Mitarbeiter zu schaffen, ist ein gut geführtes Einstiegsgespräch eine wichtige Basis. Verfügt das Einstiegsgespräch über eine geordnete Struktur, macht dies den Start für den Mitarbeiter umso leichter.

Einführung

Zu Beginn des Eintrittsgesprächs sollte eine freundliche Atmosphäre geschaffen werden, in der sich der neue Mitarbeiter wohl aufgenommen und herzlich willkommen fühlen kann.

Technische Details / Papierkram / Fragen zum Vertrag?

Am Anfang eines jeden neuen Beschäftigungsverhältnisses steht immer eine größere Menge an „Papierkram". Verträge und Vereinbarungen sind zu unterzeichnen, Handbücher zu lesen, Hausregeln zu verstehen, Bescheinigungen von Krankenkassen anzufordern, Sozialversicherungsnummern und Bankdetails heraus zu suchen, etc.

Diese administrativen Tätigkeiten sind ein notwendiges Übel, das es zu nehmen gilt, damit die Abwicklung des Arbeitsverhältnisses sauber laufen kann. Ideal ist, wenn diese „Bürokratie" zügig über die Bühne gebracht werden kann, damit sich der Mitarbeiter möglichst bald ausschließlich auf die Arbeit konzentrieren kann.

Ebenso wichtig ist, dass der Mitarbeiter den Arbeitsvertrag und sonstige Vereinbarungen vollständig verstanden hat und sich mit den Inhalten wohlfühlt. Bleiben Fragen zum Vertrag unbeantwortet oder gibt es noch ein „Bauchgrummeln" zu einzelnen Aspekten, ist der Mitarbeiter im Kopf nicht frei für die Arbeit, sondern macht sich nebenher ständig Gedanken darüber, ob er richtig und gut für sich verhandelt hat.

Somit sind diese Aspekte ein wichtiger Punkt für den Einstieg in das Gespräch mit neuen Mitarbeitern.

- Hat der neue Mitarbeiter alles verstanden?
- Sind alle Unterlagen da?
- Gibt es noch Fragen?
- Gibt es noch Skepsis zu einem Thema?

Solange ein neuer Mitarbeiter noch keine Routine in seinen Arbeitsabläufen gefunden hat, binden diese technischen Details häufig auch einen hohen Teil seiner Gedanken. Somit gilt es auch im Interesse des Arbeitgebers, die technischen Fragen und administrativen Punkte möglichst zügig vom Tisch zu bringen, damit die Inhalte der eigentlichen Arbeitsaufgaben in den Vordergrund rücken können.

Arbeitsplatz und Utensilien, funktioniert alles?
Ein weiterer technischer Aspekt ist die Vorbereitung des Arbeitsplatzes:

- Ist ein Schreibtisch vorhanden?
- Läuft der Computer?
- Ist der Name des neuen Mitarbeiters schon im Telefonregister eingegeben und der Mitarbeiter in der Telefonliste erfasst?
- Hat er Zugang zu den nötigen Programmen, mit denen er arbeiten soll?

All diese Dinge sollten im Vorfeld schon organisiert und vorbereitet sein. Dennoch ist wichtig, sich die Bestätigung vom Mitarbeiter einzuholen, dass er sich für die Erledigung seiner Aufgaben gut gerüstet fühlt.

Natürlich braucht es immer eine Weile, bis ein Mitarbeiter sich komplett eingefunden hat und alles richtig „läuft", somit ist ein wenig Flexibilität immer angebracht. Dennoch ist es wichtig, sich vom Mitarbeiter die Rückmeldung darüber einzuholen, ob er in der Einarbeitungsphase auf der rein technischen Seite noch Probleme sieht, die möglicherweise schnell gelöst werden können.

Informationen zum Unternehmen und zur Abteilung
Der neue Mitarbeiter sollte möglichst viele Informationen über die Struktur des Unternehmens und seine Zielsetzung erhalten, sowie über die Organisation der Abteilung und ihre Aufgaben. Machen Sie sich im Vorfeld Gedanken darüber, welche Informationen für einen neuen Mitarbeiter wichtig sind und stellen Sie diese zusammen. Lassen Sie ausreichend Raum für Fragen.

Anlässe für Mitarbeitergespräche

Wichtige Unterlagen (Telefonliste, Organigramm ...)

Geben Sie dem Mitarbeiter alle wichtigen Informationen an die Hand, die er für das Verständnis von Unternehmen und Abteilung, sowie für die Ausübung seiner Aufgaben benötigt. Dies können z. B. sein:

- Organigramm
- Telefonliste
- Kostenstellenplan
- Anschriften von Lieferanten
- Daten der Vertriebsorganisation
- Datenblätter der Produkte
- Anwendungsbeschreibung der Systeme
- Verfahrensanweisungen
- Maßnahmen im Notfall
- Sicherheitsinformationen
- Kennzahlen/Budgets
- usw.

Regeln und Absprachen / Hausordnung

Neben dem Arbeitsvertrag gibt es eine Vielzahl von Regeln in einem Unternehmen, die nicht schon mit dem Vertrag verschickt, sondern erst später ausgegeben werden. Diese gilt es dem Mitarbeiter möglichst zeitnah zu vermitteln. Vor allem die Richtlinien, die für das tägliche Miteinander eine Rolle spielen, sollten möglichst schnell mitgeteilt werden, z. B.

- Verhalten im Krankheitsfall
- Kleiderordnung
- privates Telefonieren

- Nutzung von Internet und anderen Programmen
- Regeln für den Umgang im Team
- etc.

Neben diesen „Hausregeln", die z. B. in Form einer „Hausordnung" auch schriftlich ausgegeben werden können, gibt es andere Richtlinien, die dem Mitarbeiter möglichst bald nach seinem Eintritt nahegebracht werden sollten:

- ethische und moralische Grundsätze
- Sicherheitsrichtlinien
- Verfahrensanweisungen (Umgang mit Budgets, wer darf was unterschreiben?)
- usw.

Kultur und Werte / Was erwarten wir?

Neben all den schriftlichen Richtlinien sollte der Vorgesetzte dem Mitarbeiter eine Idee von den Grundwerten in der Abteilung vermitteln. Wie gehen die Kollegen miteinander um? Gibt es bestimmte Vereinbarungen, die für alle wichtig sind? Wie arbeiten wir im Team miteinander? Was erwarten wir voneinander?

Diese Informationen helfen dem Mitarbeiter, sich möglichst schnell einen sicheren Platz im Team zu erarbeiten.

Grundsätze zur Zusammenarbeit und Struktur

Auch die technische Form der Zusammenarbeit sollte erläutert werden. Wann finden Meetings statt? Wer nimmt daran teil? Wie sind die Aufgaben verteilt? Gibt es Einzelgespräche mit dem Vorgesetzten? Wie kommunizieren wir miteinander? Gibt es schriftliche Berichte oder erfolgt die

Kommunikation ausschließlich mündlich? Welche Rolle spielen E-Mails in der Zusammenarbeit?

Es hilft, wenn der Mitarbeiter einen umfassenden Eindruck über die Gepflogenheiten im Team erhält, damit er nicht unwissentlich gegen Regeln verstößt, weil er zu viele E-Mails versendet oder zu wenige, zu viel schriftlich kommuniziert und zu wenig mündlich, oder umgekehrt.

Einarbeitungsplan / Plan für die ersten Tage

Im idealen Fall wurde für den neuen Mitarbeiter ein Einarbeitungsplan gestaltet. Darin enthalten sind wichtige Termine, die in den ersten Tagen stattfinden oder für ihn organisiert wurden. Eine Liste von Kenntnissen, die in den ersten Tagen oder Wochen vermittelt werden sollen, Informationsunterlagen, die auszugeben sind, können in Form einer Checkliste zusammengetragen und mit dem Mitarbeiter besprochen werden.

Checkliste „was muss ich alles wissen?"

Ergänzend zum Einarbeitungsplan kann eine Checkliste dienlich sein, die alle fachlichen Themen und Kenntnisse enthält, die der Mitarbeiter abdecken muss. Sofern hier noch Punkte fehlen, kann gezielt an der fachlichen Entwicklung des Mitarbeiters gearbeitet werden.

Mentor? Buddy?

In manchen Unternehmen gibt es das System von Mentoren oder sog. „Buddys", die neuen Mitarbeitern helfen, sich zu integrieren. In der Regel sind dies andere Mitarbeiter des Unternehmens, die aber nicht Teil der eigenen Abteilung sind. Im Gespräch sollte dem Mitarbeiter erläutert werden, wer Mentor oder „Buddy" ist und wie die Zusammenarbeit mit diesem organisiert ist.

Anlässe für Mitarbeitergespräche

Vereinbarung von Folgegesprächen im Rahmen der Probezeit
Die Zeit vergeht im Arbeitsalltag oft wie im Flug. Somit ist darauf zu achten, dass regelmäßige Termine im Verlaufe der Probezeit möglichst früh im Kalender fest vermerkt sind, damit sie nicht vergessen werden. Vereinbaren Sie daher schon im ersten Termin mit dem neuen Mitarbeiter die Termine für weitere Gespräche während der Probezeit. Es besteht sonst die Gefahr, dass die Probezeit ohne einen weiteren Termin verstrichen ist und man die Frist verpasst hat, falls man feststellen musste, dass sich der Mitarbeiter nicht so entwickelt, wie man es erwartet hatte.

Weiterhin sind regelmäßige Gespräche gerade in der ersten Zeit der Beschäftigung essenziell, um immer wieder zu prüfen, dass sich der neue Mitarbeiter noch auf der richtigen Spur bewegt. Dabei gilt es nicht nur, die Sicht des Unternehmens an den Mitarbeiter zu vermitteln. Ebenso große Priorität hat es, Feedback vom Mitarbeiter über seine Eindrücke während der ersten Zeit einzuholen. Nicht selten waren Vorgesetzte völlig überrascht, wenn neue Mitarbeiter ein Unternehmen schon nach kurzer Zeit wieder verlassen haben, weil während der ersten Zeit einiges schiefgelaufen war. Regelmäßige Gespräche mit den neuen Mitarbeitern hätten dies vermutlich leicht verhindern können.

Fragen des Mitarbeiters
Selbstverständlich konnte der Mitarbeiter während des gesamten Gesprächs immer schon seine Fragen stellen. Es hilft aber, dem Gespräch einen gefühlten Abschlusspunkt zu geben, wenn man den Mitarbeiter ganz simpel fragt: „Haben Sie noch Fragen?"

Der Mitarbeiter bekommt dabei die Gelegenheit, sich noch einmal zu sammeln und zu überlegen, ob alle seine Themen und Fragen behandelt wurden.

Was tue ich heute? Was tue ich morgen? Erste Aufgaben

Nach der umfangreichen Information, die im Rahmen des Gesprächs auf den Mitarbeiter eingeströmt ist, ist es hilfreich, ihn wieder zu „erden", indem man seinen Blick nun auf die unmittelbaren nächsten Schritte lenkt. Dies kann z. B. mit den folgenden Fragen geschehen:

- *„Was werden Sie nach unserem Gespräch als Nächstes tun?"*
- *„Was haben Sie für heute noch auf dem Plan?"*
- *„Welches Thema werden Sie als erstes angehen?"*

Steigt man neu in eine Aufgabe ein, sieht man sich zunächst mit einer Vielzahl neuer Eindrücke konfrontiert. Nach dem Gespräch mit dem Vorgesetzten ist der Kopf des neuen Mitarbeiters vermutlich übervoll mit Informationen. Lässt man den Mitarbeiter damit alleine, wird er nach dem Gespräch vermutlich an seinen Arbeitsplatz zurückkehren und erst mal nicht wissen, wo er nun anfangen soll. Klärt man diesen Punkt aber noch mit ihm im Gespräch und gibt ihm eine kleine Hilfe darin, wieder auf die rein pragmatische Ebene zurückzufinden, gewinnt der Mitarbeiter Sicherheit darin, wie der Tag weiter ablaufen wird, was konkret zu tun ist. Zudem kann er sich sicher sein, dass er bereits am ersten Tag genau die Dinge unternimmt, die auch im Sinne des Vorgesetzten sind, denn mit dem hat er es schließlich abgesprochen.

Kritikgespräch

Ein Kritikgespräch findet statt, wenn in Bezug auf einen Mitarbeiter bereits einiges schiefgelaufen ist. Bevor Sie sich an die Planung eines Kritikgesprächs geben, sollten Sie sich die Frage stellen, ob ein solches Gespräch vielleicht durch Maßnahmen auf einer niedrigeren Eskalationsstufe vermieden werden kann. „Offizielle" Kritikgespräche sind für beide Seiten unangenehm und belastend. Sie sind oft nicht erfolgversprechender als entsprechende Interventionen, die im Arbeitsalltag in einem weniger offiziellen Rahmen viel einfacher durchzuführen wären.

Erst wenn weniger drastische Maßnahmen versagt haben, sollte der zu kritisierende Mitarbeiter zu einem Kritikgespräch eingeladen werden. Das kann zum Beispiel der Fall sein, wenn …

- … die Leistung eines Mitarbeiters über einen längeren Zeitraum nicht ausreichend ist.
- … ein Mitarbeiter mehrfach wegen eines Fehlverhaltens aufgefallen ist.
- … ein erhebliches Fehlverhalten gezeigt hat.

Vorbereitung

Wie bei jedem Mitarbeitergespräch sollten Sie folgende Punkte für sich vor dem Gespräch definieren:

1. Was will ich mit diesem Gespräch erreichen?

Wie soll der Mitarbeiter das Gespräch verlassen? Motiviert oder frustriert?

2. Welche konkreten Vereinbarungen sollen am Ende des Gesprächs stehen?

Zusätzlich sollten Sie möglichst konkrete Belege für das zu beanstandende Verhalten des Mitarbeiters sammeln. Zum Beispiel:

- Uhrzeiten, wenn ein Mitarbeiter häufig zu spät kommt.

- Aussagen von Kollegen, Kunden oder Lieferanten, wenn entsprechende Beschwerden vorliegen.
- Konkrete Zahlen, wenn die Produktivität im Aufgabenbereich des Mitarbeiters nachgelassen hat.
- usw.

Sie vermeiden auf diese Weise unnötige Diskussionen darüber, ob die Vorwürfe tatsächlich berechtigt sind, oder nicht.

Gesprächseröffnung

Schon mit der Gesprächseröffnung können Sie steuern, wie das Gespräch verlaufen wird. Begrüßen Sie den Mitarbeiter freundlich, fragen ihn nach seinem Befinden und wechseln Sie einige persönliche Worte. Sprechen Sie zu diesem Zeitpunkt noch nicht über das Problem, das zu diesem Treffen geführt hat. Vermeiden Sie entschuldigende oder anbiedernde Worte.

Halten Sie die Begrüßung kurz und kommen Sie dann ohne weitere Umschweife zum Kern des Gesprächs. Vermeiden Sie Anschuldigungen. Stellen Sie zunächst nur den Sachverhalt möglichst sachlich dar:

> *„Frau Meyer, Sie sind im letzten Monat mehrfach zu spät zum Dienst erschienen."*

> *„Herr Becker, es gab im letzten Quartal 20 % mehr Ausschuss bei der Produktion in Ihrer Abteilung."*

> *„Herr Müller, es gab in letzter Zeit mehrere Beschwerden von Kunden, die sich am Telefon unfreundlich behandelt fühlten."*

Gesprächsverlauf

Schildern Sie das Problem nun aus Ihrer Sicht. Vermeiden Sie Du-Botschaften wie:

> *„Sie sind dafür verantwortlich, dass der Kunde nicht beliefert wurde."**

👎 *„Es ist doch Ihre Schuld, wenn das falsche Material verwendet wurde."**

Besser:

💬 *„Es stellt für uns ein erhebliches Problem dar, wenn Kunden die Ware nicht rechtzeitig bekommen."*

💬 *„Wenn falsches Material verwendet wird, führt das zu Mehrkosten, die dem Unternehmen schaden."*

Versuchen Sie, den Mitarbeiter auf Ihre Seite zu ziehen:

💬 *„Sie wissen ja selbst, wie Kunden reagieren, wenn die Bestellung nicht pünktlich kommt."*

💬 *„Sie sind der Fachmann und wissen, zu welchen Problemen die Verwendung von falschem Material führt."*

Keine Vermischung mit Lob

Wenn Sie ein freundlicher Mensch sind (und davon gehen wir aus), werden Sie vielleicht den Wunsch verspüren, die Kritik an Ihrem Mitarbeiter durch ein Lob oder ein allgemeines Feedback zu seiner Arbeit ein wenig abzumildern. Widerstehen Sie diesem Drang! Erfahrungsgemäß führt das nur dazu, dass der Mitarbeiter die eigentliche Botschaft nicht versteht oder nicht wirklich ernst nimmt.

Offene Fragen stellen

Geben Sie dem Mitarbeiter genügend Raum, um seine Sicht der Dinge darzustellen. Stellen Sie offene Fragen, also solche, auf die der Mitarbeiter mit mehr als nur „Ja" oder „Nein" antworten kann:

💬 *„Wie stellt sich das Problem aus Ihrer Sicht dar?"*

💬 *„Wie ist Ihre Meinung dazu?"*

💬 *„Wie können wir diesen Fehler zukünftig vermeiden?"*

Zustimmen und Einigkeit herstellen

- 💬 *„Das ist ein guter Vorschlag, wie kann ich Sie unterstützen, um ihn in die Tat umzusetzen?"*
- 💬 *„Ich kann Ihr Verhalten bis zu einem gewissen Punkt verstehen, aber ..."*
- 💬 *„Ich sehe, dass das ein Problem für Sie ist, aber ..."*
- 💬 *„Das klingt gut, können wir uns darauf einigen?"*

Kritik immer klar und konstruktiv formulieren

Machen Sie sich bereits vor dem Gespräch ganz klar, was Sie erreichen wollen.

- Die Kritik soll beim Mitarbeiter ankommen.
- Der Mitarbeiter soll die Kritik verstehen.
- Der Mitarbeiter soll einsehen, dass die Kritik notwendig ist.
- Der Mitarbeiter soll mit der Motivation, es zukünftig besser zu machen, aus dem Gespräch gehen.
- Dem Mitarbeiter soll klar sein, dass die Verbesserung seiner Leistung keine bloße Absichtserklärung, sondern eine eindeutige Zielvereinbarung ist.

Dementsprechend müssen sowohl die Kritik als auch die daraus resultierenden Verhaltensänderungen klar und für beide Seiten verstehbar formuliert werden.

Vermeiden Sie komplizierte Umschreibungen, Vergleiche oder abschwächende Formulierungen, die dem Mitarbeiter das Verstehen des Gesagten erschweren. Kommen Sie gleich auf den Punkt:

Anlässe für Mitarbeitergespräche

Schlecht:

👎 *„Wie Sie wissen, spielt das Thema Kundenzufriedenheit in unserer Unternehmensphilosophie eine wichtige Rolle. Schon der Firmengründer sagte ... ... "*

Besser:

💬 *„Es liegen Beschwerden von Kunde X und Kunde Y vor. Beide beklagen sich, dass mehrfach Bestellungen nicht bearbeitet und Waren nicht geschickt wurden. Ich habe das überprüft und festgestellt, dass in den letzten drei Monaten insgesamt 12 Bestellungen mit einem Warenwert von 17.000 Euro auf Ihrem Schreibtisch liegen geblieben sind und nicht bearbeitet wurden."*

Konfrontieren Sie den Mitarbeiter mit Fakten, nicht mit Vermutungen oder der Einschätzung von Kollegen oder anderen Mitarbeitern. Das hat gleich zwei Vorteile:

1. Die Botschaft kommt beim Mitarbeiter an, wenn es nichts falsch zu verstehen gibt.
2. Der Mitarbeiter hat die Chance, sachlich auf die Kritik zu antworten, da es keine persönliche Kritik, sondern nur Fakten zu diskutieren gibt.

Bei negativem Gesprächsverlauf:

Wenn Sie feststellen, dass der Mitarbeiter keine Einsicht zeigt, oder kein Wunsch, die Dinge zukünftig zu verbessern, vorhanden ist, müssen Sie klare Worte finden. Erst in diesem Fall ist auch der Zeitpunkt gekommen, den Mitarbeiter auf die arbeitsrechtlichen Konsequenzen seines Verhaltens hinzuweisen. Es ist wichtig, dass der Mitarbeiter versteht, dass Ihre Forderungen weder unverbindliche Ratschläge sind, noch eine „Verhandlungsbasis" darstellen.

Anlässe für Mitarbeitergespräche

Gesprächsabschluss

Das Wichtigste ist, dass der Mitarbeiter mit einer klar formulierten und eindeutigen Vereinbarung aus dem Gespräch geht. Das kann positiv geschehen:

> *„Ich freue mich, dass Sie das einsehen. Ich verlasse mich darauf, dass Sie zukünftig immer pünktlich zum Dienst erscheinen."*

Oder auch negativ:

> *„Ich werde Ihr Verhalten weiter beobachten. Sollte es noch einmal ein Problem geben, müssen Sie mit einer Abmahnung rechnen."*

Idealerweise verlässt der getadelte Mitarbeiter das Gespräch mit der Absicht und Motivation, es zukünftig besser zu machen. Auch die Verabschiedung sollte in jedem Fall freundlich ausfallen. Je nach Gesprächsverlauf auch mit einigen persönlichen, aufmunternden Worten.

> *„Ich wünsche Ihnen alles Gute."*

> *„Kommen Sie zu mir, wenn Sie Hilfe benötigen."*

> *„Ich bin sicher, Sie schaffen das!"*

Gehaltsgespräch

In Gehaltsgesprächen geht es grundsätzlich immer um zwei Dinge:

1. **Die absolute Leistung des Mitarbeiters**
   Hierzu zählen alle üblichen Leistungskriterien, wie Einsatz, Leistungsfähigkeit, Verlässlichkeit, Verantwortungsbewusstsein etc. Aber auch bestimmte Einzelereignisse wie ein kürzlich erfolgreich abgeschlossenes Projekt, die Akquise eines wichtigen neuen Kunden oder die erfolgreiche Lösung eines größeren Problems können eine Rolle spielen oder sogar der Anlass des Gehaltsgesprächs sein.

2. **Die Gesamtsituation des Unternehmens**
   Um es auf den Punkt zu bringen: Ein Unternehmen, das sich wirtschaftlich betrachtet mit dem Rücken zur Wand befindet, hat keine Spielräume, die es zulassen, Mitarbeitern ohne sehr gewichtige Gründe eine Gehaltserhöhung zu gewähren. Umgekehrt gilt aber auch, dass es nur schwer vermittelbar ist, einem besonders guten Mitarbeiter eine Gehaltserhöhung zu verwehren, wenn das Unternehmen floriert und im Vorstand Bonuszahlungen in Millionenhöhe fließen.

Informieren Sie sich

Es ist immer von Vorteil, wenn Sie so gut wie möglich über den Mitarbeiter informiert sind, mit dem Sie das Gehaltsgespräch führen wollen. Das gilt natürlich besonders für dessen berufliche Leistungen. Aber auch Privates kann wichtig sein. Ein Mitarbeiter, der vor Kurzem ein Haus gebaut hat und drei schulpflichtige Kinder hat, wird zum Beispiel nicht so ohne Weiteres seinen Job kündigen, nur, weil er in der 100 Kilometer entfernten Landeshauptstadt ein höheres Gehalt bekommen würde. Auf Argumente wie „In München würde ich aber 30 % mehr verdienen.", können Sie auch reagieren, indem Sie den Mitarbeiter darauf hinweisen, dass die Mieten und Hauspreise in München aber 40 % über denen vor Ort liegen.

Argumente
Es ist wichtig, Fakten parat zu haben, mit denen man einer überhöhten Forderung durch sachliche Argumente begegnen kann. Dazu gehört zum Beispiel das Wissen über die Höhe der in der Branche üblichen Gehälter.

Sollten Sie keine Möglichkeit sehen, die guten Leistungen eines Mitarbeiters durch eine Gehaltserhöhung zu honorieren, gibt es auch noch einige alternative Möglichkeiten:

- Möglichkeit des Arbeitens im „Home Office"
- Flexiblere Arbeitszeiten
- Sonderurlaub
- Mitarbeiterrabatte
- Benzingeld

Anerkennungsgespräch

Leider ist es immer noch üblich, Gespräche „außer der Reihe" mit Mitarbeitern nur dann zu führen, wenn es an deren Leistung oder Verhalten etwas zu bemängeln gibt. Viel zu selten wird von der Möglichkeit Gebrauch gemacht, einen Mitarbeiter zu einem Gespräch einzuladen, um ihm für eine außergewöhnliche oder einfach „nur" gute Leistung Anerkennung und Lob auszusprechen. Dabei ist es erwiesenermaßen so, dass Anerkennung und Lob einen Mitarbeiter viel stärker motivieren als Kritik oder die Aufforderung zur Leistungssteigerung.

In einem Anerkennungsgespräch geht es also um eine Form des positiven Feedbacks, mit dem beim Mitarbeiter mit einfachen Mitteln ein hoher Grad an Motivation und Zufriedenheit erzeugt werden kann. Anerkennungsgespräche sind - im Gegensatz zu manch anderen Mitarbeitergesprächen - auch nicht unangenehm oder zeitaufwendig. Ganz im Gegenteil: Hier können Sie als Chef oder Vorgesetzter mal richtig nett sein und sich auch von Ihrer menschlichen Seite zeigen. Umso unverständlicher ist es, warum nur so wenige Führungskräfte von dieser Form des Mitarbeitergesprächs Gebrauch machen.

Hier einige Regeln, damit das Anerkennungsgespräch eine möglichst positive Wirkung hat:

Gleichbehandlung

Führen Sie mit allen Mitarbeitern ein Anerkennungsgespräch, die eine besonders gute Leistung erbracht hat. Das gilt auch oder gerade für Mitarbeiter, zu denen Sie vielleicht keinen so guten „Draht" haben. Anerkennung muss grundsätzlich unabhängig von Sympathie oder Antipathie ausgesprochen werden.

Gründe offenlegen

Erwähnen Sie im Gespräch detailliert, welche Leistungen des Mitarbeiters Sie beeindruckt haben. Der Mitarbeiter erfährt so, was Ihnen wichtig ist und kann zukünftig gezielter in diese Richtung arbeiten. Gleichzeitig vermeiden Sie den Eindruck, Ihre Anerkennung mit der Gießkanne oder einfach nach Gutdünken zu verteilen.

Ehrliche Anerkennung der Leistung

Stellen Sie heraus, dass die Anerkennung dem Mitarbeiter gilt, der gerade vor Ihnen sitzt. Versuchen Sie nicht, das Lob einzuschränken, indem Sie darauf hinweisen, dass Sie selbst die Grundlage für das erfolgreiche Projekt gelegt haben, oder dass Sie selbst entscheidenden Einfluss auf die Arbeit hatten. Erkennen Sie die Leistung des Mitarbeiters neidlos und ohne Einschränkungen an.

Zeitnah loben

Ein Lob wirkt umso besser, je schneller es nach einer erfolgreichen Arbeit erfolgt. Warten Sie nicht bis zum Quartalsende oder bis zum nächsten regulären Mitarbeitergespräch. So ein Anerkennungsgespräch ist eine Sache von wenigen Minuten. Das können Sie auch zwischendurch mal einschieben.

Sachlich bleiben

Auch, wenn die Stimmung vielleicht besser und gelöster ist, als bei manch anderem Mitarbeitergespräch, sollte ein Anerkennungsgespräch keine emotionale Angelegenheit werden. Natürlich darf der Mitarbeiter sich über das Lob freuen. Es muss aber zu jedem Zeitpunkt klar sein, wofür er es erhalten hat. Er soll nicht den Eindruck bekommen, gelobt worden zu sein, weil Sie ihn so nett finden. Er muss in jedem Fall wissen, dass die Anerkennung nicht auf Sympathie, sondern auf ganz konkreten Leistungen beruht.

👎 *"Herr Meyer, Sie sind mein liebster Mitarbeiter."**

💬 *"Herr Meyer, Sie haben das Problem mit dem Lieferanten hervorragend gelöst!"*

Übrigens, auch wenn das Anerkennungsgespräch in der Regel unter vier Augen stattfindet, ist es sinnvoll, den Mitarbeiter auch vor seinen Kollegen zu loben. Auf diese Weise erfahren auch diese, welche Ziele in Ihrem Fokus stehen und dass es sich lohnt, etwas mehr zu tun als das, was unbedingt notwendig ist. Den gelobten Mitarbeiter motiviert es natürlich noch mehr, wenn er ein „öffentliches" Lob bekommt.

Auch wichtig: Ein Anerkennungsgespräch sollte schon etwas Besonderes bleiben. Führt man es zu häufig oder wegen jeder Kleinigkeit, verliert es natürlich schnell seinen Sinn und seine Wirkung.

Delegationsgespräch

Delegieren hat viele positive Effekte. Die wichtigsten sind die eigene Entlastung und die gleichzeitige Motivation des betreffenden Mitarbeiters. *Richtiges* Delegieren ist aber auch nicht immer ganz einfach. Wenn nur delegiert wird, um Arbeit auf einen Mitarbeiter abzuwälzen, ist der Sinn des Delegierens verfehlt. Auch ist nicht jede Aufgabe dazu geeignet, an einen Mitarbeiter übertragen zu werden. Insbesondere Kernaufgaben einer Führungskraft, wie Personalentscheidungen, Gehaltsverhandlungen oder andere Führungsaufgaben, müssen beim Vorgesetzten verbleiben.

Auf der anderen Seite gibt es eine Vielzahl an Aufgaben, die Führungskräfte zusätzlich neben ihrer eigentlichen Kerntätigkeit erledigen müssen. Solche Aufgaben können und sollten delegiert werden. Wichtig ist dabei aber, dass dem Mitarbeiter nicht nur die Arbeit, sondern auch die Verantwortung übertragen wird. Erledigt dieser die übertragene Aufgabe gut oder sehr gut, stehen ihm dadurch natürlich auch die entsprechenden Lorbeeren oder zumindest ein entsprechendes Lob zu.

Wenn das alles zutrifft, hat das Delegieren viele Vorteile:

- Sie können Ihre Arbeitsbelastung dadurch reduzieren.
- Sie haben mehr Zeit für Ihre eigentlichen Führungsaufgaben.
- Sie können Mitarbeiter motivieren, indem Sie ihnen zeigen, dass Sie ihnen die Aufgaben zutrauen.
- Mitarbeiter können sich beweisen und weiterentwickeln.
- Sie können so erreichen, dass bestimmte Aufgaben auch dann erledigt werden, wenn Sie selbst einmal nicht verfügbar sind.

Anlässe für Mitarbeitergespräche

Gründe nennen und Wertschätzung zeigen

Erklären Sie Ihrem Mitarbeiter, warum Sie ihn für die anstehende Aufgabe ausgewählt haben. Belassen Sie es nicht bei „Sie werden das schon hinkriegen!", sondern zeigen Sie dem Mitarbeiter, welche besonderen Fähigkeiten oder Leistungen Sie an ihm schätzen. Nennen Sie Beispiele, in denen der Mitarbeiter bereits früher gezeigt hat, dass er für eine solche Aufgabe der Richtige ist. Heben Sie im Gespräch hervor, welche Stärken der Mitarbeiter hat und warum diese ihm dabei helfen werden, die Aufgabe zu bewältigen.

👎 *„Sie schaffen das schon."*

💬 *„Sie haben mit der erfolgreichen Durchführung der Excel-Schulungen gezeigt, dass Sie fähig sind, dieses Projekt zu leiten."*

Den Mitarbeiter nicht überfordern oder einschüchtern

Es macht absolut keinen Sinn, eine Aufgabe an einen Mitarbeiter zu übertragen, mit der dieser wahrscheinlich überfordert ist. Sätze wie „Ein Mann wächst mit seinen Aufgaben!" oder „Da werden Sie sich schon einarbeiten." bringen nichts, wenn der Mitarbeiter aufgrund mangelnden Wissens oder Erfahrung gar keine Chance hat, die Aufgabe zu stemmen. Das Resultat ist im günstigsten Fall die Rückdelegation der Aufgabe nach ein paar Wochen und im schlechtesten Fall ein „verbrannter" Mitarbeiter, der seine Motivation verliert und sich als Versager fühlt.

Ebenfalls ungünstig ist es, den Mitarbeiter unter Druck zu setzen. Sätze wie:

👎 *„Ich habe niemand anders für diese Aufgabe."*

👎 *„Sie müssen das machen, da führt kein Weg dran vorbei!"*

👎 *„Versauen Sie das nicht, davon hängt mein und Ihr Job ab!"*

... führen nicht zum gewünschten Ergebnis. Der Hinweis darauf, dass sonst niemand für die Aufgabe zur Verfügung steht, vermittelt zusätzlich noch den Eindruck, dass die Wahl dieses Mitarbeiters ohnehin nur eine

Notlösung darstellt. Hat der Mitarbeiter dieses Gefühl, wird er entsprechend (un)motiviert an die Aufgabe herangehen.

Klare Ziele definieren

Wie bei der Übertragung jeder Aufgabe muss auch beim Delegieren für den Mitarbeiter klar erkennbar sein, worin seine Aufgabe besteht und woran konkret der Erfolg seiner Arbeit ablesbar ist. Dazu gehört, dass Ziele und Zeiträume klar definiert werden. Der Mitarbeiter muss selbst erkennen können, wann er die ihm übertragene Aufgabe erfolgreich gelöst hat.

> *„Wenn Sie es schaffen, dass die Produktion des X3-Vario im September läuft, haben Sie alles richtig gemacht. Viel Erfolg!"*

Freiheiten lassen

Schreiben Sie Ihrem Mitarbeiter nicht bis ins Detail vor, wie er die ihm gestellte Aufgabe zu bearbeiten und zu lösen hat. Schließlich wählen Sie ja keinen x-beliebigen Mitarbeiter für eine bestimmte Aufgabe aus, sondern genau den, dem Sie zutrauen, über die notwendigen Fähigkeiten zu verfügen. Zeigen Sie Ihrem Mitarbeiter, dass Sie ihm vertrauen, indem Sie ihm selbst die Entscheidung überlassen, wie er die ihm gestellte Aufgabe lösen wird.

Einwände ernst nehmen

Nicht jeder Mitarbeiter reagiert begeistert, wenn ihm eine Aufgabe oder die Verantwortung für ein Projekt übertragen wird. Es wäre absolut falsch, nun anzunehmen, dass der Mitarbeiter einfach keine Lust auf Mehrarbeit hat oder sich nur ein wenig ziert, um noch mehr Anerkennung zu erhalten. Nehmen Sie mögliche Einwände des Mitarbeiters unbedingt ernst und versuchen Sie, mit ihm gemeinsam eine machbare Lösung zu finden. Es nützt Ihnen wenig, wenn Sie den Mitarbeiter „überreden" und die Aufgabe dann letztlich nicht, oder nicht zu Ihrer Zufriedenheit erledigt wird.

Manche Einwände erfordern auch Ihr Eingreifen:

"Ich stecke im Projekt X und habe keine Zeit für eine weitere Aufgabe."

"Ich habe das noch nie gemacht. Mein Englisch ist viel zu schlecht."

"Ich weiß viel zu wenig über das Thema. Mit meinem Wissensstand kann ich das Projekt nicht ordentlich leiten."

In diesen Fällen sollten Sie sich freuen, einen Mitarbeiter zu haben, der seine Grenzen und Defizite kennt und klar benennen kann. Es wäre ein Fehler, diese Einwände mit Sätzen wie:

👎 *"Ach was, Sie machen das schon!"**

oder

👎 *"Learning by Doing ist sowieso die beste Methode!"**

… vom Tisch zu wischen. Bieten Sie dem Mitarbeiter stattdessen Unterstützung an. Nehmen Sie ihn (für eine gewisse Zeit) aus dem Projekt X heraus, damit er sich der delegierten Aufgabe wirklich widmen kann. Schicken Sie ihn zu einem Englisch-Crashkurs oder bieten Sie ihm eine Fortbildung an. Das wird den Mitarbeiter nicht nur motivieren, sondern auch dazu führen, dass das delegierte Projekt nicht in paar Wochen wieder auf Ihrem eigenen Schreibtisch landet.

Nicht *alles* kann delegiert werden!

Der Vollständigkeit halber noch eine kurze Anmerkung den Aufgaben, die in der Regel nicht delegierbar sind. Dazu gehören zum Beispiel:

- Personalentscheidungen
- Gehaltsentscheidungen
- Strategische Entscheidungen
- Betreuung des oder der Hauptkunden

Anlässe für Mitarbeitergespräche

Zum Schluss noch ein Hinweis zum richtigen Delegieren: Vermeiden Sie den Eindruck, dass Sie alles „wegdelegieren", was schwierig oder unangenehm ist. Ganz im Gegenteil: Wenn Sie den Eindruck haben, dass ein Mitarbeiter bei einem Projekt (delegiert oder nicht) vor ernsthaften Problemen steht, sollten Sie immer Ihre Hilfe anbieten. Das Gleiche gilt für besonders schwierige Kunden oder Lieferanten. Lassen Sie ihre Mitarbeiter nicht im Regen stehen, nur weil Sie den Job delegiert haben. Wenn es ernst wird, sollten Sie Ihren Mitarbeitern immer hilfreich zur Seite stehen. Sie werden es Ihnen danken!

Kündigung / Trennungsgespräch

Es ist das Mitarbeitergespräch, das so gut wie alle Führungskräfte am meisten fürchten. Einem Mitarbeiter auf korrekte und doch menschliche Weise mitzuteilen, dass er entlassen wird, ist eine Herausforderung. Sie gut zu meistern erfordert Professionalität und Mut. Mut, den manche Vorgesetzte und Chefs nicht haben, weshalb sie die Kündigung nicht selbst aussprechen, sondern dem Mitarbeiter per Post zukommen lassen. Es gibt sogar externe Dienstleister, die diese unangenehme Aufgabe übernehmen. Und natürlich kann man es so machen. Ob es allerdings ein Zeichen von Führungsqualität oder gar menschlicher Größe darstellt, muss bezweifelt werden.

Unter normalen Umständen, also, wenn sich nicht bereits im Vorfeld andeutet, dass der zu kündigende Mitarbeiter möglicherweise zu Gewaltausbrüchen neigt, sollte eine Kündigung immer vom Chef oder vom direkten Vorgesetzten persönlich ausgesprochen werden. Um allen rechtlichen Ansprüchen zu genügen, kann dies auch in Gegenwart eines entsprechend versierten Personalverantwortlichen und ggf. eines Mitglieds des Betriebsrats geschehen.

Durchführung

Das Gespräch sollte unbedingt in ungestörter Atmosphäre und aus Gründen der Diskretion nicht vor den Augen anderer Mitarbeiter stattfinden. Telefon, Handy und andere Störquellen sollten für den Zeitraum des Gesprächs tabu sein. Es sollte auch niemand währenddessen den Raum betreten, auch nicht die Sekretärin, der Hausmeister oder irgendein anderer Mitarbeiter.

Alle notwendigen Unterlagen sollten bereitliegen und nicht erst geholt oder gesucht werden müssen, wenn das Gespräch bereits begonnen hat.

Was soll besprochen werden?

Das Wichtigste zuerst: Sprechen Sie die Kündigung direkt zu Beginn des Gesprächs klar und deutlich aus:

- 💬 *„Ich / wir kündige(n) Ihnen hiermit fristgerecht zum Datum X."*
- 💬 *„Der Gründe für die Kündigung sind a, b und c."*
- 💬 *„Sie werden ab sofort freigestellt. Ihr Gehalt bekommen Sie bis zum Datum X weiterhin."*

Mitarbeiter können sehr unterschiedlich auf eine solche Kündigung reagieren. Insbesondere, wenn die Kündigung überraschend kommt, müssen Sie auch mit sehr emotionalen oder wütenden Reaktionen rechnen.

Erfahrungsgemäß ist die Mitteilung der Kündigung nicht der geeignete Rahmen, um weiterführende Schritte, wie zum Beispiel eine Abfindung, zu besprechen. Eine Freistellung muss möglicherweise sofort ausgesprochen werden. Wenn nicht, sollte auch dieses Thema erst bei einem späteren Folgetermin verhandelt werden.

Grundsätzlich sollten Sie darauf vorbereitet sein, zu folgenden Fragen eine korrekte (und rechtlich verbindliche) Auskunft geben zu können:

- Was ist der exakte Grund für die Kündigung?
- Ab wann gilt die Kündigung?
- Werde ich freigestellt?
- Bekomme ich bis zum Ablauf der Kündigungsfrist weiter mein Gehalt?
- Was steht in meinem Arbeitszeugnis?
- Wann bekomme ich es?
- Was ist mit meinem Resturlaub?

Anlässe für Mitarbeitergespräche

- Was ist mit betrieblichen Pensionsansprüchen?
- Bekomme ich eine Abfindung?

Machen Sie sich bereits im Vorfeld klar, dass Ihre Aussagen auch rechtlichen Bestimmungen standhalten müssen. Es ist deshalb mehr als sinnvoll, alle rechtlich relevanten Begründungen und Vereinbarungen schon vorher mithilfe eines Arbeitsrechtlers schriftlich zu fixieren. Lassen Sie sich im Verlauf des Gesprächs nicht dazu hinreißen, mündlich andere Aussagen zu treffen. Ganz fatal sind zum Beispiel Aussagen wie:

„Wir mussten das als Kündigungsgrund angeben, aber tatsächlich werden Sie entlassen, weil das Unternehmen Einsparungen vornehmen will."*

Auch wenn Sie den Mitarbeiter damit trösten wollen, können solche Aussagen schnell als Bumerang in einem Termin beim Arbeitsgericht enden!

Austritts- Exit-Gespräch

Kündigt ein Mitarbeiter von sich aus, kann das - je nachdem - ein erfreuliches Ereignis oder aber auch ein schwerer Verlust für das Unternehmen sein. Doch selbst wenn in letzterem Fall alle Versuche, den Mitarbeiter zum Bleiben zu motivieren, gescheitert sind, kann ein letztes Gespräch durchaus noch Nutzen für das Unternehmen bringen. In der Fachsprache werden solche Austrittsgespräche auch als „Exit-Gespräche" bezeichnet. Und war es noch vor einigen Jahren eher selten, dass solche Gespräche geführt wurden, gehören sie heute schon zum Standardrepertoire vieler Unternehmen. Einer Studie zufolge waren Exit-Gespräche im Jahr 2015 bereits bei etwa einem Drittel aller großen und mittelständischen Unternehmen der Normalfall beim Ausscheiden eines Mitarbeiters.

Der richtige Zeitpunkt

Ein Exit-Gespräch sollte möglichst stattfinden, wenn das Vertragsverhältnis so weit abgeschlossen ist, dass der Mitarbeiter keine Repressalien seitens des Unternehmens mehr zu befürchten hat. Insbesondere sollte er sein Arbeitszeugnis bereits erhalten haben und alle finanziellen Aspekte (Abfindung, Lohnfortzahlung etc.) sollten einvernehmlich geregelt sein. Denn ein Exit-Gespräch ist nur dann wirklich sinnvoll, wenn der Mitarbeiter ohne Nachteile befürchten zu müssen, über seine Kündigung und deren Gründe sprechen kann.

Chancen nutzen

Man könnte natürlich meinen, dass ein Gespräch mit einem Mitarbeiter, der ohnehin schon gekündigt hat, Zeitverschwendung sei. Aber das ist zu kurz gedacht. Denn auch ein scheidender Mitarbeiter kann noch hilfreiche Informationen liefern und unter Umständen auch in Zukunft noch sehr nützlich sein.

Gründe / Ursachen der Kündigung:

Ein Mitarbeiter kündigt - von rein persönlichen Gründen abgesehen - in der Regel dann, wenn er mit seinen Aufgaben, dem Vorgesetzten, den Kollegen oder dem Betriebsklima insgesamt unglücklich ist. Auch die Bezahlung und andere Rahmenbedingungen können eine Rolle spielen.

Das Exit-Gespräch bietet eine Chance, diese Gründe zu erfahren und ggf. Veränderungen anzustoßen, damit nicht weitere gute Mitarbeiter das Unternehmen verlassen. Sie können in einem solchen Gespräch Dinge erfahren, die andere Mitarbeiter - möglicherweise aus Angst vor Konsequenzen - Ihnen nie mitteilen würden. Ein Exit-Gespräch bietet Ihnen also die seltene Gelegenheit, einen ungeschönten Einblick in den Arbeitsalltag eines (unzufriedenen) Mitarbeiters zu bekommen. Sie erfahren so Einzelheiten über das Betriebsklima und den Führungsstil des ehemaligen Vorgesetzten, die Sie anders kaum erlangen könnten.

- Warum hat der Mitarbeiter gekündigt?
- Was hätte man tun müssen, um ihn (und andere) zu halten?
- Was muss verbessert werden, um keine weiteren Mitarbeiter zu verlieren?
- Was muss bei einer Neubesetzung der Stelle verbessert werden?

Zukünftige Zusammenarbeit

In den meisten Fällen wird der scheidende Mitarbeiter nach einiger Zeit einen neuen Job in der gleichen oder einer verwandten Branche antreten. Ein positives Exit-Gespräch legt die Grundlage dafür, mit dem Mitarbeiter auch zukünftig in Kontakt zu bleiben und ihn unter Umständen sogar als Geschäftspartner, als Kunden oder als Mitarbeiter eines solchen zu gewinnen. Nicht umsonst ist es zum Beispiel bei größeren Beratungsunternehmen üblich, aktiv den Kontakt zu ehemaligen Mitarbeitern aufrecht zu erhalten.

Denn so gut wie jeder scheidende Berater wird in Zukunft Mitarbeiter eines potenziellen neuen Kunden oder Klienten.

Spätere Rückkehr nicht ausgeschlossen
In größeren Unternehmen ist es durchaus üblich, mit bestimmten ausgeschiedenen Mitarbeitern in Kontakt zu bleiben. Insbesondere mit denen, die das Unternehmen eigentlich gerne als Mitarbeiter behalten hätte. Und es kommt gar nicht so selten vor, dass ein ausgeschiedener Mitarbeiter nach einigen Jahren wieder in das Unternehmen eintritt. Voraussetzung dafür ist natürlich, dass er dieses nicht mit Groll oder Ärger verlassen hat. Auch dafür kann das Exit-Gespräch eine wichtige Rolle spielen. Schließlich bietet es neben anderem auch die letzte Möglichkeit, etwaige Unstimmigkeiten zu beseitigen und schwelenden Streit beizulegen.

Wettbewerbsfähigkeit
Mitarbeiter, die bereits eine neue Stelle oder eine solche in Aussicht haben, können auch wertvolle Informationen darüber liefern, was der Wettbewerb anzuwerbenden Mitarbeitern bietet. Auf diese Weise erfahren Sie ganz nebenbei, wo Ihr Unternehmen in dieser Hinsicht steht und was Ihr Unternehmen tun muss, um für neue Mitarbeiter interessant zu sein bzw. keine weiteren Mitarbeiter an die Konkurrenz zu verlieren. Natürlich soll das nicht dahingehend ausarten, dass Sie den scheidenden Mitarbeiter aushorchen oder ihn dazu überreden, Betriebsgeheimnisse seines neuen Arbeitgebers auszuplaudern.

Durchführung
Exit-Gespräche werden in der Regel nicht mit dem direkten Vorgesetzten, sondern mit einer Führungskraft aus der Personalabteilung geführt. Manche Unternehmen lassen die Exit-Gespräche auch mit externen Spezialisten führen. Diese verfügen über die nötige Erfahrung, und die Bereitschaft für ein

offenes Gespräch ist bei den scheidenden Mitarbeitern einem externen Gesprächspartner gegenüber oft größer.

Exit-Gespräche sind freiwillige Gespräche. Kein Mitarbeiter sollte dazu gezwungen oder auch nur gedrängt werden. In beiden Fällen wären die Ergebnisse eines solchen Gesprächs wohl auch kaum verwertbar. Das heißt, der Mitarbeiter wird freundlich zu einem Exit-Gespräch eingeladen, wobei deutlich sein muss, dass er sich auch dagegen entscheiden kann. Erfahrungsgemäß nehmen viele scheidende Mitarbeiter die Gelegenheit aber gerne wahr. Sei es, um einen positiven Abschluss ihrer Tätigkeit für das Unternehmen zu finden oder aber auch, um Dinge klarzustellen oder ihrem Unmut Luft zu machen. Dementsprechend sollte ein Exit-Gespräch auch immer ergebnisoffen geführt werden.

Um ein möglichst professionelles Gespräch zu erreichen, setzen manche Unternehmen standardisierte Fragebögen für ihre Exit-Gespräche ein. Auch externe Anbieter arbeiten in der Regel nach dieser Methode. In den Exit-Interview-Fragebögen werden zum Beispiel die folgenden Bereiche abgefragt:

- Gründe für den Wechsel / die Kündigung
- Positive / negative Erfahrungen im Unternehmen
- Positive / negative Erfahrungen mit dem direkten Vorgesetzten
- Positive / negative Erfahrungen mit den Kollegen
- Vorschläge zur Verbesserung problematischer Punkte
- Vorschläge zur Verbesserung des Arbeitsklimas
- Hat der Mitarbeiter seine Unzufriedenheit schon früher (vor den Entschluss zu kündigen) geäußert? Wie wurde darauf reagiert?
- Vorschläge zur Verbesserung der Produktivität

- Welche besonderen Fähigkeiten sollte ein Nachfolger mitbringen?

Atmosphäre

Die Atmosphäre eines Exit-Gesprächs sollte entspannt und von freundlicher Wertschätzung geprägt sein. Und in den meisten Fällen ist sie das auch, denn der scheidende Mitarbeiter hat nichts mehr zu befürchten, und das Unternehmen kann durch das Gespräch nur gewinnen.

Der Mitarbeiter sollte zu Beginn des Gesprächs (besser noch bereits im Vorfeld) darüber informiert werden, welchen Sinn das Gespräch hat und wie mit seinen Antworten verfahren wird. Die meisten scheidenden Mitarbeiter werden es begrüßen, dass sie mit ihren Anmerkungen und ihrer Kritik möglicherweise Veränderungen erreichen können. Selbst dann, wenn diese Möglichkeit für sie selbst definitiv zu spät kommt.

Nicht reden, sondern zuhören

Bei einem Exit-Gespräch sollte Ihre Rolle die des aufmerksamen Zuhörers sein. Fragen Sie nach, wenn etwas unklar ist, oder wenn Sie zu bestimmten Punkten weitere Fragen haben. In keinem Fall geht es darum, mit dem Mitarbeiter eine Diskussion darüber zu beginnen, oder seine Einschätzungen zutreffen oder nicht. Das würde zu diesem Zeitpunkt (nach erfolgter Kündigung) auch gar keinen Sinn machen, sondern nur dazu führen, dass der Mitarbeiter seine Position verteidigt oder gleich gar nichts Nützliches mehr sagt.

Stellen Sie offene Fragen, also solche, die nicht nur mit „Ja" oder „Nein" zu beantworten sind.

- *„Wie haben Sie das Arbeitsklima in ihrer Abteilung wahrgenommen?"*
- *„Woran lag es ihrer Meinung nach, dass es öfter Ärger mit Herrn W. gab?"*
- *„Was müsste anders werden, damit sich die Mitarbeiter wohler fühlen?"*

Anlässe für Mitarbeitergespräche

Geben Sie dem Mitarbeiter Zeit, seine Gedanken zu äußern. Drängen Sie ihn nicht, unterbrechen Sie ihn nicht. Zeigen Sie ihm, dass Sie aufmerksam zuhören. Wenden Sie sich ihm zu und äußern Sie nonverbal Zustimmung oder Überraschung durch Ihre Mimik.

Ende der Probezeit

Die Probezeit dient vor allem dazu, festzustellen, ob ein neuer Mitarbeiter für den für ihn vorgesehenen Aufgabenbereich geeignet ist. Darüber hinaus geht es natürlich auch darum, den Neuen kennenzulernen und festzustellen, ob er auch von seiner Persönlichkeit her in das Team passt.

In der Regel kann das Vertragsverhältnis innerhalb der Probezeit von beiden Seiten jederzeit problemlos gekündigt werden. Wird nicht gekündigt, entsteht nach Ablauf der Probezeit automatisch ein reguläres Arbeitsverhältnis. Das gilt auch dann, wenn „gar nichts" passiert. Es bedarf also keiner ausdrücklichen Bestätigung seitens des Arbeitgebers. Sollten Sie also mit einem Mitarbeiter in der Probezeit nicht glücklich sein, gilt es, unbedingt rechtzeitig zu kündigen, da nach Ablauf der Probezeit in der Regel automatisch der gesetzliche Kündigungsschutz einsetzt.

Der Mitarbeiter soll übernommen werden

Ist die Probezeit positiv verlaufen, lohnt sich ein Gespräch mit Fokus auf die folgenden Themen:

- Aufgabenbereich festlegen
- Entgeltregelung, Klärung der weiteren Entlohnung
- Beurteilung der Arbeit während der Probezeit
- Stand der Einarbeitung

Insbesondere die letzten beiden Punkte sollten in einem Gespräch zum Ende der Probezeit ausführlich behandelt werden.

- Wie weit ist der Mitarbeiter bei der Einarbeitung in seinen Aufgabenbereich fortgeschritten?
- Welche Defizite bestehen noch?
- Wurden die bei der Einstellung vereinbarten Ziele erreicht?

- Welche Hilfestellungen benötigt der Mitarbeiter noch?
- Wie weit ist eine Eingliederung ins Team gelungen?
- Welche Probleme gibt es dabei?
- Ist der Mitarbeiter in dem ihm zugewiesenen Aufgabenbereich optimal besetzt?
- Welche alternativen Aufgabenbereiche könnten infrage kommen?
- Wie sieht der Mitarbeiter selbst das?

Der Mitarbeiter soll <u>nicht</u> übernommen werden
In diesem Fall ähnelt das Gespräch in vielen Punkten dem ganz „normalen" Kündigungs- oder Trennungsgespräch.

Arbeitsunfähigkeit oder Krankheit

Ein Hinweis vorab

Das Thema „Gesundheitsmanagement im Betrieb" ist ein sehr weites Feld. Verschiedene Gesetzesgrundlagen verpflichten den Arbeitgeber zu Maßnahmen zum Umgang mit Krankheit im Unternehmen (z. B. Vorschriften zum betrieblichen Eingliederungsmanagement im SGB IV). Es würde den Rahmen dieses Buches sprengen, alle Facetten dieses Bereiches abzudecken. Wir konzentrieren uns daher auf einige wenige Aspekte, vor allem aber auf die Inhalte und Struktur von Gesprächen, die im Rahmen von Krankheit mit Mitarbeitern geführt werden.

Grundsätzliches zur Krankheit im Betrieb

Der Umgang mit Krankheit von Arbeitnehmern ist grundsätzlich eine delikate Angelegenheit, denn sie greift hinein in einen sehr persönlichen Bereich. Der Mitarbeiter ist absolut geschützt darin, dass eine Krankheit nicht hinterfragt oder gar kritisiert werden darf. „Krank ist krank" ist die Devise, vor allem, wenn der Mitarbeiter eine ärztliche Bescheinigung vorlegt. Dennoch: Bei aller Vorsicht rund um den Datenschutz, ist es doch von hohem Interesse des Arbeitgebers, möglichst viel über die Hintergründe einer Krankheit zu erfahren. Vor allem dann, wenn die Gründe für eine Erkrankung am Arbeitsplatz zu suchen sind. Zum einen ist es für den Arbeitgeber von rein wirtschaftlichem Vorteil, wenn möglichst wenige Ausfalltage aufgrund von Krankheit entstehen. Gesunde Mitarbeiter sind selbstredend leistungsfähiger als die, die krank zu Hause bleiben müssen.

Zusätzlich hat der Arbeitgeber eine Fürsorgepflicht gegenüber den Mitarbeitern. Er ist angehalten, dafür Sorge zu tragen, dass das Arbeitsumfeld und die Arbeitsbedingungen so gestaltet sind, dass der Mitarbeiter seine Aufgaben ohne Gesundheitsrisiko umsetzen kann und bei der Ausführung seiner

Arbeit gesund bleibt. Es ist daher Aufgabe des Arbeitgebers, das Arbeitsumfeld stetig auf mögliche Gesundheitsgefahren hin zu überprüfen.

Neben der rein technischen Betrachtung der Arbeitsplätze umfasst eine solche Überprüfung auch eine Einschätzung der Mitarbeiter selbst und wie sie ihre Arbeit selbst wahrnehmen und die Belastungen empfinden. Oft stehen persönliche körperliche Einschränkungen einer hohen Leistungsfähigkeit entgegen, ohne dass der Arbeitgeber darüber informiert ist. Diese persönlichen Elemente können nur durch einen guten persönlichen Kontakt und Gespräche mit den Mitarbeitern erfasst und bewertet werden.

Dabei gilt es, eine möglichst vertrauensvolle Basis zu schaffen, sodass die Mitarbeiter sich frühzeitig mit ihren Bedenken zur Arbeitsbelastung an den Arbeitgeber wenden können, bevor es zu spät ist und sie gleich für längere Zeit ausfallen, was nicht im Interesse des Arbeitgebers und schon gar nicht im Interesse des Mitarbeiters sein kann.

Somit sind Gespräche zwischen Vorgesetzten und Mitarbeitern nach Rückkehr aus der Krankheit sehr wichtig (und – je nach dem – sogar verpflichtend)!

Die Schattenseite des Systems – Jeder fühlt anders
Ein weiterer Aspekt kommt hinzu, der eine große Rolle spielt und den Umgang mit Krankheit nicht gerade einfacher macht: Das soziale System in Deutschland bietet leider auch ausreichend Raum dafür, dass ein Mitarbeiter es für sich ausnutzen kann. Neben den Mitarbeitern, die versuchen, ihre Leistung gut zu erbringen, sich anstrengen und nur dann zu Hause bleiben, wenn wirklich eine Krankheit vorliegt, gibt es auch einige, die typischerweise an einem Freitag oder Montag „blau" machen und dazu auch leicht einen Arzt finden, der für den Tag eine Krankmeldung erstellt.

Zudem ist die Schwelle, ab wann man wirklich krank ist und zu Hause bleiben sollte, von einem Mitarbeiter zum anderen extrem unterschiedlich. Der eine Mitarbeiter fühlt sich schon bei einem leichten Schnupfen arbeitsunfähig. Ein anderer kommt trotz Lungenentzündung zur Arbeit. Ein sinnvolles Vorgehen liegt irgendwo in der Mitte, aber eine klare Regelung lässt sich nur sehr schwer festlegen.

Regelmäßige Gespräche mit den Mitarbeitern, ein vertrauensvolles Miteinander, Respekt im Umgang mit dem Team; all diese Dinge sind essenziell, um das Thema Krankheit in einem überschaubaren Rahmen zu halten. Besonders gefährlich ist, einen Mitarbeiter aufgrund einer Krankheit vorschnell zu verurteilen. Diagnosen wie „Burn-out"oder „Migräne" sind inzwischen so alltäglich, dass die *echten* Fälle darin kaum noch ausfindig zu machen sind. Mitarbeiter klagen über „Burn-out", obwohl sie nur ein wenig müde sind, andere wiederum sind wirklich ausgebrannt, geben aber keinen Ton darüber von sich. Wird zudem ein Mitarbeiter krank, der in seiner Leistung ohnehin schon kritisch gesehen wird, steigt die Skepsis ihm gegenüber gleich noch einmal so schnell an.

Ziel von Gesprächen nach Krankheit
Auch wenn die Krankheit eines Mitarbeiters eine sehr persönliche Angelegenheit ist, über die der Mitarbeiter keine tieferen Informationen preisgeben muss, ist es dennoch von großem Interesse für den Arbeitgeber, möglichst viel über die Hintergründe einer Erkrankung zu erfahren. Schließlich ist es durchaus möglich, dass die Gründe für die Erkrankung mittelbar oder auch unmittelbar im Arbeitsumfeld liegen. Ist dies der Fall, ist es die Pflicht des Arbeitgebers, für Abhilfe zu sorgen.

Somit ist das Ziel eines Gesprächs nach Krankheit, möglichst viel über die Gründe für die Erkrankung in Erfahrung zu bringen. Es ist zwar richtig, dass der Mitarbeiter sich nicht zu seiner Krankheit äußern MUSS, aber trotzdem DARF er darüber reden. Also DARF der Vorgesetzte auch danach fragen, allerdings nur mit der nötigen Vorsicht und Sensibilität. Er kann dem Mitarbeiter gegenüber verdeutlichen, dass es im Interesse beider Parteien ist, wenn Gründe für Erkrankungen, die im Betrieb liegen, künftig soweit wie möglich ausgeschlossen werden.

Ist der Mitarbeiter über längere Zeit hinweg krankheitsbedingt ausgefallen, ist ein weiteres Ziel des Gesprächs, den Wiedereinstieg des Mitarbeiters in die Arbeitswelt gemeinsam zu planen.

Egal, wie und warum ein Arbeitsausfall eines Mitarbeiters begründet oder gelagert ist, der Arbeitgeber hat stets einen Vorteil davon, darüber ein Gespräch mit dem Mitarbeiter zu führen und mehr über die Hintergründe zu erfahren.

Unterscheidung der Zielsetzung von Rückkehrgesprächen je nach Anlass

Hier ein paar Beispiele für die unterschiedlichen Gründe, aus denen heraus ein Mitarbeiter Ausfallzeiten generiert. Für jedes Beispiel wird beschrieben, warum es für den Vorgesetzten von Vorteil ist, das Gespräch mit dem Mitarbeiter zu suchen:

Beispiel 1
- Allgemeine Krankheit (z. B. Grippe im Winter oder Magen-Darm-Verstimmung, Mitarbeiter fehlt für einige wenige Tage).

Liegt eine gewöhnliche kurze Krankheit vor, wie sie üblicherweise bei jedem Mitarbeiter ein oder zweimal im Jahr vorkommt, lohnt dennoch ein zumindest kurzes Gespräch. Der Vorgesetzte bekundet damit sein Interesse und seine Anteilnahme an der Krankheit des Mitarbeiters. Dies wirkt sich in der Regel motivierend auf den Mitarbeiter aus. Zudem erkennt der Mitarbeiter, dass Krankheitszeiten vom Vorgesetzten nicht übersehen, sondern bewusst wahrgenommen werden. Somit wird einem evtl. zu lässigen Umgang mit Krankentagen schon in den Anfängen ein – wenigstens kleiner – Riegel vorgeschoben. Gedanken wie „Der Chef merkt ja sowieso nicht, ob ich da bin oder nicht" tauchen dann gar nicht erst auf.

Beispiel 2
- Regelmäßige Ausfälle montags oder freitags, ohne dass wirklich eine Erkrankung vorliegt.

Im ersten Moment entsteht der Eindruck, der Mitarbeiter ziehe seinen persönlichen Vorteil daraus, sich krank zu melden. Obwohl keine echte Krankheit vorliegt, erschwindelt sich der Mitarbeiter ein verlängertes Wochenende. Der Grund dafür, dass die Verpflichtung zur Arbeit nicht ausreichend respektiert wird, kann aber durchaus im Arbeitsumfeld begründet liegen. Ist der Mitarbeiter nicht ausreichend motiviert, hat er keinen Spaß bei der Arbeit, ist das Arbeitsumfeld für ihn eher negativ geprägt, springt er schneller über die Hürde, sich „einfach so" krank zu melden.

Auch hier ist es von Vorteil, ein Gespräch mit dem Mitarbeiter zu führen, sodass dieser spürt, dass die Krankentage, auch wenn es nur ein Tag hier oder da ist, wahrgenommen werden. Bekommt der Mitarbeiter dazu häufiger die Gelegenheit, sich über seine Fehlzeiten zu äußern, nimmt er vielleicht die Möglichkeit wahr, über die Dinge zu sprechen, die ihn stören. Andererseits wird die Hürde für ihn höher, auch weiterhin tageweise „blau" zu machen, wenn er sich darin beobachtet fühlt.

Beispiel 3
- Häufige Krankheitsausfälle mit jeweils verschiedener Begründung bzw. Arbeitsunfähigkeitsbescheinigungen werden von zahlreichen verschiedenen Ärzten ausgestellt.

Fehlt ein Mitarbeiter häufig für mehrere Tage und legt dazu immer wieder andere Begründungen bzw. unterschiedliche Arbeitsunfähigkeitsbescheinigungen vor, erscheint dies für den Arbeitgeber ebenfalls zunächst so, als wolle sich der Mitarbeiter aktiv der Arbeit entziehen. Es entsteht der Anschein, dass durch verschiedene Krankheiten das Ende der Lohnfortzahlung soweit wie möglich hinausgeschoben oder auch ganz vermieden werden soll.

Es ist aber auch durchaus möglich, dass ein Mitarbeiter aufgrund von Problemen – entweder im privaten oder auch im beruflichen Umfeld – tatsächlich immer wieder erkrankt, und dazu sehr unterschiedlich erkrankt, weil er grundsätzlich unter eine körperliche Schwäche leidet, die ihn immer wieder an unterschiedlichen Stellen erkranken lässt.

Somit ist auch in diesem Fall ein Gespräch wichtig. Der Vorgesetzte kann erfahren, ob der Mitarbeiter einfach nur Pech hatte und zufällig an vielen verschiedenen Krankheiten erkrankt war, oder ob vielleicht eine Überforderung im beruflichen Umfeld zu einer allgemeinen körperlichen Schwächung führt, der der Arbeitgeber künftig entgegenwirken kann.

Langer Krankheitsausfall aufgrund schwerwiegender Krankheit
Fällt ein Mitarbeiter über längere Zeit aus, sollten Gespräche nicht erst nach der Rückkehr, sondern auch schon während der Zeit der Krankheit geführt werden, wenn dies möglich ist.

Der Vorgesetzte erhält sich damit die Motivation des Mitarbeiters. Der Mitarbeiter fühlt sich auch dann noch geschätzt, wenn er längere Zeit ausfällt. Er spürt, dass man ihn im Team nicht vergessen hat. Zudem erlangt der Vorgesetzte wichtige Informationen über den Verlauf und die Prognose der Erkrankung. Er kann im Verlauf der Zeit besser einschätzen, ob und wann der Mitarbeiter wieder zur Arbeit erscheinen wird, ob er wieder voll einsatzfähig sein wird oder nicht. Somit kann der Vorgesetzte rechtzeitig planen, falls dem Mitarbeiter ein anderer Arbeitsplatz angeboten werden muss. Dies kann er im regelmäßigen Dialog gemeinsam mit dem Mitarbeiter diskutieren, sodass nach Ende der Erkrankung ein möglichst problemloser Einstieg für alle Beteiligten gewährleistet ist.

Rückkehr nach langer Krankheit
Ist eine lange Krankheit überstanden, kann ein Mitarbeiter möglicherweise nicht sofort wieder voll einsteigen. Gemeinsam mit dem behandelnden Arzt oder dem medizinischen Dienst des Betriebes ist dann zu erarbeiten, wie der Einstieg erfolgen kann. Ggf. ist der Arbeitsplatz oder das Aufgabenfeld zu modifizieren, weil der Mitarbeiter zunächst bestimmte Aufgaben nicht ausführen oder übernehmen kann. Möglich ist auch, dass in Absprache mit der Krankenkasse ein stufenweiser Einstieg (Hamburger Modell) erfolgen muss, indem der Mitarbeiter erst nur für kurze Zeit pro Tag an den Arbeitsplatz zurückkehrt. Die tägliche Arbeitszeit wird dann nur ganz allmählich gesteigert, bis die vertragliche Arbeitszeit wieder erreicht ist.

Sobald der Mitarbeiter seine Arbeit wiederaufgenommen hat, sollte der Vorgesetzte in regelmäßigen Gesprächen die Re-Integration des Mitarbeiters überprüfen, um zu verhindern, dass der Mitarbeiter ohne Vorwarnung gleich wieder für längere Zeit ausfällt.

Mögliche betriebsseitige Gründe für Arbeitsausfall
Die Gründe für eine Krankheit, die möglicherweise im Betrieb liegen, sind sehr vielfältig. Da die Arbeit einen großen Anteil der Lebenszeit von Arbeitnehmern ausmacht, ist es gar nicht unwahrscheinlich, dass der Grund für eine Erkrankung betriebsseitig zu finden ist.

Somit liegt es in der Fürsorgepflicht des Arbeitgebers, Ursachen für Krankheiten im Betrieb zu erkennen und nach Möglichkeit zu eliminieren.

Anlässe für Mitarbeitergespräche

Mögliche Gründe für einen Arbeitsausfall können sein:

- Arbeitspensum/Zeitdruck
- Ergonomie des Arbeitsplatzes
- Lage der Arbeitszeiten
- Verhalten der Führungskraft
- Probleme mit Kollegen
- Probleme mit Kunden/Externen
- Mangelnde Hilfe/Unterstützung
- Arbeitsbedingungen/Umfeld (Temperatur, Luft)

Arbeitspensum/Zeitdruck

Effizientes Arbeiten ist von hoher Bedeutung für Unternehmen. Um wettbewerbsfähig zu bleiben, müssen die Kosten stets genau evaluiert und im Griff gehalten zu werden. Somit ist es im Interesse des Arbeitgebers, wenn die Mitarbeiter in der vorgegebenen Zeit möglichst viel leisten.

Aufgabe des Vorgesetzten ist es, im Gespräch heraus zu finden, wo genau die Probleme liegen. Ist es das Arbeitspensum des Mitarbeiters, das reduziert werden muss? Oder nimmt der Mitarbeiter das Pensum aufgrund einer persönlichen Situation anders wahr als die Kollegen? Reicht es, wenn man ihn vorübergehend etwas entlastet, oder handelt es sich um ein langfristiges Problem? Ist der Mitarbeiter doch nur schlecht organisiert? Wenn er ein Problem hat, wie ist es mit den Kollegen? Ist das ganze Team überlastet oder nur dieser eine Mitarbeiter?

Es gibt also viele Facetten, die zu berücksichtigen sind.

Ergonomie

Die physische Gestaltung des Arbeitsplatzes kann den Mitarbeiter krank machen. Der klassische Fall ist da gegeben, wo Mitarbeiter sehr stark körperlich belastet und zudem noch sehr einseitige Tätigkeiten ausüben müssen. Diese Probleme finden sich z. B. im produzierenden Bereich.

Aber auch an Arbeitsplätzen im Büro können ergonomische Probleme auftauchen. Das permanente Tippen auf einer Tastatur, ein schlecht eingestellter Bürostuhl, ständiges Starren auf den Bildschirm können ebenfalls über längere Zeit zu gesundheitlichen Problemen führen.

In der Regel führen größere Unternehmen regelmäßige Begehungen gemeinsam mit Fachkräften durch, um die ergonomische Gestaltung der Arbeitsplätze zu diskutieren und zu verbessern.

Lage der Arbeitszeiten

Arbeitszeit muss nicht nur dann zum Stressfaktor werden, wenn nicht genug davon vorhanden ist, um die Aufgaben zu erledigen. Auch die Lage der Arbeitszeit kann krank machen.

Der Wechsel von Schichten kann schädliche Auswirkungen haben. Arbeitet ein Mitarbeiter abwechselnd in Tag-, Spät- oder Nachtschichten, muss sich der Körper ständig auf einen neuen Rhythmus einstellen und wird dadurch ggf. anfälliger für Krankheiten.

Menschen, die beruflich viel unterwegs sein müssen, sind oft von Reisen in unterschiedlichen Zeitzonen betroffen. Manche Menschen kommen mit dem sog. „Jetlag" gut zurecht, für andere ist er jedoch äußerst belastend.

Verhalten der Führungskraft

Ein schlechtes Verhältnis zum Vorgesetzten wirkt sich demotivierend auf den Mitarbeiter aus und kann dabei ein so hohes Maß an Demotivation und

Belastung generieren, dass es sich auf die Gesundheit des Mitarbeiters auswirkt.

Übt ein Vorgesetzter hohen Druck auf die Mitarbeiter aus, finden diese sich in einem Arbeitsumfeld wieder, das von permanenter Anspannung geprägt ist. Entspanntes Arbeiten kann nicht stattfinden. Wer seine Arbeit jedoch unter permanentem Druck erledigen muss, kann darüber auf Dauer krank werden.

Mitarbeiter, die kein gutes Verhältnis zum Vorgesetzten haben, bleiben erfahrungsgemäß oftmals auch schon bei kleineren Krankheiten zu Hause. Manche betrachten es gar als Strafe für unfaires Verhalten des Vorgesetzten, wenn sie daraufhin für ein paar Tage „krank" zu Hause bleiben.

Verhältnis zu den Kollegen
Herrscht im Team eine schlechte Stimmung, kann auch dies dazu führen, dass Mitarbeiter sich schneller krankmelden. Gibt es einen Konflikt zwischen Kollegen, kann dieser so belastend werden, dass sie einen Mitarbeiter krank machen. Vielleicht hat der Mitarbeiter auch so hohe Hemmungen, den Arbeitsplatz aufzusuchen, weil er dort auf den verhassten Kollegen treffen muss, sodass er sich lieber krankmeldet.

Der Vorgesetzte sollte daher immer ein waches Auge auf sein Team und die Stimmung der Kollegen untereinander haben, um einschätzen zu können, ob eine Konfliktsituation sich belastend und damit negativ auf die Arbeitsleistung auswirkt.

Umgang mit Externen/Kunden
Beinhaltet das Arbeitsgebiet den Umgang mit externen Parteien, z. B. Kunden oder Lieferanten, ist es durchaus möglich, dass der Hintergrund für eine Krankheit im Verhältnis zu diesen externen Parteien liegt. Manch ein Mitarbeiter, fühlt sich durch einen bestimmten Kunden sehr belastet und

versucht, sich dem zu entziehen, indem er sich krankmeldet. Es ist ihm u. U. peinlich, mit dem Vorgesetzten darüber zu sprechen.

Es ist wichtig, dass ein Vorgesetzter auch diese Option im Hinterkopf hält, wenn es an die Ursachenforschung für eine Krankheit geht. Konflikte mit Externen sind häufig nicht so schnell zu erkennen und werden daher leicht übersehen.

Mangelnde Hilfe/Unterstützung – Überforderung

Auch wenn das Arbeitspensum nicht zu hoch ist und grundsätzlich leicht in der vorgegebenen Zeit zu schaffen ist, kann sich ein Mitarbeiter dennoch überfordert fühlen. Dies ist oft der Fall, wenn er nicht über ausreichend Kenntnis oder Routine in der Erledigung der Aufgaben verfügt. Vor allem in der Einstiegsphase brauchen Mitarbeiter die Möglichkeit, ihre Fragen schnell klären zu können. Sind sie gefordert, sich zu viele Informationen selbst mühsam beschaffen zu müssen, kann dies schnell zu einer hohen Demotivation führen.

Die Arbeit an einem großen Projekt oder einer neuen Aufgabe kann ebenfalls zu einer Überforderung führen, wenn der Mitarbeiter nicht regelmäßig und ausreichend die Gelegenheit erhält, seine Fragen zu klären und Unterstützung auf fachlicher und auch inhaltlicher Ebene zu erhalten.

Als Vorgesetzter sollte man daher insbesondere neue Mitarbeiter gut im Auge behalten und immer wieder prüfen, ob sie sich leicht in ihre neue Aufgabe einfinden können oder ob noch Klärungsbedarf besteht. Ist ein Mitarbeiter schon in der Probezeit oft krank, gilt es, besonders achtsam zu sein.

Einige rechtliche Aspekte

Betriebliches Wiedereingliederungsmanagement

Nach §84 Abs. 2 SGB IX sind Arbeitgeber verpflichtet, Mitarbeitern, die länger als sechs Wochen erkrankt waren, ein sog. „Betriebliches

Eingliederungsmanagement" anzubieten, wobei dessen Inhalte im Gesetz nicht besonders genau spezifiziert werden.

Dennoch ist wichtig, dass Arbeitgeber sich über die Verpflichtung zur sauberen Wiedereingliederung von Mitarbeitern nach langer Erkrankung im Klaren sind.

In größeren Betrieben werden in der Regel Betriebsvereinbarungen zu dem Thema abgeschlossen, die die genaue Vorgehensweise regeln. Sollten Sie also in einem größeren Unternehmen tätig sein, lohnt es sich, nach den Inhalten einer solchen Vereinbarung zu fragen.

In kleineren Unternehmen gilt es auch schon als „Eingliederungsmanagement", wenn ein informelles Gespräch mit dem Mitarbeiter nach seiner Rückkehr geführt wird.

Es bleibt aber dabei: Das Gespräch mit dem Mitarbeiter ist das Haupt-Instrument in der Prävention von Ausfällen aufgrund von Krankheit im Betrieb.

Anzweifeln der Krankheit
Grundsätzlich gilt, dass als Krankheit akzeptiert werden muss, was mit einer Arbeitsunfähigkeitsbescheinigung vom Arzt belegt ist.

Dennoch kann der Arbeitgeber die Krankheit anzweifeln. Ist dies der Fall, so kann er den medizinischen Dienst der Krankenversicherung des Mitarbeiters beauftragen, eine Überprüfung der Krankheit vorzunehmen. Tatsache ist jedoch, dass die Zweifel nur in seltenen Fällen vom medizinischen Dienst bestätigt werden. Der medizinische Dienst macht in der Regel nichts anderes als Kontakt zum behandelnden Arzt aufzunehmen. Da dieser schon eine Arbeitsunfähigkeitsbescheinigung ausgestellt hat, würde der medizinische Dienst bei einer Bestätigung der Zweifel nicht nur den betroffenen Mitarbeiter hinterfragen, sondern auch die Fachkompetenz des behandelnden

Arztes infrage stellen. Dies allein ist schon eine gewaltige Hürde, die ein medizinischer Dienst nur in sehr schwerwiegenden Fällen nehmen wird.

Zudem hat die Krankenversicherung nur dann ein berechtigtes Interesse daran, dass ein Mitarbeiter <u>nicht</u> krankgeschrieben ist, wenn sie einen finanziellen Vorteil davon hat. Die Zahlung von Krankengeld durch die Krankenkasse setzt jedoch erst nach Ende der sechswöchigen gesetzlichen Lohnfortzahlung durch den Arbeitgeber ein. Mitarbeiter, die sich mit betrügerischen Absichten Krankmeldungen erschwindeln, sind jedoch eher selten länger als sechs Wochen aufgrund einer einzigen Krankheit nicht bei der Arbeit. In der Regel reicht die kriminelle Energie dann auch dafür, sich rechtzeitig vor Ablauf der sechs Wochen eine neue Krankheit auszusuchen, aufgrund derer eine erneute Krankmeldung erfolgen kann.

Handelt es sich um häufigere kürzere Krankmeldungen, ist der Mitarbeiter oft schon längst wieder „genesen" und zurück am Arbeitsplatz, sodass der medizinische Dienst nur noch einen gesunden Mitarbeiter überprüfen würde, was ebenfalls keinen Sinn macht.

Versprechen Sie sich also nicht zu viel davon, wenn Sie eine Krankheit aus berechtigten Gründen anzweifeln. Es ist extrem schwierig, einen Missbrauch des Systems nachzuweisen. Umso wichtiger ist daher ein vertrauensvolles Miteinander, das es für den Mitarbeiter gar nicht erst erforderlich macht, sich Krankheitszeiten zu erschwindeln.

Verstoß gegen das Genesungsgebot
Ist ein Mitarbeiter erkrankt, darf er nichts tun, was seiner Genesung entgegensteht. Die Entscheidung darüber, welche Aktivitäten die Genesung hemmen und welche nicht, obliegt allein dem Arzt. Dies führt z. B. dazu, dass Mitarbeiter während der Zeit einer Krankschreibung trotzdem beim Einkaufen, sportlichen Aktivitäten oder Schützenfesten beobachtet werden,

ohne dass der Arbeitgeber dies als Grund für Zweifel an der Krankheit anbringen könnte. Immer wieder kommt es in solchen Fällen zu großem Unmut beim Vorgesetzten, wenn er einen seiner Mitarbeiter, der gerade krankgemeldet ist, bei einem Sportfest auf dem Fußballplatz herumlaufen sieht. Liegt die Krankheit jedoch in einem Konflikt bei der Arbeit begründet und hat sie ihre Natur in einer Störung der Psyche des Mitarbeiters, ist es durchaus möglich, dass sportliche Aktivität im Freundeskreis die Genesung nicht behindert, sondern eher fördert.

Da der Arbeitgeber kein Anrecht darauf hat, Details über eine Krankheit zu erfahren, kann er sich daher auch kein Urteil über das Verhalten eines krankgeschriebenen Mitarbeiters erlauben.

Hilfe und Fürsorge steht im Vordergrund
Wird ein Mitarbeitergespräch aufgrund von Krankheit geführt, sollte der Vorgesetzte immer die Fürsorgepflicht des Arbeitgebers in den Fokus setzen. Der Mitarbeiter soll verstehen, dass der Vorgesetzte ein echtes Interesse an seiner persönlichen Situation hat und ihm helfen möchte, die Situation für ihn zu verbessern.

Auch wenn der Vorgesetzte berechtigten Grund zu kritischen Gedanken über einen Mitarbeiter hat, sollte er sein Gespräch immer auf der Basis führen, dass er verstehen möchte, wie er als Vorgesetzter helfen kann, künftige Krankheiten des Mitarbeiters zu vermeiden.

Ein zu harscher Umgang mit Krankheit führt in der Regel nur dazu, dass der Mitarbeiter noch häufiger krank wird. Der Bereich der Krankheit ist im deutschen Rechtssystem viel zu sehr geschützt, als dass der Vorgesetzte einen echten Angriffspunkt hätte, um eine Krankheit zu kritisieren.

Die Strategie für ein Gespräch in Bezug auf die Krankheit eines Mitarbeiters setzt somit immer voraus, dass der Vorgesetzte zunächst immer davon ausgehen muss, dass der Mitarbeiter sich eine Krankheit nicht „erschwindelt" hat, sondern tatsächlich erkrankt ist. Nur so kann er sich erhoffen, dass der Mitarbeiter sich ihm gegenüber öffnet, obwohl er rechtlich nicht dazu verpflichtet ist, und nähere Informationen über die Krankheit preisgibt.

Steigt der Vorgesetzte gleich mit einer kritischen Bemerkung in das Gespräch ein, wird er keine guten Chancen haben das Vertrauen des Mitarbeiters zu erhalten, geschweige denn zu erfahren, was die Hintergründe der Krankheit sind.

Also: Setzen Sie im Gespräch über Krankheit immer Ihre Fürsorge in den Vordergrund, niemals die Kritik (auch wenn Sie sich noch so sicher sind, dass der Mitarbeiter Sie anschwindelt und gar nicht wirklich krank ist ...)

Die Auswirkungen von Krankheit verdeutlichen

Im Gespräch mit dem Mitarbeiter nach Krankheit ist es hilfreich, ihm deutlich zu machen, welche Auswirkung seine Krankheit auf den Betrieb und die Kollegen hat. Mitarbeiter mögen die unterschiedlichen Perspektiven, aus denen heraus ihre Krankheit betrachtet wird, nicht deutlich vor Augen haben.

Perspektive des Mitfühlens und der Wertschätzung

Ist ein Mitarbeiter erkrankt, der grundsätzlich eine hohe Leistungsbereitschaft zeigt, ist es wichtig, ihn darin zu bestätigen. Die Perspektive, die es nach der Rückkehr zu vermitteln gilt, zeigt sich in Aussagen wie z. B.:

💬 *„Schön, dass Sie wieder da sind, wir haben Sie vermisst!"*

Das „Vermissen" bezieht sich dabei wirklich auf die Person und nicht darauf, dass man die Arbeitskraft vermisst hat (auch das ist vermutlich der Fall, aber steht bei dieser Perspektive nicht im Vordergrund).

Mit Aussagen wie dieser soll das Vertrauen weiterhin gestärkt werden. Der Mitarbeiter soll keine Schuldgefühle aufgrund seiner Krankheit entwickeln und daher seine Arbeit nach Rückkehr möglichst reibungslos und positiv fortsetzen können.

Perspektive der Mitarbeiter, die das Fehlen des Kollegen auffangen müssen

Fehlt ein Mitarbeiter häufiger und ist der Eindruck deutlich, dass sein Fehlen eine große Belastung darstellt, schadet es nicht, seine Aufmerksamkeit dahingehend zu schärfen, dass er die Sicht der Kollegen besser verstehen lernt.

Man macht dem Mitarbeiter deutlich, welche Folgen es hat, wenn er fehlt und wie sehr die Kollegen damit belastet sind, seine Aufgaben mit erledigen zu müssen.

Hier finden sich im Rückkehrgespräch Aussagen wieder wie z. B.:

> *„Es ist gut, dass Sie endlich wieder da sind. Die Kollegin X hat in den letzten zwei Wochen sehr viele Überstunden leisten müssen, weil die Arbeit sonst nicht hätte erledigt werden können. Das Team ist wirklich an seine Grenzen gekommen, daher sind wir sehr froh, dass Sie nun wieder einsatzbereit sind."*

Perspektive des Vorgesetzten bei mangelndem Vertrauen und Skepsis

Steigt die Skepsis des Vorgesetzten gegenüber einem Mitarbeiter, der sich häufiger krankmeldet, kann der Vorgesetzte dies durchaus mit dem Mitarbeiter teilen, wenn er zurückkommt. Dem Mitarbeiter wird dadurch die Gelegenheit gegeben, sich zu der Krankheit zu äußern und mögliche kritische Gedanken zu beseitigen.

Oft schüren Mitarbeiter durch ihr Verhalten Misstrauen, ohne sich dessen bewusst zu sein. Ein Mitarbeiter, der erkrankt ist, verschwindet z. B. für einige Wochen komplett von der Bildfläche, ohne jemals das Gespräch mit dem Vorgesetzten zu suchen. Anstatt sich telefonisch mit einem direkten Gespräch beim Vorgesetzten krank zu melden, schickt er lediglich die Krankmeldung per Post. Der Vorgesetzte fühlt sich in seiner Funktion nicht respektiert und es entsteht der Eindruck, der Mitarbeiter würde den Kontakt zum Vorgesetzten vermeiden, vielleicht, weil er ja gar nicht wirklich krank ist.

Wenn solche Gefühle entstehen, ist es nach Rückkehr wichtig, dem Mitarbeiter zu vermitteln, wie der Vorgesetzte die Kommunikation wahrgenommen hat und was er sich erwartet, wenn ein Mitarbeiter längere Zeit krank ist.

Gemeinsames Erarbeiten von Lösungen
Haben sich Mitarbeiter und Vorgesetzter nach Rückkehr aus einer Krankheit ausführlich über die Hintergründe austauschen können, gilt es, gemeinsam nach Lösungen zu suchen, um künftige weitere Ausfälle möglichst zu vermeiden.

Da Krankheit in der Person des Mitarbeiters liegt und somit durch dessen persönliches Empfinden maßgeblich beeinflusst wird (sei es bewusst oder unbewusst), sind Maßnahmen zur Vermeidung von Krankheit nur dann erfolgversprechend, wenn sie vom Mitarbeiter zu 100% mitgetragen werden. Daher ist es hilfreich, wenn der Mitarbeiter an der Entwicklung von Maßnahmen und Lösungen aktiv beteiligt ist.

Fragen Sie den Mitarbeiter danach, was verändert werden sollte, damit er künftig besser arbeiten kann und sich weniger belastet fühlt. Nehmen Sie – sofern dies vom Mitarbeiter auch unterstützt wird und sinnvoll erscheint – Kontakt zu seinem Arzt auf. Helfen Sie ihrem Mitarbeiter, mögliche herrschende Konflikte innerhalb des Teams oder auch mit externen Parteien zu lösen. Seien Sie offen für Kritik an Ihnen und Ihrer Arbeit als Vorgesetzter.

Nur wenn Sie dem Thema Krankheit die nötige Sensibilität angedeihen lassen, haben Sie eine Chance, künftige Ausfälle auf ein Minimum beschränken zu können.

Vorbereitung auf ein Mitarbeitergespräch

Ein erfolgreich geführtes Mitarbeitergespräch beruht immer auch auf einer hinreichenden Vorbereitung. Die Vorbereitung fängt dabei schon geraume Zeit vor dem Gesprächstermin an.

Zur Vorbereitung gehören sowohl inhaltliche als auch organisatorische Aspekte. Als Vorgesetzter müssen Sie nicht nur alle benötigten Informationen und Unterlagen parat haben, sondern auch dafür sorgen, dass das Mitarbeitergespräch ungestört und in einem entspannten Rahmen stattfinden kann.

Im Folgenden finden Sie eine Checkliste, die Sie Punkt für Punkt abarbeiten können, um für Ihr Mitarbeitergespräch optimal präpariert zu sein.

Vorbereitung auf ein Mitarbeitergespräch

Checkliste: Vorbereitung für ein Mitarbeitergespräch

Die hier dargestellte Checkliste soll eine gute Vorbereitung unterstützen. Weiter unten sind zu jedem Punkt noch weitere Erläuterungen ausgeführt. Die Checkliste beinhaltet Punkte sowohl der rein technischen aber auch der inhaltlichen Vorbereitung:

Wann?	Was?	Erledigt / Kommentar
Fortwährend vor dem Termin (je nach Anlass durchaus auch schon in den Monaten vor dem Termin)	**Material** für die Gesprächsinhalte **sammeln**. Beobachtungen und Beispiele notieren.	
Ausreichend vor dem geplanten Termin (je nach Inhalt ggf. auch kurzfristig)	**Termin** für das Gespräch **festlegen** und im eigenen Kalender notieren.	
So früh wie möglich	Festlegung des **Gesprächsortes**, ggf. Reservierung	
Ausreichend früh vor dem Gesprächstermin (unterschiedlich je nach Thema)	**Einladung** der Gesprächsteilnehmer (Überwachung des Rücklaufes)	
Kurz vor dem Gespräch (z. B. einen	**Ungestörtheit** klären. Sicherstellen, dass es keine	

Vorbereitung auf ein Mitarbeitergespräch

Tag zuvor, spätestens 1 Stunde vorher)	Überschneidungen mit anderen Terminen gibt und niemand unvorbereitet das Gespräch stören kann.	
Kurz vor dem Gespräch (z. B. einen Tag zuvor, spätestens 1 Stunde vorher)	**Versorgung** mit Getränken und ggf. Essen klären.	
Kurz vor dem Gespräch (spätestens einen Tag zuvor)	Inhaltliche **finale Vorbereitung**, Klarheit über das Ziel des Gesprächs und die zu vermittelnden Inhalte.	
Unmittelbar vor dem Gespräch	**Einstimmen und Durchatmen.**	

Material für die Gesprächsinhalte sammeln (fortlaufende Übung)

Eine gute Gesprächsvorbereitung fängt nicht erst einen Tag vor dem Gespräch statt. Vielmehr ist sie eine fortwährende Aufgabe des Vorgesetzten. Jeder Tag, den der Vorgesetzte mit seinen Mitarbeitern verbringt, birgt Quellen für Beispiele, die sowohl eine gute Leistung also auch ein kritisches Verhalten belegen können.

Sie sollten daher regelmäßig darüber reflektieren, ob es an einem Tag oder in einer Woche besonders gute oder besonders schwierige Erfahrungen mit Mitarbeitern gab. Notieren Sie sich diese zeitnah, damit Sie später leicht darauf zurückgreifen können.

Sie können sich dazu ein kleines einfaches Heft in ihre Schublade legen oder eine Datei in Ihrem System pflegen, was auch immer Ihnen am meisten liegt.

Vorbereitung auf ein Mitarbeitergespräch

Kurze Notizen oder Stichworte, versehen mit einem Datum, reichen dazu völlig aus.

Diese Übung kostet kaum Zeit, nur ein wenig Disziplin. Sie müssen sich ständig daran erinnern, Beispiele aus dem täglichen Miteinander zu notieren.

Für eine gute Führungsaufgabe ist diese Dokumentation und Disziplin jedoch unerlässlich. Es kann daher nur deutlich an alle Führungskräfte appelliert werden, dass sie das Führen eines solchen „Journals" unbedingt als Routine in ihren Arbeitsalltag implementieren. Es sollte ein Automatismus werden, so wie das morgendliche Zähneputzen oder die Überprüfung des Kalenders am Morgen darauf, welche Termine heute anstehen.

Wenn Sie auf eine solche zeitnahe Dokumentation verzichten, wird es Ihnen ungleich schwerer fallen, in der Vorbereitung des Gesprächs auf genügend Material zurückgreifen zu können, um die Themen, die Sie vermitteln möchten, mit genügend Beispielen zu untermauern.

Besonders schwierig ist es bei den üblichen Jahresgesprächen mit Mitarbeitern, in denen auf die Leistung eines gesamten Jahres zurückgeblickt werden soll. Im Zweifel ist Ihnen kaum noch präsent, welche sehr guten Leistungen ein Mitarbeiter zu Beginn des Jahres gezeigt hat. Stattdessen fällt Ihnen nur noch das Beispiel aus der letzten Woche ein, in der Sie sich massiv über den Mitarbeiter geärgert haben. Eine ausgewogene Bewertung ist somit kaum noch möglich.

Einen weiteren großen Vorteil hat dieser Prozess: Wenn Sie regelmäßig kleine Notizen über jeden Ihrer Mitarbeiter anfertigen, ist die Vorbereitung des konkreten Gesprächs ein Kinderspiel, denn Sie haben schon einen großen Fundus, aus dem Sie für die Gesprächsinhalte schöpfen können.

Verzichten Sie auf diese Vorgehensweise, wird es ungleich mühsamer, Inhalte für das Gespräch zusammen zu stellen.

Manche Firmen verwenden Beurteilungsformulare für die Mitarbeitergespräche. In einem solchen Fall kann es nicht schaden, wenn Sie im Laufe der Zeit Notizen direkt in das Formular machen, dann haben Sie kurz vor dem Gespräch nur noch den Feinschliff zu erledigen.

Also, nehmen Sie die fortwährende Dokumentation über Ihre Zusammenarbeit mit den Mitarbeitern unbedingt ernst und versuchen Sie, diese zu Ihrer Gewohnheit zu machen. Es lohnt sich!

Termin für das Gespräch festlegen (rechtzeitig vorher)
Je nach Inhalt und Grund für das Mitarbeitergespräch ist es möglich, dass ein Termin schon mit langem Vorlauf festgelegt werden kann. In fest installierten Systemen stehen die Zeiträume für jährliche Mitarbeitergespräche schon nahezu ein Jahr vorher fest. Es kann aber auch sein, dass man aufgrund eines akuten Vorfalls sehr kurzfristig einen Termin einberufen muss.

Somit kann es sinnvoll sein, ein Gespräch erst inhaltlich vorzubereiten und dann den Termin festzusetzen. In anderen Fällen steht der Termin schon länger fest, und die Vorbereitung folgt dann, wenn der Termin näher rückt. In dieser Checkliste gehen wir davon aus, dass der Termin schon länger im Voraus geplant werden kann.

Je nach Inhalt des Gesprächs ist wichtig, zu überlegen, wann ein Termin Sinn macht. Besonders schwierige oder kritische Gespräche werden klassischerweise zum Ende des Arbeitstages hin oder gar erst an einem Freitag geführt, sodass der Mitarbeiter den Arbeitsplatz gleich nach dem Gespräch verlassen und über die Gesprächsinhalte am Abend oder am Wochenende nachdenken kann.

Vorbereitung auf ein Mitarbeitergespräch

Bei der langfristigen Planung sind mögliche Urlaubszeiten oder andere größere Aktivitäten im Unternehmen zu beachten, die einem ruhigen Gespräch entgegenstehen könnten.

Sofern unmittelbar nach dem Termin Folgegespräche zu erwarten sind, zu denen weitere Personen hinzu gebeten werden müssen, ist wichtig, zu prüfen, ob diese Personen dann auch im Haus sind.

Es lohnt also, in Ruhe ein paar Gedanken auf die Terminfindung zu verwenden und den Zeitpunkt für das Gespräch mit Bedacht zu wählen.

Notieren Sie sich den Termin im Kalender. Achten Sie dabei darauf, dass Sie die nötige Vorsicht walten lassen, wenn der Termin zunächst noch nicht offiziell bekannt gegeben werden soll. Wenn Sie Ihrem Mitarbeiter ein schwieriges Feedback geben wollen und dafür einen Termin in den Kalender eintragen, sollten Sie überlegen, welche Personen Einsicht in Ihren Kalender haben (in den modernen Online-Systemen ist das ja durchaus üblich). Vielleicht lassen Sie den Betreff für das Gespräch dann eher ungenau und schreiben nicht unbedingt: „Kritikgespräch Frau Müller" in den Kalender....

Wenn Sie ein Wiedervorlagesystem führen, denken Sie daran, sich rechtzeitig an den Termin erinnern zu lassen, damit die nächsten Schritte zur Vorbereitung rechtzeitig und sauber ablaufen können.

Festlegen des Gesprächsortes (so früh wie möglich und nötig)
Verwenden Sie früh genug einen Gedanken darauf, wo Sie das Gespräch führen möchten. In der Regel eignet sich für ein Gespräch mit einem Mitarbeiter das eigene Büro. Ideal ist, wenn Sie über einen Besprechungstisch verfügen, an dem Sie das Gespräch führen können. Es kann jedoch von Vorteil sein, das Gespräch nicht am eigenen Arbeitsplatz zu führen, sondern einen separaten Raum dafür bereitzustellen. Je nach Inhalt des Gespräches kann es auch vorkommen, dass ein Ort völlig außerhalb des Unternehmens,

Vorbereitung auf ein Mitarbeitergespräch

vielleicht in einem Hotel oder einem Lokal, gewählt werden muss. Beachten Sie, ob der Raum, den Sie wählen, reserviert werden muss und führen Sie die Reservierung rechtzeitig durch. Achten Sie dabei darauf, sich diskret zu halten, wenn Sie für die Reservierung einen Inhalt angeben müssen, denn Sie müssen damit rechnen, dass Reservierungskalender weithin einsehbar sind. Reservieren Sie daher nicht unbedingt mit dem Betreff: „Reserviert für Herrn Müller für Kündigungsgespräch mit Frau Schmitz"....

Wählen Sie den Ort so, dass Sie ein Umfeld vorfinden, in dem die Inhalte des Gesprächs in Ruhe und sinnvoll diskutiert werden können. Stellen Sie sicher, dass Sie ausreichend Zeit für das Gespräch reservieren, sodass Sie nicht durch Folgereservierungen gestört werden, wenn das Gespräch unerwartet länger dauert. Stellen Sie sicher, dass der Raum nicht von anderen einsehbar ist, wenn Sie erwarten müssen, dass das Gespräch emotional sein könnte. Andererseits kann es von Vorteil sein, wenn eine dritte Person das Gespräch beobachten kann, wenn Sie z. B. Gewaltausbrüche erwarten. Überlegen Sie genau, was Sie mit ihrem Gespräch erreichen möchten und wählen Sie den Ort angemessen aus.

Überlegen Sie, ob für die zu diskutierenden Inhalte mögliche Materialien oder Technik (zum Beispiel ein Beamer oder ein Overheadprojektor) benötigt werden. Instruktionsgespräche sollten dann natürlich auch direkt an der Maschine oder dem Gerät erfolgen, sofern diese Teil der Instruktion sind.

In der Regel finden Mitarbeitergespräche jedoch in einem üblichen höflichen Umgang statt, sodass es ausreicht, einen Raum zu finden, in dem zwei Menschen für eine Weile ungestört miteinander reden können.

Vorbereitung auf ein Mitarbeitergespräch

Einladung der Gesprächsteilnehmer (so früh wie möglich und nötig)
In der Regel ist ein Mitarbeitergespräch länger im Voraus planbar. Sorgen Sie daher dafür, dass auch der Mitarbeiter ausreichend Vorbereitungszeit erhält, indem Sie frühzeitig zu dem Termin einladen.

In seltenen Fällen, meist, wenn es um sehr kritische Themen geht, kann ein Gespräch auch ohne Vorlauf mit einem Mitarbeiter geführt werden. Der Überraschungseffekt ist dann notwendig für den Erfolg. Wann immer es aber möglich ist, sollte der Mitarbeiter frühzeitig genug informiert werden.

Wir gehen hier also vom Regelfall aus, in dem der Mitarbeiter ausreichend früh über das geplante Gespräch informiert werden kann. Laden Sie den Mitarbeiter daher rechtzeitig ein und erläutern Sie dabei, was die Ziele und Inhalte des Gesprächs sein werden.

Achten Sie darauf, dass der Mitarbeiter Ihnen eine positive Rückmeldung auf Ihre Einladung gibt, sodass Sie sich seiner Teilnahme auch sicher sein können.

Gleiches gilt für mögliche weitere Personen, die dem Gespräch möglicherweise beiwohnen sollen.

Ungestörtheit klären (einen Tag, spätestens kurz vor dem Gespräch)
Achten Sie darauf, dass das Gespräch nicht durch unvorhergesehene Störungen unterbrochen wird, sodass Sie sich voll auf ihren Gesprächspartner konzentrieren können.

Stellen Sie einen Tag vor dem Gespräch sicher, dass es keine Überschneidungen mit anderen Terminen gibt. In Zeiten von Outlook und anderen modernen Kalendersystemen ist es leicht geschehen, dass ein Termin in Ihrem Kalender eingetragen ist, den Sie selbst noch nicht bewusst wahrgenommen haben. Somit kann es vorkommen, dass andere Kollegen auf der Suche nach Ihnen das Mitarbeitergespräch unterbrechen und Sie sich dann erst mühsam erklären müssen, was nicht nur unschön ist, sondern auch unnötig.

Sofern im Raum ein Telefon installiert ist, sorgen Sie dafür, dass der Apparat für die Dauer des Gesprächs auf eine andere Nummer umgeleitet wird.

Manche Besprechungsräume bieten die Möglichkeit, an der Tür ein Signal zu setzen, wenn der Raum belegt ist (z. B. Rot für „Besetzt", Grün für „Frei"). Nutzen Sie diese! Wichtig: Wenn es eine solche Einrichtung an der Tür gibt, sollte sie auf jeden Fall korrekt eingestellt sein. Sonst platzt Ihnen jemand in die Besprechung mit der Anmerkung: „Hier steht aber, der Raum ist frei...".

Versorgung mit Getränken etc. klären (spätestens eine Stunde vor Gesprächsbeginn)
Ein Glas Wasser ist das mindeste, was Sie im Angebot haben sollten, aber auch eine Tasse Kaffee oder Tee schadet nicht. In vielen Firmen gibt es ganze Bestellprozesse für die Bestückung von Seminar- und Besprechungsräumen, also denken Sie rechtzeitig daran, die Getränke für Ihr Gespräch „zu buchen". Wenn Sie in Ihrem Unternehmen nicht mit diesem Luxus ausgestattet sind, denken Sie spätestens eine Stunde vor dem Termin daran, noch Getränke etc. bereitzustellen. Es ist ungünstig, wenn Sie erst nach Gesprächsbeginn daran denken und dann erst die Kaffeemaschine eingeschaltet werden oder eine Bestellung aufgegeben werden muss.

Ganz umsichtige Vorgesetzte halten je nach zu erwartendem Gesprächsverlauf unauffällig eine Packung Papiertaschentücher bereit ...
Wenn Sie einen längeren Termin planen und dieser über die Mittagszeit geht, überlegen Sie, ob es für das Mittagessen noch etwas zu organisieren gibt.

Vorbereitung auf ein Mitarbeitergespräch

Finale inhaltliche Vorbereitung (spätestens einen Tag vorher)
Nehmen Sie sich vor dem Gespräch genügend Zeit für die Vorbereitung. Stellen Sie alle Unterlagen zusammen, die Sie benötigen. Ordnen Sie sie so, dass Sie im Gespräch alles griffbereit haben, was Sie benötigen.
Falls erforderlich, erstellen Sie die nötige Dokumentation, z. B. in Form eines Beurteilungsformulars.
Machen Sie sich deutlich, welches Ziel Sie mit dem Gespräch verfolgen möchten. Stellen Sie sich dazu vor, wie Sie sich am Ende des Gesprächs von Ihrem Mitarbeiter verabschieden. Welche Information sollte der Mitarbeiter dann verstanden haben? Welche Stimmung/Reaktion möchten Sie bei Ihrem Mitarbeiter bewirken?
Erstellen Sie eine Liste von Stichpunkten der wesentlichen Inhalte, die Sie auf jeden Fall vermitteln möchten. Wenn es sich um ein schwieriges Gespräch handelt, machen Sie sich ein paar Gedanken über die Strategie, mit der Sie den Ablauf des Gesprächs gestalten werden.

Einstimmen und Durchatmen (eine Minute vorher)
Bevor Sie den Mitarbeiter zum Gespräch begrüßen, nehmen Sie sich erst eine Minute Zeit, um sich auf den Termin einzustimmen. Es hilft nicht besonders, wenn Sie gerade überschwänglich eine Rede für einen Jubilar gehalten haben, und sich dann sofort einem Kritikgespräch widmen müssen. Umgekehrt schadet eine Pause nicht, wenn Sie gerade selbst ein kritisches Feedback erhalten haben, und Sie dann ein Gespräch vor sich haben, in dem Sie voller Lob mit einem Mitarbeiter über dessen Beförderung sprechen möchten.
Also: Eine Minute für eine kurze Einstimmung, Durchatmen, und es kann losgehen!

So sorgt man für eine positive Gesprächsatmosphäre

Es spielt keine Rolle, ob Sie ein eher positiv oder negativ gelagertes Gespräch zu führen haben. Egal, ob Sie einen Mitarbeiter sehr loben möchten, oder ob Sie massive Kritik üben müssen; ein Gespräch sollte immer in einer möglichst positiven Atmosphäre verlaufen.

Wenn Sie versäumen, eine gute Atmosphäre zu schaffen, gehen Sie in beiden Fällen das Risiko ein, die Inhalte nicht deutlich genug vermitteln zu können, womit weder Ihnen noch dem Mitarbeiter gedient sein dürfte.

Beispiel: Gespräch mit positivem Inhalt
Sie möchten mit einem Mitarbeiter über seine sehr guten Leistungen sprechen und ihm eine Gehaltserhöhung geben. Sie haben jedoch am Morgen zwei Stunden im Stau gestanden, wodurch ein für Sie sehr wichtiger Termin ausfallen musste. Das Gespräch mit dem Mitarbeiter kann ebenfalls nur mit großer Verspätung starten. Sie sind bei Gesprächsbeginn immer noch beeinflusst vom Stress im Verkehr sowie von der Tatsache, dass der wichtige Termin, an dem so viel hing, nicht stattfinden konnte. Diese Stimmung verlässt Sie auch nicht, als Sie versuchen, den Mitarbeiter über seine Entgelterhöhung zu informieren. Am Ende des Gesprächs kann der Mitarbeiter sich nicht so recht freuen und zweifelt an, dass seine Leistungen wirklich so positiv waren. Denn das Gefühl, dass Sie ihm vermitteln, deckt sich nicht mit der Botschaft, auch wenn Sie es noch so sehr versuchen.

Das motivierende Element einer Entgeltsteigerung verpufft völlig, weil es Ihnen nicht gelungen ist, eine gute Atmosphäre zu schaffen.

Beispiel: Gespräch mit negativem Inhalt
Am gleichen Morgen (also nach dem Stau und dem ausgefallenen Termin) steht ihnen noch bevor, einen Mitarbeiter zu kündigen. Hier fühlen Sie sich

Vorbereitung auf ein Mitarbeitergespräch

nun so richtig gut vorbereitet und in sehr passender Stimmung. Sie könnten z. B. sagen: „Der kommt mir jetzt gerade recht mit der Kündigung, dazu bin ich jetzt so richtig in Stimmung!"

Sie führen das Gespräch mit dem Mitarbeiter, schaffen es jedoch nicht, ausreichend auf die Argumente des Mitarbeiters einzugehen, da Sie so emotional belastet sind, dass Sie sich nicht so recht auf Feinheiten konzentrieren möchten. Das Gespräch endet im Streit und damit, dass Sie den Mitarbeiter sofort von der Arbeit entfernen. Die Abfindung, die Sie nach dem Kündigungsschutzprozess zu zahlen haben, hat sich damit soeben verdoppelt ...

Das Prinzip sollte klar sein und die Argumentation dafür, einen „kühlen Kopf" in jeder Art Mitarbeitergespräch zu bewahren, sollte ebenfalls deutlich geworden sein. Egal, welchen Inhalt das Gespräch hat, sollten die Grundsätze eines respektvollen und erwachsenen Miteinanders immer gewahrt bleiben.

Wie kann man nun eine positive Gesprächsatmosphäre schaffen?
Eine positive oder einfach angenehme Gesprächsatmosphäre zu schaffen, ist wie viele scheinbar schwierige Dinge im Grunde ganz einfach. Wenn man es schafft, dem Gesprächspartner das Gefühl zu geben, willkommen zu sein, hat man es bereits zur Hälfte geschafft. Bleiben Sie selbst locker und freundlich. Versuchen Sie, etwaige Hemmungen oder Befürchtungen des Gesprächspartners durch Freundlichkeit zu nehmen. Auch wenn Sie selbst vielleicht ein mulmiges Gefühl vor dem Gespräch haben. Sie können sicher sein, dass dieses Gefühl bei Ihrem Besucher noch viel ausgeprägter ist. Im Folgenden finden Sie einige nützliche Tipps zu diesem Thema.

Respektvoller Umgang
Jeder Mitarbeiter, gleich welcher Natur und egal, was er angestellt haben mag, verdient das nötige Maß an Respekt. Wir gehen davon aus, dass wir

uns in einem Feld bewegen, in dem wir es mit (zumindest halbwegs) erwachsenen Menschen zu tun haben und sie auch als solche behandelt werden sollten. Wenn Vorgesetzte nicht genügend Respekt zeigen können, verlieren sie dadurch nur selbst an Autorität und die Inhalte des Gesprächs können nicht ausreichend vermittelt werden.

Dies ist leichter gesagt als getan. Je nachdem, was man einem Mitarbeiter zu sagen hat, möchte man vielleicht lieber in die Rolle des schimpfenden Vaters verfallen und dem Mitarbeiter eine ordentliche Strafpredigt halten, um sich damit mal so richtig Luft zu machen. Im Zweifel erntet man dafür aber nur ein mildes Lächeln und muss sich dann nur noch mehr aufregen. Also ist Sachlichkeit angebracht, auch wenn es um schwierige Inhalte geht. Zudem ist zu Beginn eines Gesprächs nie klar, wie es sich entwickeln wird, und dann mag es den Vorgesetzten vielleicht beschämen, sich eingangs respektlos verhalten zu haben.

Also, ein „anständiges" und respektvolles Verhalten ist wichtig. Dies gilt im Übrigen auch, wenn sich der Mitarbeiter selbst respektlos verhält. Auch dann sollte man sich nicht auf das Niveau des Gegenübers begeben, sondern das Gespräch möglichst sachlich führen und ggf. beenden, wenn eine respektvolle Umgangsweise nicht mehr möglich ist.

Ehrlichkeit und Vertrauen

Machen Sie ihrem Mitarbeiter deutlich, dass Sie ein vertrauenswürdiger Vorgesetzter sind. Bleiben Sie zu jeder Zeit ehrlich im Umgang mit den Mitarbeitern. Es ist nicht damit gedient, wenn sich Ihnen ein Mitarbeiter persönlich öffnet, um über eine besondere Situation zu sprechen, die ihn derzeit von guten Leistungen abhält, und Sie anschließend den Kollegen davon berichten „Dass der Herr X gerade in die fünfte Scheidung vor sich hat …". Seien Sie ein stabiler Gesprächspartner für Ihren Mitarbeiter, indem Sie ihm klar vermitteln, dass Sie kein Spiel mit ihm treiben, sondern er Ihnen jederzeit offen und ehrlich begegnen kann. Der Mitarbeiter muss darauf vertrauen können, dass Sie in der Lage sind, zu entscheiden, wie mit den Informationen umzugehen ist, die er mit Ihnen teilt. Nur wenn Sie das Vertrauen Ihrer Mitarbeiter haben, können Sie gute Mitarbeitergespräche führen und Ihr Team erfolgreich anleiten.

Vertrauen heißt, dass Sie in der Lage sind, eine Menge an Informationen aufzunehmen und dann ohne Probleme für sich behalten zu können. Horchen Sie genau in sich hinein. Sind Sie ein Mensch, der gut Geheimnisse bewahren kann? Oder brennt es Ihnen, brisante Informationen mit anderen zu teilen? Viele behaupten Ersteres, und leben doch Letzteres. Seien Sie also gewappnet, wenn Sie eine Führungsaufgabe übernehmen. Sie werden Dinge erfahren, die Sie vielleicht gar nicht so genau wissen möchten, und trotzdem müssen Sie professionell damit umgehen können.

Nur mit Vertrauen holen Sie die maximale Leistung heraus aus Ihrem Team!

Räumliche Anordnung und Nähe

Es ist darauf zu achten, dass sich die Gesprächspartner auf gleicher Höhe begegnen können. Die Zeiten, in denen der Chef in seinem riesigen Sessel etwa einen halben Meter über seinem Mitarbeiter „thronte", sind hoffentlich vorbei. Auch die Platzierung des Mitarbeiters in Richtung sonniger Fensterfront, sodass er seinen Chef nur als Schatten sieht und nur noch blinzeln kann, macht keinen Sinn.

Am besten ist es, wenn die Gesprächspartner an einem Tisch zusammensitzen, an dem kein Teilnehmer eine besondere Position oder einen besonderen Platz hat.

Dabei ist zu beachten, dass man zwar entspannt sitzen sollte, aber dennoch aufrecht und in deutlich sachlicher Körperhaltung. Ein lässiges „Räkeln" auf dem Stuhl ist ebenso wenig angebracht wie, die Füße auf einem anderen Stuhl oder gar dem Tisch hochzulegen.

Achten Sie darauf, dass Sie nicht zu nah und auch nicht zu weit weg sitzen von Ihrem Gegenüber. Sie selbst werden spüren, wann sich der Abstand zueinander „richtig" anfühlt.

Körperlicher Kontakt muss während des Gesprächs selbstredend vermieden werden. Man stößt z. B. nicht mit dem Finger auf die Brust des Gesprächspartners, um einem Argument besonderen Ausdruck zu verleihen. Auch sollte man den Mitarbeiter nicht in den Arm nehmen, wenn er weinen muss. Die Aufgabe des Tröstens ist anderen vorbehalten. Ausnahme in der Körperlichkeit ist das Händeschütteln zu Beginn und am Ende des Gesprächs.

Höflicher Umgang sollte stets gewährleistet sein. Als Vorgesetzter tun Sie sich keinen Gefallen, wenn Sie die Ebene von Höflichkeit, Respekt und Distanz verlassen, um sich auf Emotionen, Streit etc. einzulassen. Bleiben Sie immer (!) freundlich und professionell distanziert. Dann machen Sie alles richtig.

Gleiches Recht für beide Parteien
Beide Gesprächspartner sollten in einem Gespräch gleich viel „Raum" für ihre Argumentation erhalten. Eine positive Atmosphäre ist gewährleistet, wenn dem Mitarbeiter ausreichend Gelegenheit gegeben wird, sich zu äußern und seine Seite der Dinge anzubringen. Dies gilt nicht nur für schwierige oder kritische Themen, sondern auch, wenn dem Mitarbeiter nur positive Nachrichten zu überbringen sind.

Vorbereitung auf ein Mitarbeitergespräch

Es kann durchaus vorkommen, dass ein Vorgesetzter erst in einem Mitarbeitergespräch erfährt, dass der Mitarbeiter die neue Verantwortung oder Beförderung aus bestimmten Gründen gar nicht wünscht. Somit ist es immer gut, den Mitarbeiter ausreichend zu hören und ihm reichlich Raum zu geben, sich zu freuen, sich zu ärgern, oder auch einfach, seine Inhalte, Argumente etc. vorzubringen.

Mit „Gleiches Recht für Beide" ist im Übrigen auch gemeint, dass ein Feedback nie eine Einbahnstraße sein sollte. So wie der Vorgesetzte den Mitarbeiter bewertet und ihm Inhalte überbringen möchte, so sollte auch der Mitarbeiter die Gelegenheit erhalten, in einem Gespräch seine eigenen Inhalte zu vermitteln und auch Feedback an den Vorgesetzten zu geben. Letzteres ist nicht für jeden einfach, aber das Angebot sollte zumindest (ehrlich) gemacht werden.

Mitarbeiter erwarten mit Recht, dass der Vorgesetzte sich Ruhe und Zeit für ein Mitarbeitergespräch nimmt. Es kommt es nicht selten vor, dass ein Mitarbeiter diese Gelegenheit nutzen möchte, seinerseits Themen anzusprechen, für die etwas Zeit und Ruhe nötig sind. Seien Sie also darauf vorbereitet, dass Sie bei Gesprächsbeginn noch nicht über alle Inhalte informiert sind, die zur Sprache kommen werden. Bleiben Sie immer offen für Themen oder Meinungen, die der Mitarbeiter von sich aus einbringt. Lassen Sie sich die Gelegenheit nicht entgehen, dem Mitarbeiter zu zeigen, dass er und seine Ansichten für Sie wichtig sind.

Zuhören / Offenheit zeigen
Sie haben sich im Vorfeld des Gesprächs ausreichend vorbereitet, und es ist Ihnen klar, welche Punkte Sie ansprechen möchten. Außerdem haben Sie sich eine Strategie erarbeitet, wie Sie das Gespräch möglichst geschickt führen möchten, um den Mitarbeiter am Ende möglichst motiviert zu verabschieden.

Vorbereitung auf ein Mitarbeitergespräch

Ihr Kopf ist somit angefüllt mit Ihrem eigenen „Programm", nach dem das Gespräch ablaufen soll. Dennoch: Planen Sie in Ihre „Strategie" unbedingt auch genügend Flexibilität ein, die automatisch notwendig wird, wenn Sie dem Mitarbeiter genügend Raum für seine eigenen Punkte geben. Stellen Sie sich darauf ein, dass er ihnen einige wichtige Informationen geben wird, die Sie vorher noch nicht kannten. Vor allem aber: Hören Sie gut zu! Lassen Sie sich darauf ein und nehmen Sie konzentriert auf, was Ihr Gegenüber zu sagen hat. Nur wenn Sie sich voll auf Ihr Gegenüber einlassen, haben Sie eine Chance wirklich zu verstehen, was Ihr Mitarbeiter Ihnen sagen möchte und können Ihr eigenes Verhalten daran ausrichten.

Ein Beispiel:
Ein Mitarbeiter hat eine Abmahnung wegen Betrugs in der Zeiterfassung verdient und soll diese heute ausgehändigt bekommen. Sie haben reichlich Beweismaterial vorliegen, und die Abmahnung ist ebenfalls bereits erstellt. Sie bitten den Mitarbeiter zum Gespräch und sprechen das Thema der Zeiterfassung an. Der Mitarbeiter möchte sich zu dem Vorgang äußern.

Möglichkeit 1: Sie hören zu (Variante A)
Der Mitarbeiter beschreibt ausführlich, wie sich seine private Situation in den letzten Wochen verändert hat und dass er deshalb häufig zu spät kommt, was er jedoch nicht gerne zugeben möchte. Wie dem auch sei, seine private Situation hat sich nun dergestalt geändert, dass er nicht länger für das Unternehmen tätig sein kann. Er kündigt.

Ergebnis: Sie können ihre Abmahnung stecken lassen, das Problem hat sich auf sehr einfache Weise gelöst.

Möglichkeit 2: Sie hören zu (Variante B)
Der Mitarbeiter beschreibt, dass er aus gesundheitlichen Gründen nicht oder kaum schlafen kann. Dadurch kommt er dauernd zu spät. Er kann sich

aber Minusstunden nicht leisten und sah sich daher so verzweifelt, dass er bei der Zeiterfassung geschwindelt hat. Die Krankheit ist ihm sehr unangenehm und er möchte nicht, dass sie bekannt wird. Jetzt sieht er sich in der Not, darüber sprechen zu müssen, was ihm sehr schwerfällt.

Ergebnis: Sie geben die Abmahnung dennoch aus, aber die Diskussion findet in einem sehr ruhigen und angenehmen Rahmen statt. Sie finden eine Lösung, wie Sie der Krankheit des Mitarbeiters gerecht werden können, ohne dass weiterhin „geschwindelt" werden muss. Der Mitarbeiter bleibt bis zu seiner Rente im Unternehmen, zeigt sich sehr dankbar und bringt sehr gute Leistungen.

Möglichkeit 3: Sie hören nicht zu (Variante A)
Sie lassen den Mitarbeiter nicht zu Wort kommen, händigen nach einer Standpauke die Abmahnung aus und fragen den Mitarbeiter erst zum Ende des Gesprächs, ob er seinerseits dazu noch etwas sagen möchte. Der Mitarbeiter verneint dies, verlässt wortlos den Raum, meldet sich am nächsten Tag krank und bleibt für 6 Wochen der Arbeit fern.

Ergebnis: Nach Rückkehr des Mitarbeiters gestaltet sich die Zusammenarbeit sehr schwierig.

Möglichkeit 4: Sie hören nicht zu (Variante B)
Sie lassen den Mitarbeiter nicht zu Wort kommen, händigen nach einer Standpauke die Abmahnung aus und fragen den Mitarbeiter erst zum Ende des Gesprächs, ob er seinerseits dazu noch etwas sagen möchte. Der Mitarbeiter zerreißt die Abmahnung vor Ihren Augen und legt seine Kündigung, die er schon dabeihatte, auf den Tisch.

Ergebnis: Sie hätten sich die Standpauke samt Abmahnung schenken können.

Ziele, die in <u>jedem</u> Mitarbeitergespräch erreicht werden sollten

Wir haben bereits erörtert, dass Mitarbeitergespräche verschiedenste Ausrichtungen und Inhalte haben können, denn die Anlässe, aus denen heraus Mitarbeitergespräche geführt werden, sind vielfältig.

Dennoch gibt es einige Ziele, die mit jedem Mitarbeitergespräch, welcher Art auch immer, erreicht werden sollten. Diese werden im Folgenden näher erläutert:

Gefühl der Sinnhaftigkeit

Nichts ist schlimmer, als aus einem Termin heraus zu kommen und für sich festzustellen: „Was für eine Zeitverschwendung!" Das bedeutet nicht, dass dieser Gedanke nicht zum Alltag in vielen Arbeitsumfeldern gehört. Wir verbringen viel Zeit in Besprechungen und Terminen, in denen wir eigentlich gar nicht sein möchten und dann die Zeit nur „absitzen". Sorgen Sie dafür, dass das Gespräch mit Ihren Mitarbeitern niemals in diese Kategorie fällt. Sie erreichen dies, indem Sie schon im Vorfeld deutlich machen, worum es in dem Gespräch geht und sich dann auch daran halten. Geben Sie Ihrem Mitarbeiter das Gefühl, dass es sich immer lohnt, Zeit für ein Gespräch mit Ihnen aufzuwenden. Damit haben Sie eine gute Basis gelegt für ein fruchtbares, offenes und vertrauensvolles Gespräch, dem ein gutes Ergebnis folgt.

Klare Vermittlung der gewünschten Inhalte

Die Sinnhaftigkeit wird dadurch unterstützt, dass Klarheit auf beiden Seiten darüber besteht, welche Inhalte besprochen werden sollen. Mangelt es an dieser Klarheit, ist mindestens eine Seite irritiert und wird dem Gespräch nicht mehr mit der vollen Konzentration folgen.

Vorbereitung auf ein Mitarbeitergespräch

Beispiel 1
Sie teilen ihrem Mitarbeiter mit, dass im nächsten Mitarbeitergespräch über seine weitere Entwicklung gesprochen wird, vor allem darüber, welche Trainingsmaßnahmen in Angriff genommen werden sollen, damit er seine Kenntnisse erweitern kann.

Im ersten Schritt haben Sie eine hohe Motivation bei Ihrem Mitarbeiter ausgelöst. Sie führen das Gespräch, und es ergibt sich, dass Sie viel Zeit auf ein bestimmtes Problemfeld und damit für Kritik am Mitarbeiter aufwenden. Über die Trainingsmaßnahmen wird kein Wort mehr verloren, geschweige denn über die weitere Entwicklung.

Selbst wenn Sie von dem angekündigten Gesprächsthema abweichen (müssen), machen Sie deutlich, warum das so ist. Wenn die Zeit nicht ausreicht, alle gewünschten Inhalte abzudecken, bieten Sie zeitnah einen Folgetermin an, und führen Sie diesen auch durch.

Beispiel 2
Sie bitten den Mitarbeiter, sich für das nächste Gespräch besonders darauf vorzubereiten, einen aktuellen Status über das Projekt zu geben, an dem er gerade arbeitet. Im Gespräch vergessen Sie dann, darauf einzugehen. Der Mitarbeiter traut sich nicht, es selbst anzusprechen. Im Anschluss ist der Mitarbeiter demotiviert und geht davon aus, dass seine Arbeit, vor allem das Projekt, keinerlei Priorität für Sie hat.

Klarheit über mögliche Absprachen
So wie bei fast allen anderen beruflichen Gesprächen gilt auch für das Mitarbeitergespräch am Ende: Wer macht was bis wann? Stellen Sie sicher, dass genaue Absprachen getätigt werden, die Klarheit darüber geben, welche Aufgaben von wem übernommen werden. Im Zweifel fassen Sie die

Absprachen im Anschluss schriftlich zusammen und überreichen dem Mitarbeiter eine Kopie.

Beispiel 1

Am Ende des Mitarbeitergesprächs sagen Sie: „Dann wollen wir mal sehen, dass wir Sie noch zu ein paar guten Seminaren schicken, das kriegen wir hin!"

Der Mitarbeiter verlässt sich darauf, dass Sie sich darum kümmern. Umgekehrt verlassen Sie sich darauf, dass der Mitarbeiter zeitnah Vorschläge für Seminare macht. Es geschieht aber nichts. Nach einigen Monaten sind Sie über den Mitarbeiter frustriert, weil er sich offenbar gar nicht entwickeln will. Der Mitarbeiter hingegen ist frustriert, weil sein Vorgesetzter ihn nicht so unterstützt, wie er es versprochen hat.

Beispiel 2

Der Mitarbeiter macht im Gespräch deutlich, dass er auf jeden Fall an seinen Englischkenntnissen arbeiten wird. Nach einigen Monaten können Sie keinerlei Verbesserung feststellen, und Sie sprechen ihn darauf an. Seine Antwort: „Ich wollte ja am firmeninternen Kurs teilnehmen, aber da sind alle Plätze belegt und ich kann erst in einem halben Jahr dort einsteigen".

Sie sind frustriert über die mangelnde Initiative und Kommunikation des Mitarbeiters. Der Mitarbeiter hingegen findet, dass er sich sehr gut um die Verbesserung der Sprachkenntnisse gekümmert hat.

Also, stellen Sie sicher, dass vereinbarte Aktionen genau definiert werden. Dies beinhaltet nicht nur die Aufgaben, die der Mitarbeiter aus dem Gespräch mitnimmt, sondern auch die, die Sie versprochen haben, umzusetzen. Halten Sie die Absprachen schriftlich fest und machen Sie die Aufzeichnungen dem Mitarbeiter zugänglich.

Sie können mögliche Frustration und Demotivation sehr leicht vermeiden, wenn Sie mit großer Klarheit kommunizieren.

Stärkung der künftigen Zusammenarbeit
Ein erfolgreiches Mitarbeitergespräch führt nahezu ausnahmslos zu einer Stärkung der Zusammenarbeit. Die einzige Ausnahme bilden die Kündigungsgespräche. Aber auch hier gilt: Wenn diese Gespräche gut geführt sind, wird das Ergebnis für beide Seiten befriedigender ausfallen.

Wenn die Grundsätze des Mitarbeitergesprächs eingehalten werden, dann stärken Sie dem Mitarbeiter gegenüber ihr Bild als vertrauensvoller Vorgesetzter, mit dem ein ehrlicher Umgang ohne Probleme möglich ist. Sie hören Ihrem Mitarbeiter zu, erarbeiten gemeinsam die nächsten Schritte in eine erfolgreiche Zukunft. Dies führt automatisch zu einem hoch motivierenden Gefühl am Ende des Gesprächs, das nicht selten die Zusammenarbeit in der nächsten Zeit deutlich positiv beeinflusst.

So läuft ein Mitarbeitergespräch ab

In der Theorie laufen Mitarbeitergespräche in bestimmten, aufeinanderfolgenden Schritten ab. In der Praxis erweisen sich entsprechende Anleitungen oder gar Vorschriften in der Regel als wenig nützlich. Jedes Mitarbeitergespräch hat seine eigene Dynamik und es treten so gut wie immer Situationen ein, die einfach nicht in den idealen theoretischen Gesprächsverlauf passen wollen. In dem Gespräch treffen ganz individuelle Menschen aufeinander, von denen sich jeder einzelne in einer Situation befindet, die sich nur bedingt in ein allgemeines Schema pressen lässt.

Trotzdem sind gewisse Regeln, Anleitungen oder Leitfäden nicht völlig sinnlos. Sie helfen dabei, dem Gespräch Struktur zu geben und verhindern, dass man während des Gesprächs ungewollt den berühmten „Roten Faden" aus den Augen verliert.

Im Folgenden finden Sie deshalb zur Orientierung die einzelnen Phasen eines mehr oder weniger idealen Gesprächsverlaufs. Nutzen Sie den beschriebenen Ablauf als Leitfaden, ohne ihm in der konkreten Situation bis ins letzte Detail folgen zu müssen.

Gesprächseinstieg

Es gibt keine zweite Chance für einen guten ersten Eindruck! Diese Weisheit gilt nicht nur dann, wenn wir einen Menschen kennenlernen. Auch in einem Gespräch entscheidet sich die Grundstimmung bereits in der ersten Minute des Zusammentreffens der Gesprächsteilnehmer.

Die Einstiegsphase ist besonders wichtig, weil sie die Grundlage für das gesamte folgende Gespräch darstellt. Läuft hier etwas schief, ist das im Nachgang kaum noch zu retten. Es macht also Sinn, sich mit dieser Gesprächsphase intensiv auseinanderzusetzen und genau zu überlegen, wie man den besten Einstieg schaffen kann.

Entspannt und freundlich zum Erfolg
Das Allerwichtigste ist, schon zu Beginn eine entspannte und freundliche Gesprächsatmosphäre zu schaffen. Das ist relativ einfach, wenn Sie ohnehin einen guten Draht oder gar ein freundschaftliches Verhältnis zum Mitarbeiter haben. Anders sieht die Sache aus, wenn es im Vorfeld Spannungen oder Unstimmigkeiten gegeben hat, oder wenn der Mitarbeiter besonders ängstlich in das Gespräch geht. Letzteres ist häufig eine Folge eines autoritären oder sehr distanzierten Führungsstils. Aber, gleich, welches Verhältnis Sie zu Ihrem Mitarbeiter haben; es schadet nicht, den Einstieg immer einigen grundsätzlichen Regeln folgen zu lassen:

Im idealen Fall haben Sie unsere Hinweise aus dem Kapitel „Vorbereitung auf ein Mitarbeitergespräch" beherzigt. Somit starten Sie das Gespräch in einem eigens dafür gewählten passenden Umfeld, in dem Sie eine Weile ungestört mit Ihrem Mitarbeiter sprechen können. Sie haben das Telefon umgestellt, Ihr Mobiltelefon ist ausgeschaltet, eingehende E-Mail-Nachrichten bringen Sie nicht durch „Pings" aus der Fassung. Auf dem Tisch stehen ein paar Getränke zur Verfügung, und Sie haben Ihre Unterlagen gut geordnet vor sich liegen. Es kann also losgehen.

Das Mitarbeitergespräch beginnt bereits mit dem Moment, in dem der Mitarbeiter den Raum betritt. Schon hier können Sie durch Ihr Verhalten den Grundstein für den weiteren Verlauf legen. Dazu zwei Beispiele:

Beispiel 1

Der Mitarbeiter erscheint. Der Vorgesetzte sitzt noch an seinem Schreibtisch und führt ein Telefonat. Er bedeutet dem Mitarbeiter mit Handzeichen, schon mal am Besprechungstisch Platz zu nehmen und zu warten. Auf dem Tisch stehen noch einige bereits gebrauchte Kaffeetassen und es liegen verschiedene Unterlagen herum, alles offenbar von der vorangegangenen Besprechung. Der Mitarbeiter nimmt Platz und wartet auf den Gesprächsbeginn. Der Vorgesetzte beendet das Telefonat und widmet sich dann seinem Computer, in dem noch einige E-Mails warten, die er nicht gelesen hat. Nach 5 Minuten begibt der Vorgesetzte sich hinüber zum Besprechungstisch, fängt hektisch an, die Unterlagen zusammen zu schieben und die Kaffeetassen beiseite zu räumen. Er ist offenbar noch sehr aufgewühlt von dem schwierigen Telefonat, das er geführt hat. Er nimmt dann gegenüber seinem Mitarbeiter Platz und startet das Gespräch mit den Worten „So, und jetzt zu Ihnen!".

Beispiel 2

Der Mitarbeiter erscheint. Der Vorgesetzte begrüßt ihn an der Tür mit Handschlag und weist ihn hinüber zum Besprechungstisch, an dem das Gespräch stattfinden soll. Der Computer des Vorgesetzten ist offenbar abgeschaltet und das Telefon ist umgestellt. Der Vorgesetzte hat sein Mobiltelefon nicht offen auf dem Tisch, sondern so verstaut, dass es nicht während des Gesprächs stören kann. Beide Gesprächspartner nehmen zeitgleich am Besprechungstisch Platz. Auf dem Tisch ist nichts zu sehen außer einem Tablett mit Getränken und den Unterlagen, die jeder für das Gespräch mitgebracht hat. Der Vorgesetzte bietet die Getränke an, schenkt dann beiden ein. Nach einer kurzen Atempause und einem Lächeln beginnt er das Gespräch mit den Worten: „Schön, dass wir jetzt Zeit füreinander haben".

Sicher ist Ihnen schon klar, dass die Chancen für ein erfolgreiches und zielführendes Gespräch im Beispiel 2 viel größer sind, als im ersten Beispiel.

Achten Sie unbedingt auch auf die höflichen *Kleinigkeiten*, die viel zu oft unterschätzt werden (Handschlag zur Begrüßung, Getränke anbieten, ein Lächeln ...). Respektieren Sie Ihren Mitarbeiter von Anfang an, ganz gleich wie negativ die Inhalte sind, die Sie zu vermitteln haben. Zeigen Sie, dass Sie bereit sind, dem Mitarbeiter für die Dauer des Gesprächs alle nötige Aufmerksamkeit zu geben.

Aber es geht doch um die Sache, da ist Klartext gefragt!

Das ist völlig richtig. Doch auch „Klartext" kann einem Mitarbeiter viel besser vermittelt werden, wenn das Gespräch positiv beginnt. Wenn Sie auf diese „Kleinigkeiten" verzichten, gehen Sie in unnötiger Weise ein Risiko ein, dass das Gespräch schon einen schlechten Start hat. Und ein schlechter Gesprächsstart zieht immer Probleme nach sich. Ein Mitarbeiter wird in einem ungünstig begonnenen Gespräch weniger Bereitschaft zeigen, Ihnen zuzuhören oder auf Ihre Argumente einzugehen, als das bei einem positiven Gesprächseinstieg der Fall wäre.

Gesprächsführung

Als Vorgesetzter obliegt Ihnen grundsätzlich die Rolle des „Gesprächsführers". Somit sollten Sie neben der Einführung auch dem gesamten Gespräch Struktur und einen roten Faden geben, an dem der Mitarbeiter sich stets orientieren kann. Dazu gehört auch, dass Sie das Thema jedes neuen Gesprächsabschnitts benennen und das Gespräch wieder zurück zum Thema leiten, wenn es sich zu weit davon entfernen sollte.

Zum Thema bitte!
Abschweifungen vom eigentlichen Thema des Mitarbeitergesprächs sind ein häufig auftretendes Problem. Sei es, dass man sich gut kennt und viele gemeinsame, potenziell interessante Gesprächsthemen hat oder, dass man plötzlich bei einem ganz anderen Thema gelandet ist, ohne es zu bemerken. Es gibt auch Mitarbeiter, die wahre Meister darin sind, ein Gespräch von unangenehmen Themen auf weniger verfängliche zu leiten. Und gerade, wenn es dem Vorgesetzten ebenfalls unangenehm ist, über ein bestimmtes Thema zu sprechen, finden diese Mitarbeiter in ihm (dem Vorgesetzten) oft ein williges *Opfer*.

Es ist Ihre (!) Aufgabe, dafür zu sorgen, dass so etwas nicht passiert. Hilfreich ist dabei eine Checkliste mit allen Punkten, die Sie in dem Mitarbeitergespräch zur Sprache bringen wollen. Ein Blick auf die Liste und ein zweiter auf die Uhr zeigt Ihnen, wann es Zeit ist, wieder zum Thema zu kommen oder zum nächsten Thema auf der Liste voranzuschreiten.

So läuft ein Mitarbeitergespräch ab

Gesprächsthema und Ablauf klären

Sie dürfen vermuten, dass der Mitarbeiter weiß, warum das Gespräch stattfindet. Im Regelfall hat er bereits einige Zeit vorher alle Informationen zum Inhalt erhalten, sodass er sich hinreichend vorbereiten konnte. Dennoch sollten Sie zur Einleitung des Gesprächs noch einmal kurz wiedergeben, warum und worüber Sie mit dem Mitarbeiter sprechen möchten. Geben Sie auch einen kurzen Hinweis zur Struktur des Gesprächs sowie zum Zeitrahmen, den Sie dafür vorgesehen haben. Sie geben dem Gespräch damit von Anfang an die notwendige Klarheit und gewinnen außerdem Sicherheit, dass sowohl Ihr Mitarbeiter als auch Sie die gleichen Ziele mit dem Gespräch verfolgen.

Nicht selten wird schon bei einer solchen Einleitung deutlich, dass der Mitarbeiter eine ganz andere Vorstellung von den Gesprächsinhalten hat als der Vorgesetzte. Dann ist zumindest noch die Gelegenheit gegeben, diesen Irrtum auszuräumen, bevor es richtig losgeht. Liegen die Erwartungen sehr weit auseinander, kann man sogar entscheiden, das Gespräch auf einen anderen Termin zu verschieben, um sicher zu gehen, dass sich beide auf das richtige Thema vorbereitet haben. In einem solchen Fall sparen Sie wertvolle Zeit.

Hier wieder zwei Beispiele, wie die Einleitung des Gesprächs erfolgen kann, und Sie werden wieder leicht erkennen können, an welchem Beispiel Sie sich orientieren sollten:

Beispiel 1

👎 *„So, und jetzt zu Ihnen. Ich habe leider nicht so viel Zeit, also hoffe ich, wir kommen schnell durch. In der ersten Kategorie „fachliche Qualifizierung" habe ich Sie mit einer 3 bewertet, da stimmen Sie mir sicher zu, oder? Sie sind ja erst so kurz in ihrer neuen Position, da haben Sie noch viel zu lernen. So, und nun zur nächsten Kategorie ..."**

Beispiel 2

💬 „Schön, dass wir jetzt Zeit füreinander haben.

„Wie Sie wissen, möchte ich mit Ihnen nun über Ihre Beurteilung sprechen, die wir jährlich durchführen. Ich habe dafür zwei Stunden für Sie reserviert, in denen wir ungestört sein dürften, also haben wir Zeit bis 16 Uhr.

Wir werden uns im Gespräch an den Vorgaben des Bewertungsbogens orientieren, ich möchte mit Ihnen also nacheinander die genannten Kategorien für die Bewertung besprechen, und wir sollten uns dann jeweils auf eine Bewertung einigen, nachdem wir ausführlich darüber gesprochen haben.

Nach den Einzelbewertungen werde ich meinen Gesamteindruck über unsere Zusammenarbeit nochmals zusammenfassen.

Wir werden dann über weitere Maßnahmen sprechen, mit denen wir Sie im Verlauf der nächsten Monate weiter qualifizieren und fördern möchten. Ich hoffe, dass Sie sich dazu auch schon selbst einige Gedanken machen konnten.

Am Ende werde ich Sie, wie schon im Vorfeld gesagt, auch um Ihr Feedback an mich und zu unserer Zusammenarbeit bitten. Ich habe dafür eine halbe Stunde Zeit vorgesehen, somit hoffe ich, dass wir Ihre Bewertung bis 15:30 Uhr abschließend besprechen können.

Mir ist wichtig, dass wir ein offenes Gespräch miteinander führen. Ich möchte Sie nicht nur einfach über Ihre Bewertungen informieren, sondern ich möchte diese im Dialog mit Ihnen gemeinsam erarbeiten. Somit lade ich Sie dazu ein, Ihre Anregungen und Ideen, vor allem natürlich Ihre Meinung, jederzeit offen zu äußern. Wenn Sie Fragen haben, stellen Sie diese bitte jederzeit.

So läuft ein Mitarbeitergespräch ab

Wenn wir alle Inhalte des Bewertungsbogens besprochen und ausgefüllt haben, werden wir ihn beide unterzeichnen, und Sie bekommen eine Kopie.

Haben Sie noch Fragen zu dieser Vorgehensweise? Ist für Sie alles klar? Gibt es noch zusätzliche Themen, die Sie heute mit mir besprechen möchten?

Gut, dann erlauben Sie mir gerade einen Schluck Kaffee, und dann kann es losgehen.

Fangen wir also an mit der ersten Kategorie: „Fachliche Qualifizierung". Beschreiben Sie mir doch kurz, wie Sie sich selbst hier einschätzen. Sie sind ja noch nicht so lange in der neuen Position, aber über Ihre fachliche Qualifizierung dazu können Sie sicher schon jetzt einiges sagen ... ".

Wenn Sie die beiden Beispiele vergleichen, werden Sie feststellen, dass im Beispiel 1 im Grunde alles fehlt, was der Mitarbeiter benötigt, um ein sinnvolles und zielführendes Gespräch mit Ihnen führen zu können. Der Mitarbeiter wird förmlich überrumpelt. Wenn er nicht laut „Halt" schreien möchte, bleibt ihm eigentlich nur, das Spiel mitzumachen und das „Gespräch" möglichst schnell hinter sich zu bringen.

Beispiel 2 erscheint auf den ersten Blick viel aufwendiger und eine solche Einführung kostet auch mehr Zeit. Aber nur so haben Sie eine Chance, ein strukturiertes und sinnvolles Mitarbeitergespräch zu führen. Und auch, wenn Ihnen eine solch lange Einleitung jetzt noch zu aufwendig erscheint: Seien Sie versichert, dass Sie diese Einführung schon nach kurzer Zeit so verinnerlicht haben, dass Sie weder ablesen noch auswendig lernen müssen. Sie geht Ihnen sozusagen in Fleisch und Blut über. Und bei Mitarbeitern, mit denen Sie bereits etliche Jahresgespräche geführt haben, müssen Sie die Einführung auch nicht buchstabengetreu vortragen. Denken Sie daran, es geht vor allem darum, dass der Mitarbeiter versteht und weiß, worum es geht. Das zu gewährleisten ist in einem Erstgespräch mit einem neuen

So läuft ein Mitarbeitergespräch ab

Mitarbeiter natürlich etwas aufwendiger als mit einem „alten Hasen", der die Abläufe schon in- und auswendig kennt.

Es wird deutlich, dass die Herstellung der nötigen Klarheit zu Beginn nicht mit einem Satz erledigt ist. Die Einführung des Gesprächs braucht einen Moment Zeit, aber es ist sehr gut investierte Zeit. Sie dient nicht nur dazu, die Inhalte und die Struktur zu vermitteln, sondern Sie bietet dem Mitarbeiter die nötige Gelegenheit und Zeit, sich für das Gespräch zu akklimatisieren und innerlich einzustimmen. Mit der Gesprächsführung in Beispiel 2 wurden viele verschiedene Aspekte berücksichtigt, die nun noch genauer erläutert werden sollen. Sehen wir uns die einzelnen Elemente der Einführung aus Beispiel zwei noch mal an, diesmal mit einer kleinen Analyse zu jedem einzelnen Abschnitt:

> *„Schön, dass wir jetzt Zeit füreinander haben."*

Auch wenn das Gespräch eine Pflichtveranstaltung sein mag, sollten Sie immer deutlich machen, dass es für Sie eine sehr positive Angelegenheit ist, wenn Sie in Ruhe ein Gespräch mit einem Ihrer Mitarbeiter führen können.

> *„Wie Sie ja wissen, möchte ich mit Ihnen nun über Ihre Beurteilung sprechen, die wir jährlich durchführen."*

Hier wird Klarheit über die Zielsetzung bzw. den Inhalt des Gesprächs gegeben. Der Mitarbeiter hat die Gelegenheit, zu intervenieren, falls er eine andere Vorstellung von den Inhalten hat. Die Erwartungen an das Gespräch sind dann für beide Seiten klar.

> *„Ich habe dafür zwei Stunden für Sie reserviert, in denen wir ungestört sein dürften, also haben wir Zeit bis 16 Uhr."*

Es wichtig, nochmals zu bestätigen, wie der zeitliche Rahmen für das Gespräch aussieht. In Zeiten der modernen Kalenderführung kommt es nicht selten vor, dass im Kalender zwei Stunden eingetragen sind, der Vorgesetzte

So läuft ein Mitarbeitergespräch ab

dann aber doch hofft, dass das Gespräch nicht länger dauern wird als 30 Minuten. Sind die 30 Minuten dann rum, wird er unruhig, was zulasten der Stimmung geht. Machen Sie also sehr deutlich, wie viel Zeit Sie für den Mitarbeiter reserviert haben, denn dies führt zu mehr Sicherheit auf beiden Seiten.

> *„Wir werden uns im Gespräch an den Vorgaben des Bewertungsbogens orientieren, ich möchte mit Ihnen also nacheinander die genannten Kategorien für die Bewertung besprechen, und wir sollten uns dann jeweils auf eine Bewertung einigen, nachdem wir ausführlich darüber gesprochen haben."*

Dieser Punkt ist wesentlich, um eine gute Grundstimmung zu erzeugen. Mitarbeiter möchten nicht einfach nur bewertet werden oder Feedback erhalten. Im Rahmen einer guten Führungsarbeit sollte dem Mitarbeiter immer auch die Gelegenheit gegeben werden, sich offen äußern zu können und seine Sicht der Dinge einzubringen.

> *„Wenn wir alle Inhalte des Bewertungsbogens besprochen und ausgefüllt haben, werden wir ihn beide unterzeichnen, und Sie bekommen eine Kopie."*

Die technische Seite ist nicht unerheblich. Auch darüber sollte Klarheit vermittelt werden.

> *„Haben Sie noch Fragen zu dieser Vorgehensweise? Ist für Sie alles klar? Gibt es noch zusätzliche Themen, die Sie heute mit mir besprechen möchten?"*

Hier ist dem Mitarbeiter die Gelegenheit gegeben, eigene Themen in die Agenda einzubringen. Zudem kann er darauf hinweisen, wenn er inhaltlich andere Vorstellungen vom Gespräch hatte als bisher dargestellt, sodass man

So läuft ein Mitarbeitergespräch ab

sich nochmals aufeinander abstimmen kann, bevor der Hauptteil des Gesprächs beginnt.

> 💬 *„Gut, dann erlauben Sie mir gerade einen Schluck Kaffee, und dann kann es losgehen."*

Eine kleine Atempause ist nicht nur künstlerisch wertvoll, sondern macht wirklich Sinn, denn der Mitarbeiter weiß: Jetzt ist die Einführung vorbei, jetzt geht es richtig los!

Im Verlauf des Gesprächs ist es grundsätzlich ratsam, den Mitarbeiter zuerst nach seiner eigenen Einschätzung zu fragen. Sie haben damit die Gelegenheit, Ihre eigene Bewertung einer letzten Prüfung zu unterziehen, bevor Sie sie dem Mitarbeiter mitteilen.

Mit dem richtigen Gesprächseinstieg erzielen Sie gleich viele Vorteile für einen fruchtbaren und erfolgreichen weiteren Gesprächsverlauf. Lassen Sie sich diese Gelegenheit nicht entgehen!

Rückblick und Feedback

Durch einen sauberen Gesprächseinstieg wurde der Rahmen für das Gespräch geschaffen. Jeder weiß, woran er ist, was Thema und Ziel des Gesprächs ist, wie lange es dauern wird und welcher Struktur gefolgt wird. Nun können sich die Gesprächspartner auf den Kern des Gesprächs konzentrieren.

Für den Vorgesetzten gilt es, im nächsten Schritt die wichtigsten Inhalte, die er „rüberbringen" möchte, möglichst klar und deutlich zu vermitteln.

Je nach Ausrichtung des Gesprächs kann dies z. B. sein:

- Klärung der Bewertung in den einzelnen Kategorien der jährlichen Bewertung.
- Diskussion eines bestimmten Vorganges im Rahmen eines Kritikgesprächs.
- Beschreibung einer Situation, aus der ein Konflikt entstand, der zu lösen ist.
- Rückblick auf die Probezeit, die nun zu Ende geht.
- Vorgehensweise nach Rückkehr aus langer Krankheit.
- usw.

Dieser Punkt wurde „Rückblick und Feedback" genannt, und das kann in der Reihenfolge sehr wörtlich genommen werden.

Zuerst erfolgt ein Rückblick, bzw. die faktische Beschreibung einer vergangenen oder auch noch aktuellen Situation, aus der heraus das aktuelle Gespräch begründet wurde. Dieser Teil ist sehr sachlich geprägt und führt Fakten auf, die kaum Fragen oder Streitpunkte offenlassen. Im Gespräch werden die Fakten lediglich gemeinsam geschärft und noch ergänzt. Zwar ist es möglich, dass die Betrachtung vergangener Vorgänge aus unterschiedlichen Perspektiven auch verschieden gesehen und wahrgenommen werden, aber dennoch ist der emotionale Einfluss hier eher gering einzuschätzen.

Somit ist ein klarer Rückblick vor allem dann von unschätzbarem Vorteil, wenn es darum geht, einem Mitarbeiter schwierige Inhalte zu vermitteln, mit denen er u. U. nicht einverstanden sein wird. Sofern Sie Ihrem Mitarbeiter also verdeutlichen möchten, dass es Probleme in seiner Leistung gibt, macht ein ausführlicher und sachlicher Rückblick im Vorfeld sehr viel Sinn!

Dann wird diese Faktenlage bewertet mit einem „Feedback". Es ist sicherzustellen, dass das Feedback mit großer Klarheit vermittelt wird, gerade wenn es sich um emotionale Themenfelder handelt. Dennoch ist das Feedback grundsätzlich ein „Kinderspiel", wenn ihm ein ausreichend guter Rückblick vorangegangen ist.

Auch hier wieder zwei Beispiele aus der Praxis. Dargestellt sind jeweils die Worte des Vorgesetzten nach erfolgtem Gesprächseinstieg:

Beispiel 1a

*„Herr X, sprechen wir zuerst über Ihre fachliche Qualifizierung. Hier gebe ich Ihnen eine 3, denn Sie haben noch viel zu lernen. Das sehen Sie ja sicher auch so, oder?"**

Beispiel 1b

„Lieber Herr X, ich möchte Ihnen nun gerne meine Einschätzung zum Punkt „Fachliche Qualifizierung" in der Bewertung geben.

Sie haben Ihre neue Position als Entwicklungsingenieur vor etwa sechs Monaten übernommen. Sie verfügen über ein abgeschlossenes Maschinenbaustudium, in dem Sie sich auf Kunststoffe spezialisiert haben. In den letzten sechs Monaten waren Sie an insgesamt vier verschiedenen Entwicklungsprojekten beteiligt, von denen sich drei auf Kunststoffteile bezogen. Sie erinnern sich, dass es Ihnen sehr schwergefallen ist, vor allem beim Projekt XY wirklich Fuß zu fassen. Sie zeigten schon während der reinen Entwicklungsphase noch deutliche Unsicherheiten bezüglich der zu verwendenden Materialien.

Ich möchte Ihnen daher in diesem Punkt heute die Stufe 3 in der Bewertung geben. Damit liegen Sie im Mittelfeld. Ich möchte, dass wir künftig noch weiter an Ihrer fachlichen Qualifizierung arbeiten, damit Sie die Möglichkeit erhalten, Ihre Bewertung in dieser Kategorie noch zu verbessern."

Beispiel 2a

„Frau Y, ich muss mit Ihnen reden. Sie kommen dauernd zu spät, und das ist nicht länger akzeptabel. Sehen Sie bitte zu, dass Sie künftig wieder pünktlich sind, sonst haben wir ein Problem."*

Beispiel 2b

„Frau Y, wie schon gesagt, sprechen wir heute über Ihre persönliche Leistung in den letzten Wochen. Lassen Sie mich mit einem kurzen Rückblick anfangen:

Sie sind in den letzten vier Wochen an insgesamt 12 Arbeitstagen jeweils mehr als 10 Minuten zu spät zur Arbeit erschienen. Sie gaben unterschiedlichste Gründe dafür an, wie z. B. Kopfschmerzen und Übelkeit am Morgen, Stau, Schnee, ein krankes Kind zu Hause, ein Arzttermin war nicht so schnell zu Ende wie erhofft, etc.

Sie werden mir zustimmen, dass es ungewöhnlich häufig ist, wenn ein Mitarbeiter an mehr als der Hälfte der Arbeitstage zu spät erscheint. Dies stört nicht nur mich als Ihren Vorgesetzten, auch Ihre Kollegen leiden unter Ihrer Unzuverlässigkeit.

Ich möchte daher heute mit Ihnen darüber sprechen, was wir gemeinsam tun können, damit Sie künftig wieder pünktlich bei der Arbeit sein werden."

Je besser der Rückblick erfolgt, je besser er vorbereitet ist, umso leichter fällt es, die Konsequenzen daraus zu vermitteln.

Gehen wir nochmals kurz zurück zu Beispiel 2a, und vielleicht kommt es Ihnen bekannt vor, wenn wir den Dialog noch ein wenig weiter ausführen:

Vorgesetzter: „Frau Y, ich muss mit Ihnen reden. Sie kommen dauernd zu spät, und das ist nicht länger akzeptabel. Sehen Sie bitte zu, dass Sie künftig wieder pünktlich sind, sonst haben wir ein Problem."

Frau Y: „Was heißt denn, „dauernd zu spät?"

Vorgesetzter: „Na, Sie kommen eben häufig zu spät."

Frau Y: „Wann denn genau?"

Vorgesetzter: „Z. B. letzte Woche Mittwoch, da waren Sie 15 min später da."

Frau Y: „Ja, da habe ich auch angerufen und erklärt, dass ich noch beim Arzt festsitze, da konnte ich ja nichts dafür."

Vorgesetzter: „Ja, und – äh – am Montag, oder Dienstag? Jedenfalls ein paar Tage vorher waren Sie auch eine halbe Stunde später."

Frau Y: „Daran kann ich mich nicht erinnern. Meinen Sie Montag oder Dienstag?"

Sie haben einen ähnlichen Dialog vielleicht selbst schon erlebt. Wenn Sie nicht genügend Fakten bieten können, wird das Gespräch sehr schnell ungenau und diffus, und damit sehr ungemütlich sowohl für den Mitarbeiter als auch für Sie selbst.

Das heißt nicht, dass Sie ein Gespräch nicht auch auf der Basis von reinen Gefühlen, ganz ohne Fakten, führen können. Sie müssen sich dann lediglich darüber im Klaren sein, dass das Ergebnis sehr unklar bleiben kann.

Beispiel:

> *Vorgesetzter: „Frau M, ist es möglich, dass wir beide ein Problem miteinander haben? Ich kann zwar keine Fakten liefern, aber ich habe das Gefühl, dass Sie in letzter Zeit nicht mehr so recht bei der Sache sind. Ich werde dieses Gefühl seit Wochen nicht los und wollte es daher gerne offen mit Ihnen besprechen und hoffe, Sie können mir dabei ein wenig helfen."*

Frau M: „Na ja, jetzt wo Sie es ansprechen ... Meine Mutter ist sehr krank, und das zieht sich schon seit Wochen hin und belastet mich sehr. Ich wollte in der Firma nicht darüber sprechen, weil mir dabei ohnehin niemand helfen kann. Aber jetzt wo Sie fragen ..."

Vorgesetzter: „Ach Frau M, das hört sich aber schlimm an. Es ist sicher richtig, dass wir Ihnen bei der Situation Ihrer Mutter nicht unmittelbar helfen können. Aber vielleicht können wir einen Weg finden, sodass Sie, solange es so schwierig ist, eine Lösung finden, wie Sie Ihre Arbeit erledigen und trotzdem für Ihre Mutter da sein können. Überlegen Sie doch mal, was Ihnen helfen könnte."

Frau M: „Na ja, es wäre eine riesige Hilfe, wenn ich morgens einfach eine Stunde später anfangen könnte. Ich könnte dann erst noch bei meiner Mutter zu Hause vorbeifahren und nach dem Rechten sehen, damit wäre ich tagsüber schon mal sehr viel ruhiger..."

Vorgesetzter: „Ich denke, das können wir einrichten."

So läuft ein Mitarbeitergespräch ab

Natürlich laufen nicht alle Gespräche immer so leicht und geschmeidig ab, aber je mehr Klarheit vom Vorgesetzten vermittelt werden kann, je mehr Informationen und Fakten vorliegen, umso leichter ist es nicht nur, negative Themen zu vermitteln, es ist auch leichter für den Mitarbeiter, die schwierige Botschaft zu akzeptieren.

Ziele und Zielvereinbarungen

Nach Rückblick und Feedback ist es an der Zeit, den Blick in die Zukunft zu richten. Damit kommen die „Ziele" ins Spiel. Ziele sind ein wichtiger Bestandteil fast jedes Mitarbeitergesprächs:

- **Beurteilungsgespräche** werden meist anhand verschiedener Beurteilungskriterien geführt. Es macht Sinn, für jedes Kriterium ein verständliches Ziel zu definieren, an dem sich Vorgesetzte und Mitarbeiter leicht orientieren können.
- Wird ein **Kritikgespräch** über ein Fehlverhalten in der Vergangenheit geführt, sollte für die Zukunft klar definiert sein, wie ein fehlerfreies Verhalten aussieht.
- Geht es im Gespräch um die persönliche und/oder fachliche **Entwicklung** des Mitarbeiters, ist ebenfalls wichtig, dass beide Parteien am Ende des Gesprächs eine klare Vorstellung davon haben, wie die Entwicklung in Zukunft aussehen soll.
- Führen Vorgesetzter und Mitarbeiter ein Gespräch aufgrund eines **Konfliktes**, den es zu lösen gilt, machen Ziele Sinn, um das künftige Verhalten aller Beteiligten in Zukunft klarer zu gestalten und zu deuten.
- Selbst bei einem **Kündigung**sgespräch sind Zielvereinbarungen in der Form wichtig, dass man sich über den genauen Ausstiegsprozess einig werden sollte.

Später wird die Zielsetzung anhand der o. g. Gesprächsformen noch weiter ausgeführt werden. Zunächst konzentrieren wir uns aber darauf, was es im Allgemeinen bedeutet, ein „Ziel" zu setzen.

Was ist ein Ziel?

Eine Definition für den Begriff des „Ziels" ist die „Beschreibung eines angestrebten Endzustandes". Es geht also zunächst nicht darum, Schritte oder einen Weg zu beschreiben, sondern sich ausschließlich auf das zu konzentrieren, was am Ende „heraus kommt".

Beispiele für Ziele könnten sein:

- Ich möchte später mal ein eigenes Haus besitzen.
- Ich möchte 10 kg abnehmen.
- Ich möchte Chef der Abteilung werden.
- Ich möchte 100.000 € pro Jahr verdienen.
- Ich möchte mit dem Rauchen aufhören.

Dabei ist zu beachten, dass ein Ziel immer möglichst genau definiert werden sollte. Klarheit ist oberstes Gebot, vor allem bei Zielen, die mehrere Parteien betreffen, wie z. B. Entwicklungsziele, die zwischen Vorgesetzten und Mitarbeitern besprochen werden. Die o. g. Beispielziele sind bei Weitem noch nicht sonderlich klar formuliert. Geben wir Ihnen also etwas mehr Klarheit:

- Ich möchte spätestens, wenn ich 40 Jahre alt bin, ein eigenes Haus in München besitzen. Es soll mindestens 200 qm Wohnfläche haben, einen kleinen Garten und einen Keller. Wenn ich 60 Jahre alt bin, möchte ich das Haus dann auch abbezahlt haben.
- Ich möchte bis zum 10. Oktober 10 kg abnehmen. Heute wiege ich 80 kg, also möchte ich am 10. Oktober morgens auf der Waage sehen, dass ich nur noch 70 kg wiege.

So läuft ein Mitarbeitergespräch ab

- Ich möchte innerhalb der nächsten 5 Jahre Führungsverantwortung für mindestens 10 Personen haben. Ideal wäre, wenn ich meinen jetzigen Vorgesetzten „beerben" könnte, der in zwei Jahren in Rente geht.
- Ich möchte einen Arbeitsplatz haben, in dem ich mindestens 100.000 € brutto im Jahr verdiene und zwar spätestens in fünf Jahren.

Ergänzend geben wir nun Beispiele für Ziele, die eigentlich nicht wirklich als solche zu bezeichnen sind:

👎 *Ich möchte gesünder leben.**

👎 *Ich möchte mehr Verantwortung bei meiner Arbeit.**

👎 *Ich möchte glücklicher sein.**

👎 *Ich möchte mehr verdienen.**

In all diesen Beispielen ist überhaupt nicht klar, wie der Endzustand aussehen soll. Was genau heißt „gesünder leben"? Was bedeutet „mehr Verantwortung"? Was ist „Zufriedenheit"? Wie viel mehr Verdienst wird wirklich als „mehr" empfunden? Ebenfalls fehlt bei solchen Wünschen ein Zeitpunkt, an dem das Ziel erreicht sein soll. Denn „gesünder leben" oder „mehr verdienen" kann man ja auch später noch. Eine echte (Selbst)-Verpflichtung geht damit nicht einher.

Klarheit ist also entscheidend, wenn es um die Definition von Zielen geht. Dies ist vor allem dann wichtig, wenn mehr als eine Person in die Zielsetzung involviert ist.

Zur Vertiefung stellen wir dar, was alles zu einem gut definierten Ziel gehört. Wir haben zu Beginn des Kapitels schon gesehen, dass in nahezu allen Kategorien von Mitarbeitergesprächen auch Ziele eine Rolle spielen. Wir werden anhand der aufgeführten Kategorien nun Beispiele für Ziele aufzeigen, die im Rahmen der Gespräche erarbeitet werden sollten:

Jährliches Beurteilungsgespräch

Oft sind die Kriterien für die Beurteilung schon vorgegeben. In vielen Fällen gibt es sogar ein Formular, in dem die Kriterien erläutert und die einzelnen Bewertungsstufen beschrieben sind. Dennoch ist es wichtig, nicht nur die Kreuzchen an den richtigen Stellen zu setzen, sondern genau zu vereinbaren, wie für ein Kriterium in Zukunft eine gute bzw. bessere Beurteilung erreicht werden kann. Je genauer ein Ziel dabei definiert wird, umso leichter kann nach Ablauf des Bewertungszeitraumes eine Bewertung erfolgen. Hier nun einige Beispiele:

Bewertungskriterium: Umsatz

Dies ist eine scheinbar leicht definierbare Kategorie, denn Umsatz lässt sich meist gut in Zahlen messen. Dennoch bietet sich reichlich Raum für schwammige Formulierungen und ungenaue Vereinbarungen:

Beispiel 1 - Umsatzziel

Zielformulierung:

> *„Der Umsatz soll im nächsten Jahr deutlich gesteigert werden".* *

Man kann sich vorstellen, wie das Beurteilungsgespräch nach einem Jahr ablaufen könnte:

> *Vorgesetzter: „In Bezug auf den Umsatz waren Sie ja nicht sonderlich erfolgreich. Hier kann ich Ihnen leider nur eine schlechte Note geben."*
>
> *Mitarbeiter: „Wieso, der Umsatz hat sich doch erhöht."*
>
> *Vorgesetzter: „Halten Sie eine Steigerung von 0,5 % ernsthaft für eine deutliche Steigerung?"*
>
> *Mitarbeiter: „Bei den aktuellen Marktbedingungen ist es schon eine Steigerung, wenn wir die Zahlen erhalten. Alle anderen Wettbewerber sind im Umsatz gesunken."*

Beispiel 2: Umsatzziel

Zielformulierung:

> *„Der Umsatz soll im nächsten Jahr um 20 % von 150.000 € auf 180.000 € erhöht werden. Darin enthalten ist nicht die Einführung des neuen Produktes XY. Bei unerwarteten Marktschwankungen ist das Ziel zu überprüfen. Der Mitarbeiter ist dann gehalten, das Gespräch mit dem Vorgesetzten zu suchen, um das Ziel erneut zu diskutieren. Bei Zielerreichung bis 200.000 € erhält der Mitarbeiter die Note „gut", bei Überschreitung von 200.000 € die Note „sehr gut."*

Hier ist die Sache sehr klar. Offen ist lediglich, wie eine Bewertung aussieht, wenn das Ziel nicht erreicht wurde. Das Gespräch am Jahresende sollte aber kaum Raum für Missverständnisse und Diskussionen lassen.

Auch wenn der Umsatz leicht zu definieren scheint, beim Versuch, ein Ziel daraus zu machen, ist dennoch Vorsicht geboten.

Zusätzlich zum eigentlichen Ziel ist noch zu empfehlen, gemeinsam Schritte zu vereinbaren, wie das Ziel zu erreichen ist, hier also z. B.

- Kontakt zu den Kunden X, Y, Z aufnehmen und neue Liefervereinbarungen abschließen.
- Einstellung eines neuen Vertriebsmitarbeiters bis spätestens Mai, um das Gebiet ABC zu unterstützen.
- Monatlich eine Reise gemeinsam mit einem Außendienstmitarbeiter, um die Leistung der Mitarbeiter zu prüfen und zu unterstützen.
- Besuch beim Lieferanten X, um die Ursachen für häufige Reklamationen am Bauteil Y zu beseitigen.

Bewertungskriterium: Führung von Mitarbeitern

Hier ist Obacht geboten, denn die Führung von Mitarbeitern lässt sich in ihrer Qualität schwer in Zahlen fassen. Dennoch gibt es auch hier Möglichkeiten:

Zielformulierung:

> *„Die Führung der Abteilung soll deutlich verbessert werden. Das Ziel gilt als erreicht, wenn der Mitarbeiter bei der Umfrage im Herbst von seinen Mitarbeitern 80 % positive Bewertungen in seiner Führungsarbeit erhält. Zusätzlich sind folgende Aktivitäten durchzuführen:*

- Wöchentliche Abteilungsbesprechung, an der alle anwesenden Mitarbeiter der Abteilung teilnehmen. Die Besprechung soll i. d. R. eine Stunde dauern. (Im letzten Jahr ist die Besprechung häufig ausgefallen, das soll zukünftig vermieden werden). Ein Protokoll jeder Besprechung wird erstellt und an die Mitarbeiter verteilt.

- Monatliche Termine mit jedem der 10 Mitarbeiter in Form von Einzelterminen, Dauer mindestens 30 min. In diesen Gesprächen sollten die Aufgaben der Mitarbeiter und deren Bearbeitungsstand besprochen werden, um dem Vorgesetzten einen deutlich besseren Überblick über die Aufgabenverteilung und den Status in der Abteilung zu vermitteln".

Wichtig ist also nicht nur, dass der Endstatus beschrieben wird. Auch die Schritte, die es braucht, um zum Ziel zu gelangen, sollten so genau wie möglich beschrieben werden.

Beurteilungskriterium: Loyalität und Engagement

Tja, hier wird es in der Tat ganz besonders schwammig. Wie kann man Loyalität messen? Und wie misst man Engagement? Bei einem solchen Kriterium geht es tatsächlich weniger um ein konkretes Ziel als um ein generelles Verhalten und innere Einstellung, die fortwährend zu zeigen sind. Hier wird also nicht wirklich ein „Ziel" vereinbart, sondern vielmehr ein stetiger „Zustand" beschrieben, von dem man erwartet, dass der Mitarbeiter ihn aufrechterhält. Somit handelt es sich auch mehr um eine „Zustandserwartung" als „Zielvereinbarung":

Die Beschreibung könnte sein:

> *„Vertrauensvoller Umgang mit Daten; Offenheit und Flexibilität, auch zusätzliche Aufgaben zu übernehmen; Zeigen von Eigeninitiative …"*

In einem solchen Kriterium ist der Rückblick wichtiger als die Vorausschau, denn man sucht dann gemeinsam nach Beispielen, die die Loyalität und das Engagement des Mitarbeiters zeigen. Ein solches Kriterium macht es ungleich schwerer, klare Vereinbarungen zu treffen, und es braucht etwas Zeit, damit Mitarbeiter und Vorgesetzter gemeinsam das gleiche Verständnis von den Erwartungen entwickeln können.

Kritikgespräch anlässlich eines Fehlverhaltens

Verhält sich ein Mitarbeiter nicht so, wie es den Erwartungen des Vorgesetzten entspricht, führt dies über kurz oder lang zu einem Kritikgespräch, in dem der Vorgesetzte deutlich macht, dass er das Fehlverhalten nicht länger akzeptieren kann. Auch hier macht es dann Sinn, für die Zukunft eine sehr klare Vereinbarung zu treffen, damit das Fehlverhalten nicht mehr auftritt. Beschrieben wird dabei, wie zu definieren ist, dass KEIN Fehlverhalten vorliegt.

Beispiel:

Der Mitarbeiter ist häufig krank und versäumt dabei regelmäßig, sich morgens rechtzeitig krank zu melden. Oft schickt er erst im Verlauf des Vormittags eine E-Mail an einen Kollegen, dass er nicht kommen wird. Eine Arbeitsunfähigkeitsbescheinigung wird erst viel später nachgereicht, wenn der Mitarbeiter lange wieder bei der Arbeit ist. Zudem wird nie eine Prognose darüber gegeben, wie lange die Krankheit dauern wird, sodass kaum Planbarkeit über seine Abwesenheit besteht.

Der Vorgesetzte stellt den Mitarbeiter zur Rede, nachdem das o. g. Verhalten sich zum dritten Mal innerhalb von 6 Monaten wiederholt hat.

> *Vorgesetzter: „Wir müssen uns dringend unterhalten. Zuerst möchte ich gerne wissen, wie es Ihnen heute geht."*
>
> *Mitarbeiter: „Mir geht es sehr gut."*

Vorgesetzter: "Das freut mich zu hören. In den letzten Monaten war es ja leider nicht immer so, dass es Ihnen gut ging. Sie mussten sich seit April leider schon dreimal krankmelden und hatten in den letzten 6 Monaten schon 30 Krankentage. Natürlich geht es mich nichts an, was genau das Problem ist, aber ich möchte doch gerne wissen, ob es eine Möglichkeit gibt, dass wir als Arbeitgeber Ihnen helfen können, damit Sie nicht so oft krank sein müssen."

Mitarbeiter: "Nein, da gibt es nichts. Ich kann es Ihnen ja ruhig sagen: Ich hatte zweimal eine heftige Magen-Darm-Grippe, sodass ich jedes Mal über 2 Wochen zu Hause bleiben musste. Und das dritte Mal hatte ich Bindehautentzündung und durfte ein paar Tage nicht ins Büro wegen der Ansteckungsgefahr."

Vorgesetzter: "Das ist verständlich und ich hoffe, dass Sie die Magen-Darm-Geschichte nun wirklich überwunden haben."

Mitarbeiter: "Ich denke, dass ich das habe. Ich hoffe sehr, dass es nicht noch mal geschieht, denn mir ging es wirklich sehr schlecht."

Vorgesetzter: "Ich muss trotzdem mit Ihnen noch etwas weiter über Ihre Krankentage sprechen. Es ist natürlich völlig in Ordnung, wenn Sie der Arbeit fernbleiben müssen, weil Sie krank sind. Wir mussten aber leider beobachten, dass Sie sich in den letzten drei Fällen nicht so verhalten haben, wie wir es in unseren Regelungen vorsehen und wie es auch wichtig ist, damit wir hier unsere Arbeit reibungslos weiter tun können."

So läuft ein Mitarbeitergespräch ab

„Sie haben regelmäßig erst im Verlauf des Vormittags über Ihre Krankheit informiert. Die Regel besagt aber, dass Sie spätestens eine Stunde vor Arbeitsbeginn anrufen müssen. Dabei ist wichtig, dass Sie mich als Ihren Vorgesetzten anrufen und nicht nur eine E-Mail an einen Kollegen schicken. Wir beide müssen kurz per Telefon miteinander sprechen, sonst gilt die Anforderung nicht als erfüllt. Dieses Telefonat muss bis spätestens 7 Uhr morgens erfolgen. Dann ist wichtig, dass wir von Ihnen eine Einschätzung bekommen, wie lange Sie krank sein werden, damit wir planen können. Sie haben uns auch diesbezüglich in den letzten Fällen immer im Unklaren gelassen ..."

So führen die beiden das Gespräch weiter, und schließlich wird dem Mitarbeiter nochmals die Hausordnung zur Unterschrift vorgelegt, in der die Verfahrensanweisung für Meldung im Krankheitsfall detailliert beschrieben ist. Es besteht damit eine gute Chance, dass der Mitarbeiter sich zukünftig ordnungsgemäß verhält.

Gespräch zur Entwicklung des Mitarbeiters

Am Ende eines Gesprächs zur Mitarbeiterentwicklung sollen beide Parteien eine klare Vorstellung davon haben, wie die Entwicklung des Mitarbeiters in Zukunft aussehen soll. Dies kann z. B. so aussehen:

Formulierungen der Vereinbarung zur Entwicklung des Mitarbeiters:

Beispiel 1

Herr X möchte deutlich mehr Verantwortung übernehmen. Er wird daher schon ab März mit dem neuen Projekt ZZ3 betraut, das er als Projektleiter führen und bis Ende August abschließen soll. Sofern dieses Projekt zeitgerecht und erfolgreich gemäß den Vorgaben im Projektplan (siehe Anlage) durch Herrn X abgeschlossen wird, wird ihm ein weiteres Projekt übertragen, das im Umfang mindestens dem des ZZ3 entspricht. Nach Ablauf des Beurteilungszeitraumes wird geprüft, ob Herr X in die Position eines Senior-Projektleiters aufsteigen kann. Sofern dies positiv bewertet wird, wird Herr X zum März des nächsten Jahres in die Position des Senior-Projektleiters befördert.

Beispiel 2

Herr X möchte seine Kenntnisse im arbeitsrechtlichen Bereich erweitern. Wir vereinbaren daher, dass er die folgenden Seminare zum Thema Arbeitsrecht im Verlaufe des folgenden Jahres besuchen wird:

Seminar A: Datum...

Seminar B: Datum...

Seminar C: Datum...

Zusätzlich wird Herr X an der Themengruppe „Neuer Tarifvertrag" mit unseren anderen Einrichtungen in Deutschland teilnehmen und die Umsetzung des neuen Tarifvertrages für unsere Einrichtung verantwortlich umsetzen.

Gespräch aufgrund eines Konfliktes

Ist ein Konflikt zwischen zwei Mitarbeitern Grund für das Gespräch, sind klare Vereinbarungen für das künftige Miteinander wichtig.

Beispiel 1

Die Mitarbeiter hatten keine Klarheit über die Aufgabenverteilung und waren aufgrund ihrer unterschiedlichen Persönlichkeit nicht in der Lage, sich untereinander über die Aufgabenteilung abzustimmen. Somit wird vereinbart:

Mitarbeiter A wird künftig nur noch die Lieferantenverträge betreuen, die sich mit Kunststoffteilen befassen. Die Lieferungen von Metallteilen fallen ausschließlich in den Betreuungsbereich von Mitarbeiter B. Damit soll im Falle von Unstimmigkeiten Klarheit darüber bestehen, welcher Mitarbeiter sich mit welchen Verträgen befasst hat. Bei Krankheit werden genaue Absprachen mit dem Vorgesetzten über die Vertretungsregelung getroffen, damit es auch hierüber keinen Streit geben kann.

Beispiel 2

Die Mitarbeiter sind im Konflikt über die Pausenzeiten. Sie können nicht gleichzeitig in die Pause gehen, da das Telefon immer besetzt sein muss. Mitarbeiter A hatte für sich täglich die frühe Pause um 09.00 Uhr beansprucht, sodass Mitarbeiter B regelmäßig erst um 09.30 Uhr zum Frühstück gehen konnte. Somit wird vereinbart:

Die Mitarbeiter haben sich zu folgender Regelung für die Frühstückspause bereit erklärt: Mitarbeiter A geht Montag, Mittwoch und Freitag um 09.00 Uhr in die Frühstückspause, Mitarbeiter B geht Dienstag und Donnerstag um 09.00 Uhr. Mitarbeiter B zeigte sich einverstanden damit, dass er seltener um 09.00 Uhr in die Frühstückspause gehen kann als Mitarbeiter A. Die Regelung wird so für die nächsten drei Monate umgesetzt und dann wieder

So läuft ein Mitarbeitergespräch ab

im gemeinsamen Gespräch zwischen Mitarbeiter A, B, und dem Vorgesetzten überprüft. Ein Termin für das Folgegespräch ist im Kalender bereits eingetragen.

Kündigungsgespräch

Selbst bei einem Kündigungsgespräch sind Vereinbarungen wichtig, die wie folgt aussehen können:

Wie mit Kündigungsschreiben vom ... mitgeteilt, wird der Mitarbeiter X das Unternehmen zum ... verlassen. In diesem Zusammenhang wird Folgendes vereinbart:

- Der Mitarbeiter wird bis zum ... alle Kollegen in der Abteilung gemäß seinem persönlichen Wunsch selbst über seinen Austritt informieren. Sobald dies geschehen ist, wird der Vorgesetzte eine Abteilungsbesprechung einberufen und die Information nochmals offiziell für alle Mitarbeiter der Abteilung bestätigen.
- Am gleichen Tag wird der Austritt dem Geschäftsführungskreis bestätigt.
- Die Information an die üblichen Schnittstellen zur weiteren Abwicklung erfolgt einen Tag nach dem Gespräch mit der Abteilung, also am ...
- Aufgrund des Resturlaubs ist der letzte Arbeitstag der ...
- An diesem Tag wird der Mitarbeiter alle in seinem Besitz befindlichen Unternehmensgegenstände (siehe Liste) zurückgeben.
- Von einer Abschiedsfeier wird in gegenseitiger Übereinstimmung Abstand genommen.

Betrachten wir nun, wie sich das Setzen von Zielen und das Treffen von Vereinbarungen in der Praxis auswirken.

Missverständnisse vermeiden

Bleiben wir zunächst bei einigen der o. g. Beispiele für „Nicht-Ziele" und sehen wir, wohin es führen kann, wenn diese zwischen Vorgesetztem und Mitarbeiter vereinbart werden.

Beispiel 1

Mitarbeiter und Vorgesetzter vereinbaren, dass der Mitarbeiter „mehr Verantwortung" bekommen soll. Das Ziel wird nicht näher definiert.

Am nächsten Tag händigt der Vorgesetzte dem Mitarbeiter den Briefkastenschlüssel der Firma aus und bittet ihn, diesen künftig jeden Morgen um 9 Uhr zu leeren. Der Mitarbeiter ist äußerst irritiert darüber und fühlt sich respektlos behandelt. Er fragt seinen Vorgesetzten, warum er diese Aufgabe übernehmen soll, und erhält vom Vorgesetzten die Antwort:

> *„Wir haben gestern besprochen, dass Sie sich mehr Verantwortung wünschen. Daher bin ich sehr froh, dass wir dieses Ziel schon heute erreichen können, denn die Zuständigkeit für den Briefkastenschlüssel und dafür, dass der Briefkasten jeden Tag pünktlich um 9 Uhr geleert wird, beinhaltet eine sehr große Verantwortung. Ich bin sicher, Sie freuen sich über diese Aufgabe."*

Der Mitarbeiter freut sich überhaupt nicht ...

Beispiel 2

Der Mitarbeiter äußert dem Vorgesetzten gegenüber den Wunsch, mehr zu verdienen. Der Vorgesetzte stimmt diesem Begehren zu und bestätigt im gemeinsamen Gespräch, er wolle „mal sehen, was sich machen lässt."

Drei Monate vergehen, ohne dass der Mitarbeiter etwas hört, und er wird in der Zwischenzeit immer frustrierter. Nach vier Monaten schließlich wird er zu einem Gespräch mit dem Vorgesetzten einberufen. Dieser eröffnet ihm freudestrahlend, dass er sich für eine Gehaltserhöhung hat durchsetzen können. Ab dem folgenden Monat wird der Mitarbeiter 1 % mehr Entgelt bekommen, was einer Bruttosumme von 30 Euro pro Monat entspricht. Gleichzeitig betraut der Vorgesetzte den Mitarbeiter mit einem neuen schwierigen Aufgabenfeld, denn die Entgeltanpassung müsse schließlich durch zusätzliche Aufgaben gerechtfertigt werden.

Wir sehen, dass fehlende Klarheit in den Zielen nur allzu leicht zu einer erhöhten Frustration statt höherer Motivation führt.

Dabei genügt es nicht, wenn man sich selbst klar ist über seine Ziele (was an sich schon selten genug vorkommt). Noch wichtiger ist, sicher zu stellen, dass alle Beteiligten das gleiche Verständnis vom gesetzten Ziel haben.

Kleiner Exkurs zum Thema „Von Sendern und Empfängern":
Stellen Sie sich bitte einen Baum auf einer Wiese vor. Ein einfaches Bild, denken Sie? Mitnichten!

- Was für einen Baum haben Sie sich vorgestellt? Apfelbaum? Tanne? Olivenbaum?
- Wie sieht die Wiese aus? Saftiges Gras? Braunes Gestrüpp? Kleine Büsche? Blumen?
- Welches Wetter herrscht? Sonne? Regen?

Sie sehen, wie viele Interpretationen bei einem so einfachen Bild wie „Baum auf Wiese" schon möglich sind. Wie kompliziert muss es da erst werden, wenn wir von „Gehaltserhöhung", „mehr Verantwortung", „persönliche Entwicklung" sprechen?

Seien Sie also auf der Hut. Wenn Sie mit einem Mitarbeiter über Ziele sprechen, kann es leicht geschehen, dass ein vermeintliches Einverständnis über ein Ziel herrscht, weil Sie scheinbar eindeutige Begriffe (wie „Baum" oder „Wiese") verwenden. Ihr Gegenüber wird mit heftigem Kopfnicken bestätigen, dass er alles, was Sie sagen, sonnenklar verstanden hat. Aber hat er das wirklich?

Wie können Sie sicher sein, dass das, was Sie vereinbaren, auch wirklich von beiden Seiten gleich verstanden wird? Die Antwort ist einfach: Das geht nur durch Klarheit, und zwar auch: Klarheit im Detail!

Sprechen Sie also nicht nur vom Baum auf der Wiese. Beschreiben Sie das Bild viel genauer, und zwar so genau wie nötig, damit Sie beide ein ähnliches Ziel vor Augen haben und ein übereinstimmendes Verständnis davon, wann das Ziel als erreicht gelten kann.

Wir Menschen sehnen uns danach, von anderen verstanden zu werden und mit anderen Menschen im Einklang zu sein. Somit suchen wir in jedem Gespräch, das wir führen, unbewusst nach Übereinstimmung mit dem Gegenüber.

Diese Natur bringt uns aber auch dazu, immer nach Übereinstimmung in den Gesprächsinhalten zu suchen und zu vermuten, dass alle sich gegenseitig gut und richtig verstehen. Missverständnisse sind daher eher die Regel als die Ausnahme. Und schlimmer noch: Missverständnisse kommen oft erst dann ans Licht, wenn es schon zu spät ist (wie in den Beispielen weiter oben, zu den Themen „mehr verdienen" oder „mehr Verantwortung").

Scheuen Sie sich also nicht, sich immer wieder Sicherheit darüber zu verschaffen, dass Ihr Gegenüber genau (!) verstanden hat, was Sie vermitteln wollten. Dies gilt selbstredend vor allem in der Vereinbarung von Zielen, in die der Mitarbeiter über geraume Zeit einige Energie einbringen soll. Es ist nicht hilfreich, wenn sich der Mitarbeiter völlig am Thema vorbei abarbeitet, nur, weil er Sie falsch verstanden hat.

Beispiel:
Der Mitarbeiter wünscht sich ein höheres Entgelt und spricht seinen Vorgesetzten darauf an. Der Vorgesetzte gibt als Antwort: „Ich kann ihnen nichts versprechen, aber ich sehe mal, was ich tun kann, vielleicht ist ja etwas für Sie machbar, Sie haben ja in der Vergangenheit auch sehr gute Leistungen gezeigt."

Der Mitarbeiter hört:

> *„Ich tue etwas für Sie, Sie haben gute Leistungen gezeigt, da wird sich was machen lassen!"*

Dieses „Fehlhören" liegt nicht daran, dass der Mitarbeiter Probleme mit dem Gehör hat. Vielmehr ist unser *Wunsch*, das zu hören, was wir hören *wollen*, so stark, und zwar auch unterbewusst, dass wir kaum dagegen ankämpfen können. Wir müssen also stets sehr gut darauf achten, dass wir uns mit unserem Gegenüber richtig verstehen.

So vermeidet man Missverständnisse
Wie können wir also sicher sein, dass wir richtig verstanden wurden? Antwort: Gar nicht! Wir können niemals ganz sicher sein! Aber: Wir können einiges dafür tun, eine größtmögliche Sicherheit über ein einheitliches Verständnis zu erlangen. Hier sind dazu einige Möglichkeiten:

Wiederholung der Kerninhalte
Ein klassisches Beispiel ist hier die Kündigung eines Mitarbeiters. Wer möchte schon gekündigt werden? Somit ist hier die innere Barriere unglaublich hoch, wirklich hören zu wollen, dass man gekündigt wurde. Es gibt viele Fälle, in denen ein Kündigungsgespräch stattfand, aus dem der Mitarbeiter herausging und überhaupt nicht verstanden hat, dass überhaupt ein Problem mit ihm bestanden hat. Erst ein späterer Blick auf das Papier, das

man ihm in die Hand gedrückt hatte, brachte dann die endgültige Gewissheit.

Dies lag dann zum einen daran, dass der Mitarbeiter schlichtweg nicht hören wollte, dass eine Kündigung ausgesprochen wurde. Die innere Barriere, diese Information an sich heranzulassen, war so hoch, dass die Information schlichtweg überhört oder falsch verstanden wurde.

Zum anderen lag es aber auch daran, dass der Vorgesetzte die Kündigung nicht deutlich genug vermittelt hat. Die nötigen Worte wurden nicht klar genug gewählt. Der Vorgesetzte sagte Dinge wie:

- 👎 *„Wir glauben, dass es so nicht weitergehen kann."**
- 👎 *„Damit haben wir keine Basis mehr für eine weitere Zusammenarbeit."**
- 👎 *„Wir denken, dass sich unsere Wege daher besser trennen sollten."**
- 👎 *„Unter diesen Umständen möchte ich Sie hier nicht länger sehen."**

In den seltensten Fällen wird gesagt: „Wir kündigen!" oder „Sie sind hiermit gekündigt!"

Dabei ist das der Kern der Sache, den es zu vermitteln gilt. Und darauf sollte man sich im Gespräch auch konzentrieren.

Um bei diesem Beispiel zu bleiben: Die Erfahrung zeigt, dass Menschen, die eine Kündigung erhalten, diese oft nicht verstehen, wenn im Kündigungsgespräch nicht mehrfach laut und deutlich das Wort „Kündigung" ausgesprochen wurde. Hinzu kommt, dass jegliche Erklärungen um die eigentliche Kündigung herum die Information sogar noch mehr verschleiern.

Vorgesetzte, die lange ausholen, um zu erklären, wie es zu der Entscheidung kam, und dann am Schluss noch leise nachsetzen: „Daher kündigen wir

Ihnen.", schlagen fehl, weil der letzte Satz in den vielen vorangegangenen Worten untergegangen ist.

Nun ist die Kündigung aber nicht unbedingt ein klassisches Ziel, über das wir im Zusammenhang mit Mitarbeitergesprächen sprechen wollen. Aber sie zeigt sehr klar, welche Auswirkung unklare Kommunikation haben kann.

Eine Wiederholung der Kerninhalte eines Ziels ist also schon einmal eine gute Grundlage dafür, dass ein Ziel gut vom Mitarbeiter verstanden wird.

Beispiele:

💬 *„Ich möchte, dass Sie in Zukunft pünktlich sind. Mir ist sehr wichtig, dass Sie pünktlich sind. Versuchen Sie bitte unbedingt, künftig pünktlich zu sein."*

💬 *„Wir sollten vornehmlich an Ihren Englischkenntnissen arbeiten. Es ist sehr wichtig, dass Sie gut englisch sprechen können. In ihrer Position sollten Sie gutes Englisch beherrschen."*

Der Mitarbeiter sollte, wenn diese Sätze an jeweils unterschiedlichen Stellen des Gesprächs eingepflegt werden, verstanden haben, dass Ihnen als seinem Vorgesetzten Pünktlichkeit bzw. Englischkenntnisse wichtig sind.

Klarheit in den Einzelheiten

Wie schon weiter oben angemerkt, genügt es nicht, einfach nur festzulegen, dass man 10 kg abnehmen oder mehr verdienen möchte. Eine genaue Definition ist wichtig. Diese sollte so genau gewählt werden, dass sie für beide Gesprächspartner unmissverständlich ist.

Bleiben wir bei den beiden obigen Beispielen:

So läuft ein Mitarbeitergespräch ab

Beispiel 1a:

Der Vorgesetzte vermittelt im Gespräch mit seinem Mitarbeiter an verschiedenen Stellen: Ich möchte, dass Sie in Zukunft pünktlich sind. Mir ist sehr wichtig, dass Sie pünktlich sind. Versuchen Sie bitte unbedingt, künftig pünktlich zu sein.

Der Mitarbeiter hat somit klar verstanden, dass Pünktlichkeit für den Vorgesetzten wichtig ist. Dennoch kommt er nach wie vor jeden zweiten Tag etwa 5 Minuten zu spät und erscheint auch nicht pünktlich zu Besprechungen. Hier verspätet er sich schließlich zu einem Termin mehr als eine halbe Stunde, ohne Entschuldigung.

Der Vorgesetzte stellt den Mitarbeiter zur Rede:

> *Vorgesetzter: „Ich dachte, ich hätte Ihnen sehr deutlich gemacht, wie wichtig es mir ist, dass Sie pünktlich sind."*
>
> *Mitarbeiter: „Ja, das habe ich verstanden. Und, ich bin ja jetzt auch immer pünktlich."*
>
> *Vorgesetzter: „In der letzten Woche waren Sie aber schon wieder dreimal zu spät?"*
>
> *Mitarbeiter: „Wieso, ich war doch immer spätestens um zehn nach acht da?"*
>
> *Vorgesetzter: „Arbeitsbeginn ist aber 8.00 Uhr und nicht 8.15 Uhr."*
>
> *Mitarbeiter: „Och, ich dachte, auf die paar Minuten kommt es wohl wirklich nicht an. Alle trudeln doch so zwischen 8.00 Uhr und 8.15 Uhr ein."*
>
> *Vorgesetzter: „Ich hatte es aber mit Ihnen explizit besprochen, und nicht mit allen anderen. Außerdem kommen Sie auch zu unseren Besprechungen regelmäßig zu spät. Gestern war es über eine halbe Stunde."*

Mitarbeiter: "Ach, da soll ich auch pünktlich sein? Das war mir so nicht klar, das hatten Sie so nicht gesagt. Die Besprechung ist doch ganz locker, da dachte ich, es ist nicht schlimm, wenn ich für meinen Teil etwas später dazu stoße."

Vorgesetzter und Mitarbeiter sind frustriert. Hätten sie die Gelegenheit während des Mitarbeitergesprächs vorher besser genutzt, wäre die Situation vermeidbar gewesen.

Beispiel 1b

Der Vorgesetzte vermittelt im Gespräch mit seinem Mitarbeiter:

- *"Ich möchte, dass Sie in Zukunft pünktlich sind. Mir ist sehr wichtig, dass Sie pünktlich sind. Versuchen Sie bitte unbedingt, künftig pünktlich zu sein."*

- *"Genau bedeutet das: Seien Sie morgens bitte um 8.00 Uhr arbeitsbereit an Ihrem Arbeitsplatz, und zwar jeden Morgen! Außerdem kommen Sie bitte pünktlich zu unseren Besprechungen. Wenn Sie selbst der Meinung sind, Sie müssten nicht dabei sein oder könnten erst später kommen, besprechen Sie das bitte vorher mit mir, und zwar spätestens einen Tag vorher."*

Der Mitarbeiter hat klar verstanden, was gemeint ist. Er verspätet sich trotzdem noch zweimal im kommenden Monat, ruft dann aber den Vorgesetzten an und erläutert, warum er sich verspäten wird und dass die Gründe nicht in seiner Gewalt liegen.

Beide, Vorgesetzter und Mitarbeiter, sind zufrieden über die Zusammenarbeit und sehr motiviert.

Beispiel 2a

Der Vorgesetzte vermittelt im Gespräch mit dem Mitarbeiter: „Wir sollten vornehmlich an Ihren Englischkenntnissen arbeiten. Es ist sehr wichtig, dass Sie gut Englisch sprechen können. In ihrer Position sollten Sie gutes Englisch beherrschen."

Nach drei Monaten spricht der Vorgesetzte den Mitarbeiter an:

> *„Ich hatte gedacht, dass Sie sich schon längst zu unserem firmeninternen Englischkurs angemeldet hätten. Jetzt sehe ich, dass das nicht geschehen ist. Wir haben aber schon vor drei Monaten darüber gesprochen. Warum haben Sie sich nicht angemeldet?"*

> *Mitarbeiter: „Mir war nicht klar, dass ich mich zu dem Kurs anmelden sollte. Ich habe mir ein paar DVDs mit englischen Filmen in Originalfassung besorgt und die sehe ich mir am Wochenende an. Ich dachte, dass das reicht. So schlecht ist mein Englisch ja auch nicht, es muss nur ein wenig verbessert werden."*

> *Vorgesetzter: „Ein paar Filme anschauen wird sicherlich nicht reichen. Ich möchte, dass Sie sich auf jeden Fall noch diese Woche zu dem Kurs anmelden."*

> *Mitarbeiter: „OK!"*

> *Drei Wochen später fragt der Vorgesetzte nach: „Und, wie ist der Englischkurs?"*

> *Mitarbeiter: „Ach ja, jetzt wo Sie fragen... Ich konnte mich nicht anmelden, weil alle Plätze schon belegt sind. Ich bin erst in einem halben Jahr dabei."*

Vorgesetzter und Mitarbeiter sind unzufrieden.

So läuft ein Mitarbeitergespräch ab

Beispiel 2b

Der Vorgesetzte vermittelt im Gespräch mit dem Mitarbeiter:

> 💬 *„Wir sollten vornehmlich an Ihren Englischkenntnissen arbeiten. Es ist sehr wichtig, dass Sie gut Englisch sprechen können. In ihrer Position sollten Sie gutes Englisch beherrschen. Haben Sie Vorschläge, wie Sie an das Thema herangehen möchten?"*

> *Mitarbeiter: „Ich könnte an dem firmeninternen Kurs teilnehmen. Lieber wäre mir aber, wenn ich eine Woche einen Intensivkurs machen könnte. Es gibt sehr günstige Angebote für Kurse auf Malta."*

> *Vorgesetzter: „Mir wäre ein Intensivkurs für Sie auch lieber. Vielleicht können wir es auch kombinieren, sodass Sie erst den Intensivkurs machen und sich danach trotzdem zu unserem wöchentlichen Kurs anmelden. Bitte bringen Sie mir morgen das Informationsmaterial für Malta mit und klären Sie ebenfalls bis morgen, ob Sie an dem Firmenkurs teilnehmen können. Wir sprechen dann morgen nochmals darüber. Passt es Ihnen um 16 Uhr?"*

> *Mitarbeiter: „Ja, 16 Uhr morgen ist gut."*

Am nächsten Tag treffen sich die beiden wieder.

> 💬 *Mitarbeiter: „Hier ist das Material für den Intensivkurs. Ich kann noch im nächsten Monat an einem Kurs teilnehmen. Der Firmenkurs hingegen ist leider schon voll belegt, daran kann ich erst ab Herbst teilnehmen."*

> *Vorgesetzter: „Dann melden Sie sich bitte für den Kurs auf Malta im nächsten Monat an, und sehen Sie, dass Sie im Herbst an dem Firmenkurs auch sicher teilnehmen können. Damit ich die Termine nicht vergesse, geben Sie mir doch bitte jeweils eine Kopie von den Anmeldebestätigungen, spätestens nächste Woche."*

Der Mitarbeiter meldet sich an, informiert den Vorgesetzten über die Termine und nimmt an den Kursen teil. Seine Englischkenntnisse verbessern sich im Laufe des nächsten Jahres deutlich.

Klarheit im gegenseitigen Verständnis

Auch wenn Sie Ihre Erwartungen gegenüber dem Mitarbeiter in allen Einzelheiten geschildert haben, ist es immer noch nicht genug, um wirklich sicher zu sein, dass der Mitarbeiter auch alles genau so verstanden hat, wie Sie es vermitteln wollten.

Auch wenn die Fakten klar dargelegt sind, mag es sein, dass der Mitarbeiter nur eine schwammige oder unklare Information aufnimmt. Dies kann verschiedene Hintergründe haben:

- Der Mitarbeiter hat Probleme, sich zu konzentrieren, weil er Angst vor dem Gespräch hat oder einfach nur eine schlechte Nacht hatte.
- Der Mitarbeiter will gar nicht wissen, was Sie zu sagen haben, weil er gar kein Englisch lernen möchte oder gar nicht wirklich pünktlicher sein will.
- Der Mitarbeiter hat Sorgen, die ihn so einnehmen, dass er Ihnen nicht richtig zuhören kann.

Sicher fallen Ihnen noch weitere Gründe ein. Es ist also wichtig, dass Sie eine Rückmeldung vom Mitarbeiter darüber einholen, dass die Informationen richtig angekommen sind. Nur dann haben Sie vollständige Klarheit über eine Vereinbarung erreicht.

Der einfachste Weg ist, dass Sie den Mitarbeiter bitten, zu wiederholen, was Sie von ihm erwarten. Dabei ist wiederum zu beachten, dass der Mitarbeiter auch jedes Detail, das Ihnen wichtig ist, wiederholt. Auch hier wieder einige Beispiele:

So läuft ein Mitarbeitergespräch ab

Beispiel 1a – Ziel: pünktlich sein

💬 *Vorgesetzter: „Bitte seien Sie so gut und wiederholen Sie nun noch einmal, was wir vereinbart haben, damit ich sicher sein kann, dass wir beide das Gleiche verstanden haben."*

Mitarbeiter: *„Ich soll immer pünktlich sein."*

👎 *Vorgesetzter: „Genau! Und nun sehen wir mal, ob das in Zukunft auch funktioniert!"**

Beispiel 1b: Ziel: pünktlich sein

💬 *Vorgesetzter: „Bitte seien Sie so gut und wiederholen Sie nun noch einmal, was wir vereinbart haben, damit ich sicher sein kann, dass wir beide das Gleiche verstanden haben."*

Mitarbeiter: *„Ich soll immer pünktlich sein."*

Vorgesetzter: *„Das ist schon mal ein guter Anfang. Können Sie mir auch erklären, was das genau bedeutet?"*

Mitarbeiter: *„Ich bin in Zukunft morgens um 8.00 Uhr an meinem Arbeitsplatz und werde auch zu Besprechungen immer pünktlich erscheinen. Wenn ich nicht zu einer Besprechung kommen kann, sage ich nach Möglichkeit schon einen Tag vorher bei Ihnen Bescheid."*

Vorgesetzter: *„Richtig, so machen wir es. Vielen Dank, dass Sie das auch so verstehen."*

Beispiel 2a – Ziel: Englischkurs

Vorgesetzter: *„Bitte seien Sie so gut und wiederholen Sie nun noch einmal, was wir vereinbart haben, damit ich sicher sein kann, dass wir beide das Gleiche verstanden haben."*

Mitarbeiter: *„Ich soll mehr Englisch lernen."*

👎 *Vorgesetzter: „Richtig, vielen Dank!"**

Beispiel 2b – Ziel: Englischkurs

> *Vorgesetzter: "Bitte seien Sie so gut und wiederholen Sie nun noch einmal, was wir vereinbart haben, damit ich sicher sein kann, dass wir beide das Gleiche verstanden haben."*
>
> *Mitarbeiter: "Ich bringe Ihnen morgen Nachmittag um 16.00 Uhr die Unterlagen für den Malta-Kurs mit und versuche auch, mich bis dahin beim Firmenkurs anzumelden. Wir besprechen dann alles Weitere."*
>
> *Vorgesetzter: "Vielen Dank, dann sehen wir uns morgen um 16.00 Uhr mit Ihren Unterlagen."*

Es muss nicht näher erläutert werden, dass jeweils das zweite aufgeführte Beispiel weitaus mehr Erfolg verspricht als die erste Variante.

Diese Rückbestätigung kann grundsätzlich nach jedem wichtigen Abschnitt im Gespräch eingefordert werden. Immer dann, wenn etwas gemeinsam zu vereinbaren ist, lohnt es, sofort eine Rückbestätigung vom Mitarbeiter über dessen Verständnis der Sache einzuholen. Damit können Sie viele Missverständnisse von vornherein vermeiden.

Klarheit durch Gesprächsprotokolle

Ein letztes Element für absolute Klarheit über das gegenseitige Verständnis ist, dass das Gespräch protokolliert und von beiden Seiten unterzeichnet wird. Ein Gesprächsprotokoll, in dem die vereinbarten Ziele und Veränderungen schriftlich fixiert sind, bietet eine letzte Sicherheit zur Vermeidung von Missverständnissen. Dies natürlich nur dann, wenn beide Seiten das Protokoll akzeptieren und unterschreiben. Aber auch mit Protokoll wird das Einverständnis in dem vorausgehenden Gespräch nicht automatisch erreicht. In der Praxis kommt es nämlich immer wieder vor, dass Protokolle von Mitarbeitern unterschrieben werden, ohne dass diese das Protokoll tatsächlich im Detail gelesen haben. Oft bleibt auch am Ende eines

Mitarbeitergesprächs nur noch wenig Zeit dafür. Hinzu kommt, dass manch ein Mitarbeiter so froh ist, der – für ihn – belastenden Situation des Gesprächs zu entkommen, dass er alles unterschreibt, ohne genau hinzuschauen.

Weitere Informationen zum Thema Protokoll finden Sie auch im Abschnitt „Schriftliches Protokoll und Zielvereinbarung" weiter unten.

Fördermaßnahmen und Hilfen vereinbaren

Sobald die Ziele und Vereinbarungen festgelegt sind, ist zu prüfen, ob der Mitarbeiter über die notwendigen Fachkenntnisse und Fertigkeiten verfügt, um die Ziele überhaupt erreichen zu können. Sofern hier Lücken bestehen, ist es wichtig, den Mitarbeiter damit nicht allein zu lassen, sondern von Arbeitgeberseite genügend Unterstützung zu bieten, damit der Mitarbeiter seine Aufgaben sicher umsetzen kann.

Diese Maßnahmen sind dann ebenfalls klar und deutlich zu definieren und zu protokollieren.

Die folgenden Beispiele sollen dies verdeutlichen.

Beispiel 1: Brandschutzbeauftragter

Der Mitarbeiter wurde ausgewählt und erklärt sich einverstanden, im Unternehmen die Funktion des Brandschutzbeauftragten zu übernehmen. Für ihn ist dies eine interessante Herausforderung, der er sich sehr gerne im Rahmen der persönlichen Weiterentwicklung stellen möchte. Von Brandschutz hat er jedoch noch nicht viel Kenntnis. Daher wird vereinbart:

Herr X soll spätestens zum 1. August zum Brandschutzbeauftragten ernannt werden. Dazu soll er sich entsprechend ausbilden und die notwendigen Seminare besuchen, die da wären:

- Basiswissen im Brandschutz (Brandschutzbeauftragter Teil I)
- Abschluss der Ausbildung zum Brandschutzbeauftragten (Brandschutzbeauftragter Teil II)

Zusätzlich stellen wir Herrn X zur Erlangung weiterer Kenntnisse von jetzt bis Ende August jeweils einen Tag pro Woche dafür frei, sich mit den Brandschutzbeauftragten in unseren anderen Einrichtungen auszutauschen. Er wird schon jetzt an den regelmäßigen Treffen der Brandschutzbeauftragten teilnehmen und außerdem mindestens 3 Termine mit der ortsansässigen

Feuerwehr wahrnehmen, um die dortigen Informationsveranstaltungen besuchen zu können.

Beispiel 2: Übernahme von Führungsverantwortung

Der Mitarbeiter ist vorgesehen für die Abteilungsleitung, wenn der derzeitige Vorgesetzte in einem Jahr in Rente geht. Darauf soll er nun vorbereitet werden. Folgendes wird vereinbart:

Herr Y soll schrittweise auf die Führung von Mitarbeitern vorbereitet werden. Im ersten Schritt wird ihm die Leitung der Gruppe Rechnungsbearbeitung übertragen (3 Mitarbeiter).

Er wird zusätzlich an den firmeninternen Seminaren „Führung Teil 1" und „Führung Teil 2" teilnehmen, die in den nächsten zwei Monaten stattfinden. Eine Anmeldung dazu ist bereits erfolgt.

Weiterhin wird Herrn Y ein Mentor an die Seite gestellt, mit dem er sich mindestens einmal monatlich über seine Erfahrungen als Führungskraft austauschen wird. Als Mentor wurde Herr Z benannt. Das erste Gespräch mit Herrn Z ist für den 01.08.2018 vorgesehen.

Beispiel 3: Wechsel in eine neue Position

Herr A wechselt in eine neue Position in einer anderen Abteilung. Dazu wird Folgendes vereinbart:

Herr A erhält die firmeninterne Broschüre „Die ersten 100 Tage im neuen Job", die viele wichtige Informationen und Anregungen für die Einarbeitung in neue Aufgaben enthält.

So läuft ein Mitarbeitergespräch ab

Außerdem wird ein detaillierter Einarbeitungsplan erstellt, der Herrn A schrittweise an die neuen Aufgaben heranführen wird. Ein Reise- und Gesprächsplan ist ebenfalls Teil dieses Einarbeitungsplanes, innerhalb dessen Herr A die wichtigsten Gesprächspartner und Nebenstellen für seine neue Aufgabe kennen lernen und somit ein erstes Netzwerk für seine Tätigkeit aufbauen kann.

Dies sind nur einige wenige Beispiele, sie aber deutlich machen sollen, wie wichtig eine gute Vorbereitung und Förderung von Mitarbeitern in ihrer künftigen Entwicklung ist.

Zwischengespräche festlegen bzw. vereinbaren

In einigen der o. g. Beispiele wurde bereits vermerkt, dass Folgetermine vereinbart werden, um den Fortgang der vereinbarten Schritte zu prüfen. Dies ist ein wichtiges Element in der Führung von Mitarbeitern und für den Erfolg der Vereinbarungen aus einem Mitarbeitergespräch. Alle Ziele und Vereinbarungen sind nur die Hälfte wert, wenn sie nicht auch in der Zeit, nachdem sie festgelegt wurden, immer wieder mit Aufmerksamkeit bedacht und beobachtet werden.

Je nach Inhalt des Mitarbeitergesprächs können Folgetermine oder regelmäßige Gespräche zur Überprüfung der Vereinbarungen unterschiedliche Inhalte und Frequenzen haben:

Gibt es eine jährliche Zielvereinbarung und Beurteilung von Mitarbeitern, macht es Sinn, mindestens einmal pro Quartal kurz zu prüfen, wie der Status in der Zielerreichung ist. Selbst bei aller Klarheit in der Definition der Ziele können so mögliche Rest-Missverständnisse ausgeräumt und das gemeinsame Verständnis über den richtigen Weg gestärkt werden. Der Vorgesetzte gewinnt dadurch Ruhe in seinem Gefühl zum Mitarbeiter, denn er kann erkennen, dass strukturierte Fortschritte gemacht werden. Auch der Mitarbeiter gewinnt höhere Sicherheit darin, dass er sich in seinen Aktivitäten immer noch „auf Kurs" befindet.

Wird mit einem Mitarbeiter aufgrund eines Fehlverhaltens ein Disziplinargespräch geführt, so werden in diesem Gespräch in der Regel klare Vereinbarungen für die Zukunft getroffen. Dem Mitarbeiter wird damit deutlich gemacht, welches Verhalten in Zukunft von ihm erwartet wird. Es ist wichtig, dieser Vereinbarung durch Folgetermine zusätzliches Gewicht zu verleihen. Ganz gleich, ob es nur darum geht, dass ein Mitarbeiter oft unpünktlich ist, oder um schwerwiegende Leistungsprobleme, z. B. in der Umsetzung von Arbeitsaufträgen, die nur unzureichend bearbeitet werden:

So läuft ein Mitarbeitergespräch ab

In jedem Fall gilt es, dem Mitarbeiter zu zeigen, dass man es mit der Disziplinarmaßnahme, mindestens also mit dem dazu geführten Gespräch ernst meint. So macht es Sinn, z. B. mit einem unpünktlichen Mitarbeiter etwa ein halbes Jahr später einen Folgetermin zu vereinbaren und zu prüfen, ob die Unpünktlichkeit behoben werden konnte. Dann kann man das Problem mit dem Folgetermin abschließen und dem Mitarbeiter damit das nötige Vertrauen geben, dass das Thema nun „aus der Welt" ist. Neben der Dokumentation über das Disziplinargespräch gibt es in der Akte des Mitarbeiters dann auch ein Protokoll über ein positives Gespräch, in dem bestätigt wird, dass der Mitarbeiter an dem Problem gearbeitet und es erfolgreich bewältigt hat. Dies hat eine sehr motivierende Wirkung.

Vor allem, wenn ein Unternehmen in die weitere Entwicklung eines Mitarbeiters investiert, reicht ein einmaliges Gespräch dazu nicht aus. Die Entwicklung des Mitarbeiters umfasst in der Regel verschiedene Schritte zum Ziel (z. B. Beförderung, ein zusätzlicher Abschluss, ein erfolgreich geführtes Projekt etc.). Diese Schritte werden kontinuierlich über einen bestimmten Zeitraum hinweg umgesetzt, und es lohnt sich daher, die Teilerfolge durch regelmäßige Gespräche zu prüfen und zu unterstützen. Ein Folgegespräch kann in einem solchen Fall auch dazu dienen, zu prüfen, ob der Mitarbeiter die Entwicklung nach wie vor wünscht. Vielleicht hat sich seine persönliche Situation geändert und er möchte nicht ins Ausland befördert werden, wie ursprünglich angedacht. Vielleicht hat er erste Erfahrungen in der Führung von Mitarbeitern gemacht und festgestellt, dass er doch lieber darauf verzichten und eine Spezialistenfunktion übernehmen möchte. Vielleicht reichen die zunächst getroffenen Maßnahmen zu seiner Unterstützung in einer neuen Aufgabe nicht aus. Vielleicht hat er eine neue Position übernommen und stößt auf ungeahnte Schwierigkeiten.

So läuft ein Mitarbeitergespräch ab

In all diesen Punkten könnte man natürlich erwarten, dass der Mitarbeiter von sich aus das Gespräch mit dem Vorgesetzten sucht. Die Erfahrung zeigt aber, dass das aus unterschiedlichen Gründen häufig nicht geschieht. Wenn aber ohnehin ein regelmäßiger Termin ansteht, vergrößert sich dadurch die Chance, dass der Mitarbeiter im Gespräch von seinen Problemen berichtet.

Manchmal geht die Überprüfung der eigenen Leistung und der eigenen Fortschritte auch im Tagesgeschäft unter, wenn man nicht gezwungen ist, ab und zu in einem geplanten Gespräch darüber nachzudenken. Steht also kein Termin für ein Gespräch im Kalender, vergeht nicht selten eine lange Zeit, bevor Probleme bemerkt und angesprochen werden. Um also wirklich den Erfolg zu erzielen, den man mit dem ersten Gespräch angestrebt hat, ist es essenziell, diesen aktiv und mit Aufmerksamkeit zu verfolgen. Ggf. genügt es auch, das Thema „persönliche Entwicklung" in die regelmäßigen Termine einzupflegen, die ohnehin mit dem Mitarbeiter stattfinden. Wenn es solche Termine aber nicht gibt, ist es wichtig, sie rechtzeitig zu planen. Am besten stellt man die Folgetermine sofort ein, wenn das erste Gespräch geführt ist.

Führt man ein Gespräch, um einen Konflikt zwischen zwei Mitarbeitern zu lösen, so gilt der Konflikt nicht bereits als gelöst, wenn man einen Plan für die Lösung aufgestellt und verabschiedet hat. Erst wenn sich ein Verhalten über einen längeren Zeitpunkt eingespielt hat und die beiden „Streithähne" langfristig wieder zu einem guten Miteinander gekommen sind, kann man den Vorgang wirklich „abhaken". Dazu ist es sinnvoll, ein abschließendes Gespräch mit den Betroffenen zu führen, um sie zu der Entwicklung nach dem Konfliktgespräch zu befragen. Erst, wenn sich alle Beteiligten wieder wohlfühlen in ihrer Aufgabe und Position, kann das Thema als abgeschlossen betrachtet werden.

So läuft ein Mitarbeitergespräch ab

Vor allem bei der Einarbeitung von Mitarbeitern in eine neue Aufgabe (oder der Einarbeitung von neuen Mitarbeitern überhaupt) sind regelmäßige Gespräche unerlässlich. In neuen Positionen erleben Mitarbeiter in der Regel verschiedene Phasen: Anfängliche Euphorie über die neue Firma, die neue Aufgabe, Ernüchterung, wenn sie feststellen, dass auch diese Aufgabe nicht nur aufregende Projekte, sondern auch Routine beinhaltet, bis hin zu Frustration, wenn auch nach längerer Zeit bestimmte Themen nicht eigenständig bewältigt werden können.

Der Vorgesetzte spielt hier eine wichtige Rolle, um über die einzelnen Phasen, die der Mitarbeiter durchläuft, erfolgreich hinweg helfen zu können. Werden regelmäßige Gespräche im Rahmen einer Einarbeitung unterlassen, kommt es möglicherweise zu einer unschönen Überraschung, weil der Mitarbeiter das Unternehmen wieder verlässt, oder weil man zum Ende der Probezeit plötzlich entscheiden muss, dass man ihn doch nicht behalten möchte, was alles hätte vermieden können, wenn man regelmäßiger im Kontakt gewesen wäre. Auch ein noch so detaillierter Einarbeitungsplan kann nicht die Besonderheiten eines Individuums berücksichtigen. Diese kommen erst im täglichen Arbeitsleben zum Vorschein und müssen dann beachtet werden, sodass Pläne ggf. immer wieder anzupassen sind. Pläne und Formulare sind immer nur ein roter Faden, der einen Mitarbeiter und dessen Vorgesetzten leiten kann, aber sie gewinnen nur durch den persönlichen Kontakt eine gute Qualität und die Voraussetzung für eine erfolgreiche Zusammenarbeit.

Wenn Sie also ein Mitarbeitergespräch führen, gleich welcher Natur es auch sein mag, überlegen Sie immer auch, welche Folgetermine sinnvoll sind, um den Erfolg des Gesprächs zu erhalten und die Arbeit mit dem Mitarbeiter stabil zu gestalten. Planen Sie die Folgetermine so bald wie möglich fest ein, damit ihre Festlegung nicht im allgemeinen Tagesgeschehen untergehen kann.

Schriftliches Protokoll und Zielvereinbarungen

Gleichgültig, ob es eine Dienstbesprechung, ein Führungskräftemeeting, ein Projektstatusgespräch oder eben ein Mitarbeitergespräch ist. Immer wenn es um Inhalte des Arbeitslebens geht, stellt sich in 99 % aller Fälle am Ende des Gesprächs die Frage: „Wer macht was bis wann?"

Dies bedeutet aber nicht, dass diese Frage auch immer klar und deutlich gestellt und beantwortet wird. Nicht selten sitzen Mitarbeiter stundenlang in Gesprächen, fühlen sich anschließend großartig, verlassen das Gespräch und stellen erst einige Zeit später fest, dass sie eigentlich gar nicht so genau wissen, welche Entscheidung letztlich verabschiedet wurde, und welche Rolle sie dabei spielen sollten.

Es wird oft so etwas gesagt wie:

- 👎 *„In dieser Angelegenheit müsste man mal prüfen, ob ..."*
- 👎 *„Da sollten wir den Herrn ... anrufen und nach seiner Meinung fragen."*
- 👎 *„Es wäre gut, wenn wir dazu eine bessere Dokumentation erstellen könnten."*
- 👎 *„Können wir hier bitte möglichst bald einen Folgetermin zu vereinbaren?"*
- 👎 *„Wir müssen unbedingt mehr Disziplin in dieser Angelegenheit zeigen."*

Nicht selten wird versäumt, im nächsten Schritt gleich auch zu besprechen, WER denn diese Prüfung vornehmen sollte und bis WANN, WER den Herrn... anrufen soll und WANN, WER die bessere Dokumentation zu erstellen hat usw.

Ähnlich ist es leider oft auch im Rahmen von Mitarbeitergesprächen. Über die Klarheit in den Zielvereinbarungen und Vereinbarungen über zu leistende nächste Schritte wurde oben schon einiges gesagt. Hier möchten wir nun nochmals deutlich machen, wie wichtig die Beantwortung der Frage „Wer macht was bis wann?" auch in diesem Zusammenhang ist. Die Festlegung ist lediglich sehr viel einfacher, denn in der Regel gibt es in der Verantwortlichkeit nur den Vorgesetzten oder den Mitarbeiter zur Auswahl, um die Aufgaben zu verteilen.

Es wird also nicht nur klar über das Ziel gesprochen, sondern auch eindeutig festgelegt, wer was zu tun hat. Ist z. B. geplant, dass ein Mitarbeiter seine Englischkenntnisse verbessert und dazu einen Kurs besuchen soll, und hat man dann auch noch festgestellt, dass es ein Intensivkurs auf Malta sein soll, so ist final zu klären, ob der Mitarbeiter sich dort selbst anmeldet und bis wann dies zu geschehen hat. Oder ob dies der Vorgesetzte (oder dessen Assistent) übernehmen wird. Verantwortlichkeiten sind unbedingt sehr klar zu verabreden. Sonst verlässt sich zu schnell einer auf den anderen und es führt doch wieder nur zu einem Ärgernis, wie z. B:

> *„Ich hatte Ihnen doch gesagt, dass Sie den Kurs auf Malta machen sollen! Warum ist das immer noch nicht passiert?" – „Aber Herr X, darum kümmert sich doch immer Ihre Sekretärin, ich dachte, das macht sie auch in diesem Fall?"*

Und schon ist die schöne Malta-Reise eingefärbt durch ein schlechtes Gefühl, weil die Planung nicht reibungslos verlief.

Machen Sie also kristallklar, wie die Aufgaben zum Ende des Gesprächs verabschiedet wurden. Lassen Sie sich vom Mitarbeiter bestätigen, dass er seine Aufgaben klar verstanden hat und stellen Sie sicher, dass Sie auch die Aufgaben, die Sie übernommen haben, deutlich vor Augen haben.

Protokoll! Immer!
Und dann: Erstellen Sie ein Protokoll! Schreiben Sie auf, was besprochen wurde und lassen Sie es vom Mitarbeiter unterzeichnen. Unterzeichnen Sie

So läuft ein Mitarbeitergespräch ab

es selbst auch, und dann geben Sie Ihrem Mitarbeiter eine Kopie und behalten das Protokoll auch in Ihrer eigenen Reichweite.

Das Protokoll sollte neben den klassischen Punkten wie

- Datum
- Grund des Gesprächs
- Gesprächsteilnehmer
- Gesprächsinhalte

vor allem auch beinhalten:

- Ziele, die verabschiedet wurden.
- Schritte, die zu diesen Zielen führen.
- Aufgaben, die aus den Zielen und Schritten abgeleitet werden.
- Verantwortlichkeiten zur Umsetzung der Aufgaben.
- Vereinbarung, bis wann welche Aufgaben erledigt, welche Schritte getan und welche Ziele erreicht sein sollen.
- Aussage darüber, wann Folgetermine stattfinden werden, um den Erfolg der Vereinbarungen zu überprüfen.

Am Ende stehen die Unterschriften der Gesprächsteilnehmer.

Senden Sie das Protokoll ihrem Mitarbeiter nicht einfach nur per E-Mail. Nehmen Sie sich einen Moment Zeit, die Inhalte nochmals gemeinsam zu lesen und final zu verabschieden, bevor sie unterschrieben werden. Damit haben Sie einen ersten wichtigen Grundstein gelegt für eine erfolgreiche nächste Zukunft mit Ihrem Mitarbeiter.

Das Mitarbeitergespräch kann mit der Unterzeichnung des Protokolls als abgeschlossen betrachtet werden. Die Arbeit an einer erfolgreichen Zusammenarbeit mit Ihren Mitarbeitern wird jedoch niemals abgeschlossen sein.

So läuft ein Mitarbeitergespräch ab

Sie ist ein fortwährender Prozess, an dem stetig und mit viel Disziplin gearbeitet werden muss. Führung von Mitarbeitern kann eine sehr erfüllende Arbeit mit viel Freude und Selbstbestätigung sein, aber sie fordert auch viel Energie. Machen Sie sich Ihr Leben mit den Mitarbeitern daher leicht und sorgen Sie für Klarheit in den Zielen und für Disziplin in deren Verfolgung, dann werden Sie Ihre Mitarbeiter mit Erfolg führen können.

Nachbereitung und Qualitätskontrolle

Es empfiehlt sich, unmittelbar nach einem erfolgten Mitarbeitergespräch eine kurze Qualitätskontrolle durchzuführen. Damit prüfen Sie Ihre eigene Leistung und reflektieren, wie gut das Gespräch gelaufen ist. Dadurch lassen sich wertvolle Hinweise für folgende Gespräche ableiten.

Durch fortwährendes Lernen aus jedem Gespräch, das Sie strukturiert mit Ihren Mitarbeitern führen, wird die Qualität der Gespräche stetig optimiert. Zudem entwickeln Sie mit der Zeit eine gewisse Routine auf hohem Niveau, indem Sie sich immer wieder daran erinnern, welche Punkte für ein gutes Mitarbeitergespräch zu beachten sind.

Gerade wenn ein Gespräch nicht so zufriedenstellend verlaufen ist, lohnt sich eine gute Nachbereitung, um zu prüfen, woran es gelegen hat. Wie man an den vorangegangenen Seiten erkennen kann, sind viele verschiedene Aspekte zu beachten, wenn das Gespräch wirklich erfolgreich verlaufen soll. Somit erinnert man sich vielleicht nicht immer an alle Aspekte, die ein Grund für ein schwierig verlaufendes Gespräch sein können. Eine strukturierte Nachbereitung macht somit Sinn.

Aber auch über positive Gespräche sollte konsequent wenigstens kurz reflektiert werden. Notieren Sie einfach, was gut funktioniert hat. Das kann eine große Hilfe für zukünftige Gespräche sein. Im Laufe der Zeit erhalten Sie so ganz nebenbei eine ganz individuelle Liste mit Tipps für gute Mitarbeitergespräche, auf die Sie jederzeit wieder zugreifen können.

In der Praxis bedeutet dies, dass Sie sich nach jedem Mitarbeitergespräch etwas Zeit nehmen, um über das Gespräch zu reflektieren. Sie überprüfen dann, ob alle Aspekte, die zu einem erfolgreichen Mitarbeitergespräch gehören, richtig umgesetzt wurden:

So läuft ein Mitarbeitergespräch ab

- Fand das Gespräch zu einem geeigneten Zeitpunkt und in sinnvoller räumlicher Umgebung statt?
- War der Mitarbeiter gut informiert und vorbereitet?
- War der Vorgesetzte selbst gut vorbereitet?
- Wie war die Atmosphäre im Gespräch?
- Konnte ein guter Einstieg in das Gesprächsthema gefunden werden?
- Hat der Mitarbeiter alles verstanden, was Sie vermitteln wollten?
- Wurden sinnvolle Ziele gesetzt?
- Wurden klare Aktionspunkte festgelegt?
- Wurden geeignete Fördermaßnahmen besprochen?
- Weiß der Mitarbeiter, was er als Nächstes zu tun hat?
- Wissen Sie, was Sie als Nächstes zu tun haben?
- Gibt es schon einen Termin für ein Folgegespräch?

Weiterhin sollten Sie gezielt prüfen, ob Sie die Vorteile, die Mitarbeitergespräche bieten, nutzen konnte, wie z.B.

- Neue Informationen erhalten.
- Missverständnisse und Probleme klären.
- Klarheit schaffen.
- Die Zusammenarbeit verbessern.
- Die Motivation des Mitarbeiters erhalten/erhöhen.

Weitere Informationen hierzu finden Sie auch im Kapitel „Diese Vorteile bringen Mitarbeitergespräche".

Nicht zuletzt ist zu prüfen, ob Sie in Ihrem Verhalten oder Ihrer Bewertung vielleicht in die ein oder andere „Falle" getappt sind, die hätte vermieden werden können:

- Bewertungstendenzen nachgeben (Sympathie/Antipathie, Sprachbarriere, Vorurteile, Halo-Effekt, etc.)
- Fehler in der Gesprächsführung (nicht ausreden lassen, den Mitarbeiter in seinem Einverständnis manipulieren, Vertraulichkeit wahren, etc.)
- Richtiger Umgang mit schwierigem Verhalten des Mitarbeiters (Mitarbeiter hat Angst, ist unsicher oder aggressiv, Mitarbeiter möchte nicht reden, etc.)

Weitere Informationen hierzu finden Sie auch im Kapitel „Typische Fehler und Probleme".

Eine detaillierte Checkliste für die Reflexion nach einem Mitarbeitergespräch findet sich im Anhang. Zusätzlich können Sie Ihre Notizen bzw. die Checkliste aus der Vorbereitung zum jeweiligen Gespräch zur Hilfe für die Nachbereitung nehmen.

Eine gute Qualität in der Führung bringt nur dann wirklich Erfolg, wenn sie stabil auf einem hohen Niveau stattfindet. Somit ist ein stetiges Lernen und Verbessern – hier nun am Beispiel des Mitarbeitergesprächs – auch für den Vorgesetzten unverzichtbar.

Erst durch die Stabilisierung der Qualität, mit der ein Vorgesetzter durch Gespräche das Vertrauen und den Kontakt zu den Mitarbeitern erhält, kann auch dauerhaft eine hohe und stabile Motivation der Mitarbeiter erzielt werden.

So bauen Sie Vertrauen auf

> *„Nichts kann den Menschen mehr stärken als das Vertrauen, das man ihm entgegenbringt."*
>
> *Adolf von Harnack (1851 - 1930), deutscher evangelischer Theologe*

Die Zusammenarbeit zwischen Menschen ist immer dann besonders erfolgreich, wenn sie von Vertrauen geprägt ist. Dies gilt in allen Lebensbereichen. Wenn Sie einen Handwerker ins Haus holen, vertrauen Sie (hoffentlich) auf seine Fachkompetenz und Ehrlichkeit, dass er zum einen eine gute Arbeit leistet und zum anderen einen ehrlichen Preis dafür in Rechnung stellt. Sie vertrauen Ihren Freunden und teilen mit ihnen Dinge über ihr Leben in der Hoffnung, dass diese nicht weiter herumgetratscht werden. Sie vertrauen dem Bankberater, dass er Ihnen zur richtigen Geldanlage rät. Sie vertrauen dem Lehrer Ihres Kindes, dass er ihm neben der Vermittlung von Lesen und Schreiben auch mit Respekt begegnet und es gut behandelt. Sie vertrauen der Autowerkstatt, wenn Sie Ihnen rät, die Bremsen zu erneuern. Dabei vertrauen Sie darauf, dass der Rat nicht nur aus Geldgier vermittelt wird, sondern, weil die Bremsen wirklich erneuert werden müssen. Sie vertrauen Ihrer Familie, dass Sie sich dort immer geborgen fühlen können.

Ohne Vertrauen ist ein Miteinander in der Gesellschaft nicht möglich. Leider wird Vertrauen auch oft missbraucht und es ist eine Kunst, zu erkennen, wem man vertrauen kann und wem nicht. Hat man aber einmal Vertrauen gefasst und wird dieses auch im weiteren Verlauf nicht enttäuscht, ist das Zusammenleben deutlich einfacher und positiver.

So bauen Sie Vertrauen auf

Dies gilt selbstredend auch für das Miteinander in einem Arbeitsumfeld. Wenn Kollegen sich untereinander vertrauen können, läuft die Arbeit reibungslos. Fehlt das Vertrauen, zerfasert sich der Arbeitsalltag schnell in dauernde Schuldzuweisung, übermäßige Kontrolle und ständige Absicherung (im Angelsächsischen auch „cover your back" – Strategie genannt).

Vertrauen gibt Ruhe und Kraft, um sich auf das Wesentliche, nämlich die Arbeitsaufgabe, zu konzentrieren. Im Arbeitsumfeld handelt es sich dabei hauptsächlich um das „Vertrauen in die gute Absicht". Selbst wenn Fehler passieren oder Missverständnisse entstehen, lassen sich diese schnell ausräumen, wenn man darauf vertraut, dass Mitarbeiter grundsätzlich in guter Absicht handeln und dem Unternehmen nicht absichtlich Schaden zufügen oder eine schlechte Leistung bringen möchten. Das bedeutet nicht, dass es nicht auch solche Mitarbeiter gibt, die faul oder betrügerisch sind. Diese gilt es, möglichst schnell herauszufiltern und mit ihnen entsprechend umzugehen. In der Regel herrscht jedoch wesentlich mehr Misstrauen, als wirklich nötig wäre.

Beispiel
Mitarbeiter A geht zu seinem Vorgesetzten, um sich über den Kollegen, Mitarbeiter B, zu beschweren. Er berichtet, dass Mitarbeiter B sich unkollegial verhält und ihn nicht mit den notwendigen Informationen versorgt, die für die Zusammenarbeit wichtig sind. Der Vorgesetzte entwickelt schnell ein Bild über die Situation und zeigt sich misstrauisch gegenüber Mitarbeiter B. Er verspricht, sich umgehend um die Angelegenheit zu kümmern. Somit bittet er Mitarbeiter B zu einem Gespräch. Dieses beginnt damit, dass der Vorgesetzte Mitarbeiter B sofort darin beschuldigt, sich nicht höflich gegenüber den Kollegen zu verhalten, und dass dies nicht akzeptabel sei. Mitarbeiter B fühlt sich angegriffen und falsch behandelt. Er geht in die Defensive, es kommt zu einem Streitgespräch. Erst im Verlaufe des Gesprächs stellt

sich heraus, dass Mitarbeiter B mit seinem Verhalten lediglich auf das Verhalten des Mitarbeiters A reagiert. Dieser hat die von Mitarbeiter B gelieferten Informationen häufig nicht mit der notwendigen Vertraulichkeit behandelt und außerdem häufig die Arbeit des Kollegen als seine eigene Idee „verkauft". Dies führte zum Ärger bei Mitarbeiter B, dem er irgendwann Luft machte.

Als der Vorgesetzte erkennt, wie sich die Sachlage wirklich verhält, hat er sich selbst schon in eine Situation manövriert, aus der er kaum noch herauskommt. Er ist gezwungen, sich bei Mitarbeiter B nunmehr für sein eigenes Verhalten zu entschuldigen und die Sache noch mal von vorn anzugehen.

Wir neigen dazu, uns sehr schnell beeinflussen zu lassen und eher misstrauisch auf fragwürdige Vorgänge zu reagieren, als nach Gründen für ein eigenartiges Verhalten zu suchen. Auch bilden wir uns viel zu häufig schon eine Meinung, ohne die Hintergründe zu kennen.

Vermutlich macht es genetisch bedingt Sinn, erst einmal misstrauisch zu sein. Unsere Vorfahren haben wohl schon vor vielen Tausend Jahren die Erfahrung gemacht, dass es sinnvoll ist, erst mal Misstrauen zu haben, da man sonst u. U. mit dem Leben dafür bezahlt.

Vertrauen ist also kein leichtes Geschäft. Es will mühsam erworben werden. Um nun also ein vertrauensvolles Miteinander im Arbeitsleben zu erzielen, reicht es nicht, sich einmal als vertrauenswürdig erwiesen zu haben. Vertrauen ist ein kontinuierlicher Weg, der immer wieder bestärkt werden will.

Dennoch gilt: Wenn ein Vorgesetzter es schafft, dass seine Mitarbeiter ihm vertrauen, ist das schon die halbe Miete für eine erfolgreiche gemeinsame Leistung, die zudem noch mit viel Motivation und Zufriedenheit gepaart ist.

So bauen Sie Vertrauen auf

Ein gutes Vertrauensverhältnis stellt die wichtigste Basis für gute Zusammenarbeit dar. Ist diese Basis stabil, kann sie auch gegen die eine oder andere Strapaze bestehen. Ein Vorgesetzter, der sich als durchweg vertrauenswürdig erwiesen hat, kann dann auch mal Dinge von den Mitarbeitern verlangen, ohne sie groß zu erklären. Als Vorgesetzter kann man den Mitarbeitern nicht immer alle Details und Hintergründe für eine Entscheidung darlegen. Wenn man die Mitarbeiter also einmal im Dunkeln lassen muss, hilft es außerordentlich, wenn sie sich ansonsten immer gut informiert und behandelt fühlen. Sie werden auch dann mitziehen, wenn sie einmal nicht so genau wissen, warum. Und das ist ein entscheidender Vorteil für jeden Vorgesetzten.

Schauen wir uns im Folgenden an, wie man es schaffen kann, das Vertrauen seiner Mitarbeiter dauerhaft zu gewinnen.

So bauen Sie Vertrauen auf

Transparenz

Information ist Macht. Je mehr Information jemandem zur Verfügung stehen, umso mehr fühlt er sich in seiner Position geschätzt und gestärkt. Die Macht entwickelt sich dann daraus, wie viel Information man an andere weitergibt. Manch ein Vorgesetzter mag noch der Auffassung sein, es sei wichtig, die Mitarbeiter „dumm" zu halten, damit sie ihm nicht gefährlich werden können. Das genaue Gegenteil ist aber der Fall. Je weniger Information zur Verfügung steht, umso mehr Raum bietet sich für Mutmaßungen und Gerüchte, und damit auch für Misstrauen.

Es ist daher unbedingt zu empfehlen, dass Vorgesetzte versuchen, ein maximal mögliches Maß an Information mit ihren Mitarbeitern zu teilen. Wenn die Mitarbeiter wissen, warum sie etwas tun oder warum eine Situation ist, wie sie ist, haben sie auch die nötige Ruhe, um sich wieder auf das Wesentliche konzentrieren zu können.

Vorgesetzte, die Angst vor mündigen Mitarbeitern haben, machen einen Fehler. Nur Vorgesetzte, die mutig genug sind, ihre Mitarbeiter „schlau" zu machen, werden mit maximaler Leistung der eigenen Abteilung rechnen können. Ein guter Vorgesetzter ist, wer leistungsfähige Mitarbeiter in seinem Team weiß, die mit viel Motivation und Initiative sowie Eigenverantwortung ihre Arbeit tun. Dies erreicht man nicht, wenn Mitarbeiter künstlich „klein gehalten" werden.

Prüfen Sie regelmäßig, ob Sie Ihren Mitarbeitern alle notwendigen Informationen weitergegeben haben, die sie für ein zielgerichtetes und sinnvolles Arbeiten benötigen. Dazu gehören nicht nur die reinen Arbeitsanweisungen. Vielmehr geht es auch darum, den Mitarbeitern den Blick auf größere Zusammenhänge zu gewähren. Wenn möglich, sollten sie verstehen, in welcher Situation sich das Unternehmen befindet, welche besonderen Projekte auch in anderen Abteilungen laufen, wo gerade besondere Erfolge erzielt wurden etc.

Oft lassen sich Vorgesetzte in sogenannten. „Management-Meetings" von Informationen zu den Kennzahlen und Geschäftsergebnissen berieseln, besprechen dort „große" Themen des Unternehmens, und geben anschließend nichts davon an ihre Mitarbeiter weiter. Und das, obwohl mindestens 80 % der Informationen durchaus veröffentlicht werden könnten. Da Vorgesetzte sich unterschiedlich verhalten, führt dies dann dazu, dass die Mitarbeiter von Kollegen aus den anderen Abteilungen erfahren, dass bald ein neues Produkt entwickelt wird, dass neue Märkte erschlossen werden oder dass der Umsatz nicht so hoch war wie erwünscht. Dies wirkt demotivierend, denn die Mitarbeiter fühlen sich dann vom eigenen Vorgesetzten nicht ausreichend geschätzt und nicht ernst genommen.

Machen Sie Ihre Mitarbeiter zu mündigen Bürgern des Unternehmens, indem Sie ihnen alle Informationen geben, die Sie mit ihnen teilen können. Disziplinieren Sie sich darin, indem Sie regelmäßige Termine planen oder bereits bestehende Gesprächstermine (z. B. wöchentliche Abteilungsbesprechung) nutzen, um Ihre Mitarbeiter zu informieren. Machen Sie sich Notizen, wenn Sie mit den Kollegen aus den Führungskreis über Themen diskutieren, die über Ihre eigene Abteilung hinausgehen und sorgen Sie dafür, dass Sie die Information darüber zeitnah an Ihre Abteilung weitergeben. Ihre Mitarbeiter werden es Ihnen mit einem hohen Maß an Vertrauen danken.

Lassen Sie Ihre Mitarbeiter teilhaben an Ihren Informationen. Je mehr die Mitarbeiter über ihre Arbeit, das Umfeld, in dem sie tätig sind, und die wirtschaftlichen Zusammenhänge wissen, umso mehr Verständnis können sie für das *Wieso* und *Warum* ihrer Tätigkeit entwickeln und umso mehr Engagement und Eigenverantwortung wird entstehen.

So bauen Sie Vertrauen auf

Transparenz muss sich dabei nicht auf den rein technischen Arbeitsbereich beschränken. Scheuen Sie sich nicht, Ihren Mitarbeitern auch in persönlichen Themen Transparenz zu schenken. Wenn Sie selbst sehr belastet sind, weil ein wichtiges Projekt nicht so läuft wie gewünscht oder weil eines Ihrer Kinder gerade zahnt, schadet es sicher nicht, wenn Sie dies mit den Mitarbeitern teilen, damit diese verstehen, dass Sie gerade etwas angespannt reagieren, auch wenn Sie es eigentlich gar nicht möchten.

Das bedeutet nicht, dass Sie sich bei Ihren Mitarbeitern „ausweinen" sollen. Sie sind und bleiben der Vorgesetzte, der entscheidet, was und wie es gemacht wird. Ein wenig Offenheit in persönlichen Dingen macht Sie aber menschlicher und führt dazu, dass sich Ihre Mitarbeiter leichter mit Ihnen und Ihren Zielen identifizieren können.

Transparenz kann auch institutionalisiert werden, indem Sie z. B. regelmäßig einen Bericht per E-Mail an die Mitarbeiter zum „aktuellen Stand der Dinge" verschicken, den diese lesen können, wann es ihnen passt. Das persönliche Gespräch ist sicher immer vorzuziehen, aber manchmal ist eine schriftliche Kommunikation eine gute Ergänzung.

Achtung: Nie über andere Mitarbeiter sprechen!
Ein Vorgesetzter spricht mit einem Mitarbeiter nie über die Leistung, Bewertung oder gar das Entgelt der anderen Mitarbeiter. Dies ist für manchen Kollegen vielleicht unverständlich. In Bewertungsgesprächen hört man nicht selten Sprüche wie:

> *„Ich habe aber deutlich mehr geleistet als mein Kollege X, und dem haben Sie eine viel bessere Note gegeben."*

oder

> *„Ich habe gehört, dass Herr Y eine Gehaltserhöhung erhalten hat. Ich verstehe nicht, warum ich dann nicht auch eine bekommen kann."*

Hüten Sie sich unbedingt, auf diese Anschuldigungen einzugehen mit Antworten wie:

👎 *„Ja, aber der Kollege X hat das Projekt Z wirklich besser betreut als Sie."*

Oder

👎 *„Der Herr Y hat die Entgeltanpassung auch verdient, weil ..."*

Sprechen Sie NIEMALS über andere Kollegen. Ausnahme ist, wenn die Situation es dringend erfordert, weil ein Konflikt vorliegt. Die persönliche Information eines Mitarbeiters, also Gehalt, Bewertung, Leistung, private Situation, Krankheit, ist ein absolut geschützter Bereich, den ein Vorgesetzter nicht mit anderen Kollegen zu teilen hat. Dies ist sogar rechtlich im Datenschutzgesetz festgelegt.

Sofern Sie also von Mitarbeitern zu privaten Daten anderer Kollegen „angestoßen" werden, sollte Ihre Antwort IMMER sein:

💬 *„Lieber Herr XY, es ist schön, dass der Kollege seine Bewertung oder sein Entgelt mit Ihnen bespricht, aber ich werde das sicher nicht tun. Wir sitzen hier zusammen, um über Sie zu diskutieren, und nicht, um über Ihre Kollegen zu sprechen. Ich habe verstanden, dass Sie mit Ihrer Bewertung unzufrieden sind. Lassen Sie uns also ein wenig mehr darüber sprechen, was ich von Ihnen erwarte, damit Sie eine bessere Beurteilung bekommen."*

Oder:

💬 *„Ich sehe, dass Sie sich eine Entgelterhöhung wünschen. Ich kann Ihnen kurz erläutern, warum in Ihrem Fall eine Anpassung derzeit nicht möglich ist."*

Steht eine Umstrukturierung des Unternehmens an, die die eigene Abteilung massiv betreffen wird, kann der Vorgesetzte in der Regel nicht gleich mit seinen Mitarbeitern darüber sprechen, sobald er selbst die Information erhalten hat. Oft wird ein genauer Kommunikationsplan erarbeitet, der dem Vorgesetzten vorschreibt, über einen längeren Zeitpunkt nicht darüber zu sprechen. Das kann bedeuten, dass ihm vielleicht schon Gerüchte über eine Umstrukturierung angetragen werden, die er dann erst mal konsequent verneinen muss, um sie dann einige Wochen später doch zu bestätigen. Hier ist es dann Aufgabe des Vorgesetzten, möglichst gut auf den firmeninternen Informationsfluss einzuwirken, sodass die eigenen Mitarbeiter immer noch von ihm selbst zuerst von der Umstrukturierung erfahren und nicht von anderen.

Manchmal ist auch einfach nicht genug Zeit, um alle Zusammenhänge für einen Arbeitsauftrag zu erläutern. Der Vorgesetzte mag sich dann an einen Mitarbeiter wenden mit dem Auftrag:

> *„Ich benötige von Ihnen innerhalb der nächsten Stunde eine Aufstellung aller Lieferanten mit den zugehörigen Umsätzen der letzten 6 Monate. Können Sie das bitte erledigen und mir so schnell wie möglich zusenden? Ich kann jetzt leider nicht erklären, warum, bitte machen Sie es einfach. Wir sprechen dann später noch darüber. Vielen Dank!"*

Sie sehen, es gibt schon genug Fälle, in denen Sie nicht viel Transparenz bieten können, weil die Situation Sie dazu zwingt. Somit ist es umso wichtiger, in allen anderen Bereichen für Transparenz zu sorgen, damit das gute Gefühl, dass sich dadurch aufbaut, durch die fehlende Information an anderer Stelle nicht unnötig erschüttert wird.

Vertrauen Sie darauf, dass sich das Vertrauen in Ihre Mitarbeiter auszahlen wird. Je mehr Vertrauen Sie Ihren Mitarbeitern schenken, umso mehr Vertrauen werden diese Ihnen entgegenbringen. Dies führt dann dazu, dass sie auch schwierige Themen oder Probleme leichter mit Ihnen teilen und diskutieren können. Somit geben Sie nicht nur Transparenz, sondern Sie erhalten Ihrerseits auch Transparenz von Ihren Mitarbeitern, und insgesamt entwickelt sich daraus ein sehr fruchtbarer Boden für Motivation und hohe Leistung.

So bauen Sie Vertrauen auf

Erklären

Es gibt keine dummen Fragen! Wir haben schon unter dem Punkt „Transparenz" erläutert, wie wichtig Information für Mitarbeiter ist. Dazu gehört auch, dass man Mitarbeitern eine Erklärung zur Verfügung stellen kann, wenn es Fragen gibt. Es zeugt von wesentlich mehr Souveränität eines Vorgesetzten, wenn dieser eine hohe Bereitschaft hat, auf Fragen der Mitarbeiter einzugehen, oder auch schon im Vorfeld ausreichende Erläuterungen zu Aufgaben und Zusammenhängen in der Aufgabenstellung zu geben.

Mitarbeiter sollten angstfrei auf ihren Vorgesetzten zugehen können, wenn sie Fragen zu ihrer Aufgabe oder sonstigen Zusammenhängen haben. Besteht eine Scheu, Fragen zu stellen, halten sich die Mitarbeiter vielleicht zurück und führen die Aufgabe in letzter Konsequenz nicht korrekt aus. Die Fragen der Mitarbeiter sollten daher immer als willkommenes Zeichen gewertet werden, dass die Mitarbeiter sich für ihre Aufgaben interessieren und genau verstehen wollen, was zu tun ist und warum.

Zeigen Sie sich also offen für Fragen der Mitarbeiter und laden Sie diese dazu ein, jederzeit Fragen zu stellen. Erinnern Sie sich daran, dass man nicht genug daran arbeiten kann, für Klarheit in der Kommunikation zu sorgen. Es ist durchaus möglich, dass immer noch Fragen offen sind, auch wenn Sie glauben, eine ausführliche Erklärung gegeben zu haben. Auch wenn Sie selbst ein klares Bild von einer Aufgabe haben, heißt das noch lange nicht, dass der Mitarbeiter über das gleiche Verständnis dazu verfügt. Geben Sie also ausreichend Raum für Fragen, wann immer Sie im Kontakt mit Ihren Mitarbeitern sind. Bleiben Sie offen und aufmerksam. Wenn Sie spüren, dass ein Mitarbeiter noch unsicher ist, regen Sie ihn dazu an, nachzuhaken und seine Unsicherheit zu beseitigen.

Es ist eine hohe Auszeichnung für einen Geschäftsführer, wenn sich auch der „kleine Mann vom Fließband" nicht scheut, sein Büro zu betreten und eine Frage zu stellen. Wenn sich die Mitarbeiter des Betriebes durch die Bank weg angstfrei an Vorgesetzte wenden können, hat das Unternehmen schon viel gewonnen. Arroganz ist an dieser Stelle (und eigentlich auch sonst) völlig fehl am Platz.

Erklären macht schlau!

Erklären macht schlau! Nur wenn man etwas richtig gut erklären kann, hat man es selbst auch wirklich verstanden. Sehen Sie es als gute Übung für sich selbst an, wenn ein Mitarbeiter Sie darum bittet, Ihnen eine bestimmte Kennzahl näher zu erläutern oder die Zusammenhänge einer Statistik genauer darzulegen. Sie werden nicht selten feststellen, dass Sie selbst auch noch Lücken in Ihrem eigenen Verständnis haben.

Umgang mit Fachbegriffen

Oft sind wir im täglichen Umgang mit Kennzahlen, Abkürzungen und Fachbegriffen schon so „verschlissen", dass uns deren genaue Bedeutung schon selbst nicht mehr völlig klar ist. Fragt ein neuer Mitarbeiter dann ganz unschuldig danach, was „ECGDC" eigentlich bedeutet, müssen wir vielleicht selbst erst noch mal nachschlagen, bevor wir uns erinnern, dass es „European Complete Goods Distribution Center" heißt. Wir leben in einem Arbeitsumfeld, das durch seine eigene Kultur und damit auch einen eigenen Wortschatz geprägt ist. Nicht selten überfrachten wir auch unsere Mitarbeiter mit einem Wust an Fachwörtern und „denglischen" Begriffen, die sie kaum verstehen können, schon gar nicht, wenn sie neu im Unternehmen sind.

Es gibt dann Sätze wie:

So bauen Sie Vertrauen auf

👎 *„Das Unternehmen hat entschieden, die ersten drei Levers aus dem OROA Activity Plan zu pullen, damit wir das SVA Target noch achieven. Das heißt, dass wir das R&D Budget noch mal cutten werden, die FGI um 20 % reduzieren und die SAP Einführung noch mal um ein Jahr verschieben".*

Verstanden?

Wenn es nun also Fragen von den Mitarbeitern gibt, kann der Vorgesetzte gerne näher erläutern: „Unsere Ergebnisse sind leider nicht ganz auf dem Stand, den wir uns zu diesem Zeitpunkt im Geschäftsjahr gewünscht haben. Es gibt einen Plan der Geschäftsleitung, der verschiedene Hebel (englisch „Levers") anbietet, die betätigt werden können, um in einem solchen Fall die Ergebnisse zu verbessern und die Verzinsung für die Aktionäre zu erhöhen. Es wurde nun entschieden, drei dieser „Hebel" kurzfristig zu betätigen. Das bedeutet, dass wir unser Budget für die Entwicklung neuer Produkte noch mal kürzen müssen. Außerdem werden wir das durch Lagerhaltung gebundene Kapital verringern, sprich, wir werden nicht mehr so viele Teile im Lager halten wie bisher, insgesamt 20 % weniger. Außerdem müssen wir mit unserem bestehenden Lagerhaltungsprogramm noch eine Weile weiter auskommen, denn das neue SAP-Programm wird erst im nächsten Jahr eingeführt. Wenn gewünscht, erkläre ich Ihnen auch gerne noch, was sich hinter dem Betreff OROA = „Operating Return on Assets" verbirgt.

Es ist nicht immer leicht, sich verständlich auszudrücken. „Coole" Sätze mit Abkürzungen und fremdsprachlichem Unternehmens-Kauderwelsch klingen zwar scheinbar beeindruckend, verbergen aber oft nur die mangelnde Fachkenntnis. Nur wer in der Lage ist, diese Sätze auch in deutscher Sprache verständlich zu vermitteln, hat wirklich verstanden, worüber er gerade gesprochen hat. Eine genaue Erläuterung braucht Zeit und nicht selten viele Worte. Machen Sie sich aber bitte unbedingt die Mühe, Ihren Mitarbeitern gut verständlich zu vermitteln, worum es geht und was Sie von ihnen wollen. Sie werden es Ihnen mit einer hohen Leistungsfähigkeit danken.

Machen Sie sich zur Übung einmal den Spaß, in Ihrer Kommunikation ganz auf englische Begriffe und Abkürzungen zu verzichten. Versuchen Sie, ganz einfach mal wieder „Deutsch" in einfachen Sätzen zu sprechen. Sie werden sehen, wie schwer das fallen kann. Nicht selten führt es sogar zur Verwirrung bei Ihrem Gegenüber.

Also, seien Sie offen und aufmerksam für die Fragen Ihrer Mitarbeiter und bieten Sie Erklärungen an, wenn sie gewünscht werden. Seien Sie sich nicht zu schade, auch einfache Zusammenhänge zu erklären, die ein Mitarbeiter eigentlich schon längst beherrschen sollte. Vermeiden Sie Arroganz und plumpe Antworten wie: „Das sollten Sie aber schon längst wissen!" Und versuchen Sie sich nicht aus der Affäre zu ziehen mit Sprüchen wie: „Dafür habe ich jetzt aber wirklich keine Zeit!". Vor allem: Seien Sie ehrlich, wenn Sie etwas selbst nicht wissen. Sie haben die Lacher ganz sicher auf Ihrer Seite, wenn Sie zugeben, dass Sie das Kauderwelsch, den Sie eben von sich gegeben haben, selbst nicht richtig verstanden haben.

Sehen Sie den Vorteil darin, anderen etwas zu erklären. Sie werden nicht selten dadurch neue Anregungen erhalten, die Sie für Ihre eigene Arbeit inspirieren.

So bauen Sie Vertrauen auf

Integrität

„Unsere Glaubwürdigkeit steht und fällt mit der Übereinstimmung unserer Gedanken, Worte und Werke."

Ernst Ferstl, österreichischer Lehrer, Dichter und Aphoristiker

Was ist Integrität? Der Duden liefert als Übersetzung: Makellosigkeit, Unbescholtenheit, Unbestechlichkeit. Integrität wird dort aber auch als Synonym für Vertrauenswürdigkeit bezeichnet.

So sollte man also meinen, dass integer ist, wer vertrauenswürdig ist. Integrität ist also ein wichtiger Bestandteil, um Vertrauen aufzubauen. Doch wie verhält man sich, wenn man Integrität beweist?

So bauen Sie Vertrauen auf

Zuverlässigkeit

Zuverlässig sein bedeutet, dass man seine Zusagen einhält, sodass sich die anderen auf einen verlassen können. Das beginnt schon damit, dass man das „Versprechen" einhält, pünktlich zu sein. Wer pünktlich zur Arbeit, zu Terminen etc. erscheint, gilt als zuverlässig. Wer eine Aufgabe zum abgestimmten Zeitpunkt erledigt hat, gilt als zuverlässig. Zuverlässig ist aber auch, wenn man die Aufgabe einmal nicht zu einem verabredeten Termin einhält, dies aber rechtzeitig kommuniziert und dann eine neue Absprache trifft, die eingehalten wird.

Für Vorgesetzte bedeutet Zuverlässigkeit, dass sie die Absprachen einhalten, die sie mit ihren Mitarbeitern treffen. Verspricht ein Vorgesetzter einem Mitarbeiter eine Gehaltserhöhung, so sollte er dies auch tunlichst einhalten oder, wenn er das Versprechen wider Erwarten nicht einhalten kann, rechtzeitig das Gespräch mit dem Mitarbeiter darüber suchen. Sagt der Vorgesetzte zu, dass er zu einer bestimmten Zeit einen Termin mit dem Mitarbeiter wahrnehmen kann, so sollte er diesen einhalten. Wird abgestimmt, dass der Vorgesetzte bestimmte Aufgaben übernimmt, die für die weitere Arbeit des Mitarbeiters wichtig sind, so sollte er diese auch bis zum verabredeten Zeitpunkt umsetzen. Er sollte vereinbarte Termine einhalten.

Dies gilt im Übrigen nicht nur für Absprachen, die direkt mit einem Mitarbeiter getroffen werden. Auch das allgemeine Verhalten im Unternehmen sollte durch Zuverlässigkeit geprägt sein, denn auch das wird von den Mitarbeitern wahrgenommen. Ein Vorgesetzter, der sich regelmäßig erst 15 Minuten nach Beginn der Betriebsversammlung in den Saal schleicht, erwirbt nicht gerade die Reputation, zuverlässig zu sein. Auch wenn er sich gegenüber abteilungsexternen Stellen unzuverlässig erweist, strahlt dies auf das Vertrauen der eigenen Mitarbeiter zu ihm ab. Ein Vorgesetzter, der z. B. Kunden hängen lässt oder Verträge mit Lieferanten nicht ehrlich abschließt, beweist Unzuverlässigkeit, auch wenn er sich seinen Mitarbeitern gegenüber noch so integer verhält.

Zuverlässig sein, heißt auch, dass man vertrauliche Informationen sicher behandeln kann. Ein schwatzhafter Vorgesetzter, der gerne mal über private Dinge der Kollegen spricht, wird sicherlich nicht als sonderlich zuverlässig oder gar integer wahrgenommen. Zudem verbaut er sich so die Chance, zukünftig weiterhin wichtige Informationen zu erhalten. Wer dafür bekannt ist, Vertrauliches auszuplaudern, wird über kurz oder lang nichts dergleichen mehr erfahren.

Vorbildfunktion

Nur wer selbst zuverlässig ist, kann auch Zuverlässigkeit von seinen Mitarbeitern erwarten. Ist der Chef ständig unpünktlich, darf er sich nicht wundern, wenn auch die Mitarbeiter immer lässiger in ihrer eigenen Pünktlichkeit werden. Warum sollen sie pünktlich in einer Besprechung sitzen, wenn der Vorgesetzte ja doch stets 10 Minuten später erscheint. „Quod licet Jovi, non licet Bovi" (Was dem Herrn erlaubt ist, darf der Ochse noch lange nicht) mag nun dem ein oder anderen dazu einfallen. Trotzdem: Wir sollten schon längst darüber hinaus sein, dass ein Vorgesetzter nur aufgrund der Funktion die Erlaubnis hat, sich unzuverlässiger oder respektloser zu verhalten als seine Mitarbeiter.

Seien Sie ein zuverlässiger Vorgesetzter!

So bauen Sie Vertrauen auf

Berechenbarkeit
Seien Sie beständig und gleichmäßig in Ihrem Verhalten, kurz:

Seien Sie berechenbar!

Nicht selten kommen Mitarbeiter morgens zum Arbeitsplatz und fragen die Kollegen erst mal: „Na, welche Laune hat unser Boss denn heute?" Ist die Laune des Vorgesetzten schlecht, sind alle von Anfang an deutlich mehr angespannt, als wenn der Vorgesetzte ein Lächeln zeigt. Hat man seine Launen aber nicht im Griff, so wird dies schnell als Schwäche angesehen. Als Vorgesetzter verliert man so leicht den Respekt der Mitarbeiter.

Berechenbarkeit ist selbstverständlich mehr als nur eine gleichmäßige Stimmungslage. Berechenbarkeit heißt, dass sich aus Erfahrung im Umgang mit der Person Rückschlüsse auf Reaktionen in der Zukunft schließen lassen. Dies bezieht sich vor allem auf die Entscheidungen und Urteile, die ein Vorgesetzter fällt.

Beispiel:
Ein Mitarbeiter kommt an einem Tag zu spät zu einem Besprechungstermin, an dem auch der Vorgesetzte teilnimmt. Der Vorgesetzte lächelt milde, nimmt die Entschuldigung für die Verspätung ohne Probleme an, zeigt Verständnis, und die Besprechung wird nahtlos fortgesetzt. Einige Tage später tritt ein ähnlicher Fall ein. Der Mitarbeiter kommt wieder zu spät, hat eine ähnliche durchaus glaubhafte Entschuldigung für seine Verspätung. Diesmal reagiert der Vorgesetzte völlig anders, schickt den Mitarbeiter aus dem Raum und verweigert ihm aufgrund der Verspätung die Teilnahme an der Besprechung.

Der Mitarbeiter hat somit in zwei gleichartigen Vorgängen zwei völlig unterschiedliche Reaktionen erlebt. Er kann somit nicht wissen, ob der

So bauen Sie Vertrauen auf

Vorgesetzte nun grundsätzlich ein Problem damit hat, wenn er zu spät kommt, ob er im zweiten Vorfall nur einen schlechten Tag hatte, oder ob er beim nächsten Mal wieder ein mildes Lächeln ernten wird. Da sein Zuspätkommen nicht durch ihn selbst verschuldet war, entwickelt er nun eine große Unsicherheit darüber, wie sich der Chef künftig wohl verhalten wird.

Unberechenbarkeit führt zur Unsicherheit bei den Mitarbeitern.

Beispiel

Ein Mitarbeiter übernimmt eine neue Position innerhalb der Abteilung, durch die er in eine höhere Entgeltgruppe eingestuft werden müsste. Der Vorgesetzte entscheidet jedoch, dass er sich die Leistung in der neuen Position erst eine Weile ansehen möchte, bevor er die Entgeltanpassung genehmigt. Der Mitarbeiter wird völlig im Unklaren gelassen, wann er die Entgeltanpassung bekommen wird. Nach drei Monaten entscheidet der Vorgesetzte spontan, dass das Entgelt erhöht werden kann, und wundert sich, dass ihm der Mitarbeiter dafür nicht um den Hals fällt.

In der Zwischenzeit hat ein anderer Mitarbeiter aus einer anderen Abteilung in eine Position der Abteilung dieses Vorgesetzten gewechselt. Hier entschied der Vorgesetzte, dass dieser neue Mitarbeiter die Entgeltanpassung sofort erhalten solle.

Es lässt sich hier keine klare Linie in der Entscheidungsfindung feststellen. Damit wird das Verhalten des Vorgesetzten beliebig. Es bedeutet zwar Macht, wenn man sich beliebig verhalten kann. Freunde macht man sich damit jedoch nicht. Beliebigkeit führt zu noch größerer Unsicherheit als Unzuverlässigkeit. Wie kann man mit einem Vorgesetzten umgehen, dessen Entscheidungen und dessen Verhalten völlig unvorhersehbar ist? Heute gibt er sich flexibel und nachsichtig bei der Prüfung des Projektstatus. In der kommenden Woche beschwert er sich lauthals darüber, dass das Projektteam offenbar zu überhaupt nichts in der Lage sei, weil einige kleinere

So bauen Sie Vertrauen auf

Punkte im Projektplan nicht rechtzeitig bearbeitet wurden. Heute bemängelt er bei einem Mitarbeiter, dass dieser kein Englisch beherrscht, was offenbar absolut unverzichtbar für die Position ist. Als ein neuer Mitarbeiter ohne jegliche Englischkenntnisse in eine ähnliche Position einsteigt, wird vom Vorgesetzten vermittelt, dass Englisch ja doch nicht so wichtig sei.

Berechenbarkeit heißt, dass ein Mensch sich nach bestimmten Grundsätzen, Werten und Regeln verhält, die sich im Wesentlichen nicht verändern. Ob die Mitarbeiter mit diesen Werten und Regeln übereinstimmen, ist dabei sogar zweitrangig. Ein cholerischer Chef, der jeden Tag brüllt, ist auch ein berechenbarer Chef. Ein Vorgesetzter, der ständig zu spät kommt, ebenfalls. Ob diese Beispiele zum Vertrauen anregen, ist natürlich fraglich. Somit sollte sich ein Vorgesetzter sehr wohl darüber im Klaren sein, auf welchen Werten und Grundsätzen er sein Verhalten aufbauen möchte.

Machen Sie sich daher klar, welche Werte Ihnen wichtig sind und richten Sie ihr Verhalten danach aus. Sie werden dann leicht ein berechenbares Verhalten zeigen können. Die Mitarbeiter sollten im Umgang mit Ihnen keine Überraschungen erleben müssen, die sie verunsichern oder gar demotivieren. Sie sollten einschätzen können, wie ein Gespräch mit Ihnen ablaufen wird. Berechenbarkeit führt zur Sicherheit im Umgang.

Kritik zulassen und annehmen

Als Vorgesetzter ist man stets dazu angehalten, die Leistung der eigenen Mitarbeiter zu steuern, zu überwachen und schließlich auch zu bewerten. Dies schließt ein, dass – wenn nötig – auch Kritik an den Mitarbeitern geübt wird, damit diese ihre Leistung kontinuierlich verbessern können.

Kritik soll dabei jedoch nicht in Form von Demontage einer Person erfolgen, indem man Schuldzuweisungen ausspricht und mit Strafen droht. Vielmehr sollte Kritik immer ein konstruktiver Weg sein, die gegenseitige

Situation besser zu verstehen, um die Zusammenarbeit daran wachsen zu lassen.

Bevor also Kritik geübt wird, sollte ein Vorgesetzter immer erst alle nötigen Informationen sammeln, um zu sehen, ob ein Mitarbeiter sich absichtlich unkorrekt verhalten hat, oder ob es Hintergründe gibt, die den Mitarbeiter trotz bester Absicht zu einem zweifelhaften Verhalten bringen.

Anstatt also sofort eine Anschuldigung auszusprechen, lohnt es sich, den kritischen Vorgang zunächst mit einer Fragestellung anzugehen.

Beispiel

Ein Mitarbeiter kommuniziert mit seinem Vorgesetzten vornehmlich per E-Mail, häufig auch dann, wenn der Vorgesetzte anwesend und verfügbar ist. Auch kleinere Fragen stellt der Mitarbeiter grundsätzlich per E-Mail. Dem Vorgesetzten ist das Verhalten unerklärlich, und er ärgert sich darüber, dass der Mitarbeiter nicht das persönliche Gespräch mit ihm sucht, vor allem, wenn es um Kleinigkeiten geht. Somit spricht der Vorgesetzte den Mitarbeiter an:

> *„Glauben Sie eigentlich, dass ich Sie beiße, wenn Sie mich ansprechen?"*
>
> *Mitarbeiter: „Natürlich nicht, wie kommen Sie denn darauf?"*
>
> *Vorgesetzter: „Nun, Sie scheinen den persönlichen Kontakt mit mir absolut zu vermeiden. Selbst kleinste Informationen und Anfragen schicken Sie mir grundsätzlich per E-Mail, anstatt sich mal zu erheben und in mein Büro zu kommen."*

So bauen Sie Vertrauen auf

> *Mitarbeiter: „Ich hatte verstanden, dass Sie einen sehr engen Zeitplan haben, sodass ich Sie nicht ständig mit kleinen Anfragen unterbrechen möchte. Außerdem habe ich es ganz gern, wenn meine Informationen gut dokumentiert sind, somit kommuniziere ich grundsätzlich sehr viel per E-Mail. Ich kann mir die Informationen dann immer wieder hervorholen. Ich bin es so schon seit langer Zeit gewohnt. Mir war nicht klar, dass Sie es gern anders hätten. Wenn Sie möchten, spreche ich Sie in Zukunft selbstverständlich persönlich an, wenn ich eine Frage habe und Sie im Büro nebenan verfügbar sind."*
>
> *Vorgesetzter: „So habe ich das noch gar nicht gesehen. Es ist natürlich sinnvoll, wichtige Themen zu dokumentieren. Trotzdem. Wenn es nur darum geht, ob Sie mir aus der Kantine ein Brötchen mitbringen sollen, kommen Sie doch bitte einfach kurz bei mir vorbei. Ich freue mich immer, Sie zu sehen!" (lacht).*

Der Mitarbeiter behält dennoch einen schalen Nachgeschmack. Er war sich überhaupt keiner Schuld bewusst und fühlt sich daher mit der Kritik ungerecht behandelt. Dies hätte vermieden werden können, wenn der Vorgesetzte sich nicht mit einer Anschuldigung, sondern zunächst mit einer Frage an den Mitarbeiter gewandt hätte, z. B.:

> 💬 *Vorgesetzter: „Ich sehe, dass Sie sehr gerne per E-Mail kommunizieren. Oft schicken Sie mir auch kleine Nachrichten, selbst wenn Sie wissen, dass ich im Büro nebenan sitze. Ich möchte gerne verstehen, warum Sie das so machen? Ich freue mich nämlich immer, wenn ich Sie sehe, und frage mich daher, ob es vielleicht an mir liegt, dass Sie nicht so gern direkt mit mir sprechen."*

So bauen Sie Vertrauen auf

Mitarbeiter: „Das hat mit Ihnen überhaupt nichts zu tun, ich komme auch sehr gerne persönlich auf Sie zu. Ich bin es einfach nur gewohnt, Arbeitsinhalte so gut wie möglich für mich zu dokumentieren. Es hilft mir, mich auch später an Entscheidungen und Inhalte zu erinnern. Es kommt aus der Gewohnheit heraus dann wohl auch mal vor, dass ich Dinge per E-Mail schreibe, die nicht unbedingt dokumentiert werden müssen. Ich werde das gerne mal probieren und mich in Zukunft häufiger bei Ihnen persönlich melden. Sie müssen mir dann nur versprechen, dass Sie mich wissen lassen, wenn ich Ihnen zu lästig werde (lacht)."

Vorgesetzter: „Darüber mache ich mir keine Gedanken. Es gibt fast nichts, für das meine Mitarbeiter mich nicht persönlich ansprechen dürfen. Aber ich verstehe jetzt auch, warum viele Dinge per E-Mail kommen und denke, es ist eine gute Idee. Also bitte, bleiben Sie dabei, Ihre Arbeit zu dokumentieren, aber ich freue mich auch, wenn wir uns in Zukunft öfter persönlich sehen."

In diesem Abschnitt geht es aber weniger um das Austeilen von Kritik, sondern vielmehr um die Bereitschaft, Kritik auch annehmen zu können. Nichtsdestotrotz ist es im ersten Schritt wichtig, eigene Kritik an Mitarbeiter in sinnvoller Form zu gestalten. Wenn man bewiesen hat, dass man Kritik an seine Mitarbeiter in gesunder und erwachsener Form vermitteln kann, ist zu erwarten, dass die Mitarbeiter genügend Offenheit entwickeln, sich auch ihrerseits kritisch zu äußern, wenn es nötig ist.

Warum aber soll ein Vorgesetzter sich von seinen Mitarbeitern Kritik gefallen lassen? Nun, man kann durchaus behaupten, dass es keinen Vorgesetzten gibt, der sich im Umgang mit seinen Mitarbeitern nicht noch weiter entwickeln könnte. Erfolgreiche Zusammenarbeit ist ein fortwährender Prozess, der stetig gestärkt werden muss. Dies beinhaltet, dass auch der Vorgesetzte Verhaltensweisen entwickeln mag, die für die Mitarbeiter schwer zu akzeptieren sind. Sind die Mitarbeiter dann in der Lage, ihre Meinung deutlich zu äußern, kann dies dem Erfolg des Teams nur dienlich sein. Auch wenn der Vorgesetzte noch so sehr über sich selbst reflektiert und ständig darauf bedacht ist, sich ordnungsgemäß zu verhalten, ist es sehr wahrscheinlich, dass ihm schlichtweg entgeht, wenn sich die Zusammenarbeit nicht mehr so positiv entwickelt oder wenn er ein Verhalten entwickelt, das die Mitarbeiter nicht akzeptieren wollen. Je mehr Offenheit für die Kritik durch die Mitarbeiter vorhanden ist, umso wahrscheinlicher ist zudem, dass sich die Mitarbeiter bereits in einem sehr frühen Stadium eines möglichen Problems an den Vorgesetzten wenden, sodass es gar nicht erst zu einem größeren Konflikt kommen muss.

Ein Vorgesetzter mag z. B. eine ganz besondere Art von Humor haben, die beinhaltet, dass er häufig „flapsige" Bemerkungen macht, teils auch auf Kosten der Mitarbeiter. Er mag meinen, dadurch eine lockere Atmosphäre zu schaffen. Stattdessen fühlen sich die Mitarbeiter mehr und mehr belästigt. Schließlich kann es sogar zur Kündigung von Mitarbeitern führen, die für den Vorgesetzten überraschend sein mögen, ist er doch so ein „lustiger Geselle".

Ist der Vorgesetzte jedoch offen für Kritik, können sich die Mitarbeiter mit ihren Bedenken an ihn wenden und darauf einwirken, dass er sich respektvoller verhält, sodass die Atmosphäre tatsächlich wieder lockerer wird und nicht immer angespannter.

Kritik kann schmerzvoll sein, wenn man sie nicht erwartet hat. Wenn jedoch von vornherein ein offenes Umfeld geschaffen ist, in dem Mitarbeiter ihre Meinung ohne Sanktionen äußern dürfen, fällt die Kritik auch bei Weitem nicht so schmerzvoll aus.

So bauen Sie Vertrauen auf

Kritik aktiv einfordern

Sinnvoll ist, wenn Sie als Vorgesetzter regelmäßig aktiv Kritik einholen, z. B. im Rahmen von regelmäßigen Mitarbeitergesprächen. Geben Sie den Mitarbeitern eine Plattform, in der sie sogar aktiv aufgefordert werden, sich kritisch zu äußern. Auf eine solche Situation können sich beide Parteien vorbereiten und sind somit „gewappnet", auch mögliche heikle Themen diskutieren zu können.

Aber auch im täglichen Umfeld sollten Sie sich nicht scheuen, offen für Kritik zu sein und zu bleiben. Machen Sie es leicht für Ihre Mitarbeiter, sich ehrlich zu äußern. Stellen Sie Fragen, wie z. B.: "Hatten wir jetzt nicht einen Termin? Ich habe eine halbe Stunde auf Sie gewartet, aber vielleicht habe ich da auch etwas verwechselt?" Oder „Sie haben den Bericht nicht mit den Kennzahlen versehen, die ich erwartet hatte. Habe ich vielleicht nicht ausreichend erklärt, was ich von Ihnen benötige? Brauchen Sie noch zusätzliche Informationen von mir, um den Bericht vollständig erstellen zu können?"

Manchmal ist es nur eine Stimmung, die Sie aufgreifen können: „Ich sehe, dass Sie in den letzten Tagen ziemlich bedrückt sind. Wollen wir uns darüber unterhalten? Habe ich Ihre Stimmung verursacht oder kann ich etwas tun, um Ihnen zu helfen?"

Ihre Mitarbeiter sind vermutlich die Personen, die Ihre Leistung und Ihr Verhalten am besten beurteilen können, denn sie verbringen die meiste Arbeitszeit mit Ihnen oder zumindest in Ihrer Nähe. Nutzen Sie diese Nähe, um sich stetig zu verbessern. So, wie sie Ihre Mitarbeiter stetig in ihrer Leistung und Arbeitsfähigkeit fördern, so können auch Ihre Mitarbeiter Ihnen großartige Dienste in Ihrer persönlichen Entwicklung leisten. Seien Sie sich nicht zu schade, eine wichtige Präsentation mal vor Ihren Mitarbeitern zu proben und sich von ihnen Anregungen dazu zu holen. Vertrauen Sie darauf, dass die Mitarbeiter dieses Vertrauen genießen und keinesfalls missbrauchen werden.

Lassen Sie also die Möglichkeit, Ihre eigenen Mitarbeiter als Quelle für Ihre persönliche Entwicklung anzuregen, nicht ungenutzt. Kritik muss nicht schmerzvoll sein, sondern kann sogar Spaß machen!

Eigene Fehler eingestehen und Verantwortung übernehmen
Niemand ist unfehlbar! Somit machen auch Vorgesetzte nicht selten einmal etwas falsch. Stehen Sie dazu! Wenn deutlich ist, dass Sie selbst etwas „verbockt" haben, dann versuchen Sie nicht, sich durch Schuldzuweisungen oder Ausreden aus der Affäre zu ziehen. Ihre Mitarbeiter werden es Ihnen mit Loyalität danken.

Zudem ist es nur selten möglich, die eigene Schuld wirklich erfolgreich auf andere abzuwälzen. Früher oder später kommt die Wahrheit ans Licht, und spätestens dann werden Sie für Ihre Mitarbeiter unglaubwürdig. Ehrlichkeit ist ein wichtiger Grundpfeiler in der Zusammenarbeit. Dies beinhaltet auch, dass man ehrlich bleibt, wenn man einen Fehler gemacht hat.

Im nächsten Schritt gilt es, zusätzlich die Verantwortung für den Fehler zu übernehmen und notwendige Maßnahmen zur „Reparatur" durchzuführen. Nur wenn man seine Fehler auch selbst, soweit es möglich ist, „ausbügelt", hat man verantwortungsvoll gehandelt.

Beispiel
Ein Mitarbeiter erbittet Urlaub für eine bestimmte Woche. Der Vorgesetzte genehmigt den Urlaub und übersieht dabei, dass diese Woche überhaupt nicht möglich ist, weil in dieser Woche eine wichtige Veranstaltung stattfindet, an der alle Mitarbeiter teilnehmen müssen. Der Vorgesetzte bemerkt seinen Fehler, aber er möchte ihn nicht zugeben. Er bittet den Mitarbeiter zu einem Gespräch:

So bauen Sie Vertrauen auf

💬 *Vorgesetzter: „Sie hatten mich doch um eine Woche Urlaub gebeten, und ich habe Ihnen den Urlaub auch genehmigt, aber Sie haben mir vorenthalten, dass in dieser Woche die Veranstaltung XY sein wird. Somit hätten Sie gar keinen Urlaub beantragen dürfen. Jetzt können Sie sich die freie Woche natürlich abschminken!"*

Mitarbeiter: „Als ich den Urlaub beantragt hatte, wusste ich noch gar nichts von der Veranstaltung. Im Kalender war zudem auch keine Urlaubssperre vermerkt. Jetzt habe ich für die Woche eine Reise gebucht."

Vorgesetzter: „Erzählen Sie mir nichts! Sie wollten sich die Woche erschleichen, denn Sie wussten genau, dass die Veranstaltung ansteht. Ich ziehe meine Genehmigung für den Urlaub zurück. Sie bleiben in dieser Woche hier!"

Mitarbeiter: „Das wird aber Kosten mit sich bringen, denn ich kann den Urlaub so kurzfristig nicht ohne Gebühren wieder stornieren. Mal abgesehen davon, dass wir mit zwei anderen Familien zusammen in den Urlaub fahren wollten, und die anderen jetzt ohne uns fahren werden, was sehr schade ist."

Vorgesetzter: „Sie glauben doch nicht ernsthaft, dass ich auch noch die Kosten für Ihren Fehler tragen werde!"

Der Mitarbeiter wird sicherlich nicht sonderlich motiviert aus dem Gespräch herausgehen, denn er fühlt sich mit Recht unfair behandelt. Im schlimmsten Fall wird er in der Woche der Veranstaltung krank. Zumindest aber ist damit zu rechnen, dass ihm die Erbringung seiner Leistung in der nächsten Zeit keine große Freude bereiten wird.

So bauen Sie Vertrauen auf

Alternativ könnte das Gespräch wie folgt ablaufen:

💬 *Vorgesetzter: „Ich habe Ihnen da eine Woche Urlaub genehmigt. Jetzt sehe ich, dass es sich dabei genau um die Woche handelt, in der wir unsere große XY Veranstaltung haben. Ich hätte Ihnen den Urlaub gar nicht erst genehmigen dürfen. Aber ich sehe ein, dass ich hier ganz klar etwas übersehen habe. Sehen Sie eine Möglichkeit, den Urlaub noch zu verschieben? Es sieht nicht besonders gut aus, wenn Sie an der Veranstaltung nicht teilnehmen …"*

Mitarbeiter: „Oh, das wusste ich nicht. Ich möchte natürlich gern an der Veranstaltung teilnehmen. Das Problem ist nur, dass ich schon einen Urlaub für diese Woche gebucht habe, der zusammen mit zwei anderen Familien stattfinden soll. Wir haben lange gebraucht, um diesen gemeinsamen Termin zu finden. Wenn ich jetzt, so kurzfristig, alles storniere, sind die Gebühren zudem sehr hoch.

Vielleicht finden wir aber eine Lösung. Ginge es vielleicht, dass ich nur am ersten Tag zur Eröffnung der Veranstaltung komme, wenn die wichtigen Präsentationen sind? Ich könnte der Familie dann hinterher reisen. Ich müsste einen zusätzlichen Flug finanzieren, aber vielleicht können wir uns da auf etwas einigen?"

Vorgesetzter: „Das ist ein großartiger Vorschlag. Ich möchte Sie zu nichts zwingen. Wenn Sie die volle Woche nehmen möchten, dann habe ich nichts dagegen, denn schließlich habe ich hier den Fehler gemacht, und nehme ihn auch auf meine Kappe. Wenn Sie aber große Lust haben, wenigstens einen Tag dabei zu sein, dann dürfen Sie den zusätzlichen Flug über die Firma buchen, ich nehme das dann auf meine Kostenstelle."

Sobald ein Fehler eingestanden ist, sind Mitarbeiter meistens auch bereit, gemeinsam mit dem Vorgesetzten an einer Lösung zu arbeiten, die alle zufriedenstellen kann. Je offener Sie mit Ihren eigenen Fehlern umgehen, umso größer wird die Loyalität Ihrer Mitarbeiter!

Gute Leistungen bemerken/loben – problematisches Verhalten offen ansprechen

Innerhalb von systematisierten halbjährlichen oder jährlichen Mitarbeitergesprächen findet regelmäßig eine Bewertung von Mitarbeitern, sowohl positiv als auch negativ, statt. Probleme werden angesprochen, und gute Leistung wird (hoffentlich) ebenfalls hervorgehoben.

Zusätzlich zu diesen institutionalisierten Bewertungsgesprächen ist es unerlässlich, dass auch im Tagesgeschäft regelmäßig Rückmeldung an die Mitarbeiter gegeben wird, damit sie stets wissen, „woran sie sind".

Es ist nicht hilfreich, Vorgänge, in denen der Mitarbeiter besonders gute oder auch schlechte Leistung gezeigt hat, bis zum nächsten regelmäßigen Gespräch zu sammeln und den Mitarbeiter dann damit zu „bombardieren". Natürlich stellt das halbjährliche oder jährliche Gespräch eine Zusammenfassung der vorangegangenen Zeit dar. In einem solchen „großen Gespräch" sollte es aber grundsätzlich keine großen Überraschungen mehr geben. Markante Vorfälle sollten immer bereits zeitnah besprochen worden sein.

„Steter Tropfen höhlt den Stein" ist die Devise. Nur wenn stetig an der gemeinsamen Leistung gearbeitet wird, kann diese sich kontinuierlich weiterentwickeln.

Sofern Sie als Vorgesetzter sich also über eine besondere Leistung eines Mitarbeiters freuen, scheuen Sie sich nicht, dies auch sofort kundzutun. Ein kleiner positiver Anstoß und eine Bestätigung der Leistung hier und da kann Wunder in der Motivation der Mitarbeiter bewirken. Wenn Sie erkennen, dass ein Mitarbeiter sich in einer Angelegenheit besonders bemüht und damit Erfolg hatte, bringen Sie Ihre Achtung dazu unmittelbar zur Geltung.

So bauen Sie Vertrauen auf

Der Arbeitsalltag ist in vielen Unternehmen sehr dicht gepackt, es gibt immer viel zu viel zu tun, sodass Erfolge oft untergehen, weil keine Zeit ist, sie ausreichend zu würdigen. Achten Sie darauf, dass Sie auch die kleinen Erfolge würdigen.

Setzen Sie sich z. B. einmal pro Woche eine Erinnerung in den Kalender, zu der Sie versuchen, sich zu erinnern, welche Erfolge und positiven Erlebnisse Sie in den letzten Tagen hatten. Sofern Sie dazu nicht schon eine Rückmeldung an die Mitarbeiter gegeben haben, holen Sie dies nach.

Sie könnten dies auch weiter institutionalisieren, indem Sie in einem regelmäßigen Gespräch, z. B. der wöchentlich stattfindenden Abteilungsbesprechung, einen festen Agendapunkt einführen: „Was ist in der letzten Woche besonders gut gelaufen? Was war nicht so gut?"

Dennoch: Seien Sie nicht inflationär. Zeigen Sie Lob da, wo wirklich eine besondere Leistung gezeigt wurde. Hüten Sie sich davor, zu applaudieren, nur, weil die Mitarbeiter zur Arbeit erschienen sind. Denn wenn man Lob übertreibt, verliert es an Wirkung und wird nicht länger ernst genommen.

Beispiel:
Ein Mitarbeiter hat den Auftrag, jeden Tag bis 10 Uhr den Postkorb der Abteilung zu leeren und die Post durchzusehen. Sie stellen an einem Tag fest, dass der Postkorb an einem Tag um 15 Uhr noch nicht geleert wurde, obwohl der Mitarbeiter im Hause ist. Sie gehen davon aus, dass es schon einen guten Grund dafür geben wird und stellen den Mitarbeiter nicht zur Rede. Am nächsten Tag finden Sie das Postkörbchen bei Arbeitsende immer noch ungeleert vor. Auch diesmal sprechen Sie den Mitarbeiter nicht an. Erst nach einer Woche wird es Ihnen zu bunt, und Sie suchen das Gespräch. Der Mitarbeiter ist irritiert, denn er dachte, es sei schon nicht so schlimm, wenn er den Postkorb später, oder auch nur alle 2 Tage durchsieht. Er

So bauen Sie Vertrauen auf

erklärt Ihnen, dass er sehr viel zu tun hat und daher die Post für ihn gerade nicht so eine große Priorität hat. Wenn Ihnen aber wichtig ist, dass die Post spätestens um 10 Uhr durchgesehen ist, sollten Sie dies auch deutlich machen, und zwar gleich beim ersten Mal, wenn es Ihnen auffällt. Dem Mitarbeiter wird dadurch viel schneller klar, dass Ihnen die Regel sehr wichtig ist. Wenn Sie sofort das Gespräch suchen, haben Sie zudem die Gelegenheit, nochmals zu erläutern, warum Sie so dringend möchten, dass die Post bis 10 Uhr bearbeitet ist. Wenn Sie die nötige Disziplin walten lassen, erreichen Sie über einen relativ kurzen Zeitraum, dass die Mitarbeiter die Regel nicht mehr hinterfragen, sondern reibungslos einhalten werden. Aus der Regel ist dann eine automatische Routine geworden, die den Arbeitsablauf erleichtert, ohne dass die handelnden Personen noch groß darüber nachdenken müssen.

Stehen Sie zu Ihren Maßstäben! Machen Sie deutlich, wie Sie die Dinge umgesetzt wünschen, selbstverständlich, ohne es dabei in Tyrannei ausarten zu lassen. Wenn Sie selbst Ihren eigenen Standard nicht ernst nehmen, werden es Ihre Mitarbeiter erst recht nicht tun. Kleine Probleme lassen sich meist zügig ausbügeln, bevor sie zu großen Themen werden.

Den Mitarbeitern tut es gut, wenn offen sowohl mit den positiven als auch den negativen Erlebnissen umgegangen wird. Wenn Sie sich zeitnah in beide Richtungen äußern, wissen Ihre Mitarbeiter stets, woran sie bei Ihnen sind, und das Arbeitsumfeld bleibt entspannt.

Seien Sie loyal!

Stehen Sie zu Ihrem Team! In aller Regel ist es der Verdienst des Vorgesetzten, wenn das Team, das ihm zugeordnet ist, eine gute Leistung zeigt. Umgekehrt ist es aber auch gleichzeitig das Problem des Vorgesetzten, wenn Mitarbeiter keine gute Leistung zeigen. Somit ist ein Vorgesetzter immer auch mitverantwortlich für das Verhalten der Mitarbeiter.

Wenn nun Kritik von oberer Stelle oder auch von Kollegen an Sie herangetragen wird, hüten Sie sich unbedingt davor, die Schuld auf Ihre Mitarbeiter zu schieben. Sie werden sich dadurch nicht reinwaschen können. Es hilft auch nicht, wenn Sie sich von der Leistung Ihrer Mitarbeiter distanzieren, denn dadurch wird man Ihre eigene Position nur noch mehr infrage stellen.

Wenn Ihnen gegenüber also jemand Kritik an einem Ihrer Mitarbeiter übt, hören Sie sich die Kritik an und besprechen Sie sie zunächst mit dem Mitarbeiter. Übernehmen Sie die Verantwortung für den Vorgang und geben Sie Ihrem Mitarbeiter die Gelegenheit, das Problem aus seiner Sicht zu schildern und ggf. auszubügeln.

Sofern Sie ein vertrauensvolles Verhältnis zu Ihren Mitarbeitern haben, können Sie die Kritik evtl. schon gleich richtig einordnen, wenn sie an Sie herangetragen wird.

Beispiel:

Einer Ihrer Mitarbeiter, Herr X, arbeitet an einem abteilungsübergreifenden Projekt mit, das von einem Ihrer Führungskollegen aus einem anderen Bereich geleitet wird. Dieser Kollege beschwert sich bei Ihnen darüber, dass Herr X seine Aufgaben für das Projekt nie zeitgerecht umsetzt, sich fortwährend früher aus den Projekt-Terminen verabschiedet und insgesamt nicht wirklich viel Interesse an dem Projekt zeigt.

Der Vorgang kann sich nun wie folgt entwickeln:

So bauen Sie Vertrauen auf

Kollege A kommt zu Ihnen: „Wir müssen unbedingt über Herrn X sprechen, der in meinem Projekt mitarbeiten soll. Ich habe nicht das Gefühl, dass er wirklich Interesse an dem Projekt hat. Er kommt zu den Projekt-Terminen zu spät oder geht früher. Seine Aufgaben hat er bisher noch nie zeitgerecht umgesetzt und wir müssen ihm wegen jeder Kleinigkeit hinterherlaufen. Es muss unbedingt etwas passieren, sonst ist das gesamte Projekt gefährdet."

Möglichkeit 1

👎 *Sie: „Ha, den greife ich mir sofort! Ich habe ihn schon länger auf dem Radar, er kommt auch bei mir dauernd zu spät. Na warte, der kann was erleben!"*

Sie führen das Gespräch mit dem Mitarbeiter: „Herr X, wie ich höre, ist Ihr Verhalten in dem Projekt mit Kollegen A unmöglich. Sie zeigen kein Interesse, kommen zu spät und erledigen die Aufgaben nicht zeitgerecht. Ich habe dieses Projekt extra Ihnen gegeben, weil ich dachte, Sie wären dafür geeignet, aber offenbar habe ich mich sehr getäuscht. Was haben Sie dazu zu sagen?"

Herr X:"Wie Sie sich vielleicht erinnern können, habe ich schon mehrfach darauf hingewiesen, dass ich mit dem Projekt völlig überlastet bin, weil ich sonst noch so viel Dringendes zu tun habe. Ich kann mich schließlich nicht teilen. Aber Sie interessiert das ja offenbar nicht. Ich rede mir den Mund fusselig und versuche, mit Ihnen über eine Lösung zu diskutieren, aber stattdessen bekomme ich immer nur noch mehr Ärger. Schade!"

Möglichkeit 2

💬 *Sie: „Ich habe Ihnen meinen besten Mann für das Projekt abgestellt. Derzeit haben wir leider auch in unserer Abteilung sehr viel zu tun, sodass ich mir denken kann, dass er derzeit sehr belastet ist und nicht alles schaffen kann. Trotzdem ist es nicht gut, wenn dadurch das Projekt gefährdet wird. Ich werde mal mit ihm sprechen und melde mich dann wieder."*

Sie sprechen mit dem Mitarbeiter: „Herr X, mein Kollege A ist wegen seines Projektes auf mich zugekommen. Er befürchtet, dass Sie nicht das nötige Interesse für sein Projekt aufbringen, denn Sie nehmen nicht regelmäßig an den Projekt-Terminen teil und schaffen auch nicht, die Aufgaben rechtzeitig umzusetzen. Sie sind mein bester Mann in diesem Thema, aber ich möchte auch nicht, dass Sie durch dieses Projekt verschlissen werden. Können Sie mir sagen, wie Sie die Situation beurteilen?"

Herr X: „Ich habe sehr wohl großes Interesse an dem Projekt, aber in den letzten Wochen hatte ich auch hier in der Abteilung sehr viel zu tun und musste mich um einige Dinge sehr dringend kümmern. Ich habe mein Bestes versucht, allem gerecht zu werden, aber offenbar hat das nicht funktioniert, das tut mir natürlich sehr leid."

Sie: „Ich habe meinerseits offenbar unterschätzt, wie hoch der zusätzliche Aufwand für das Projekt tatsächlich ist. Es wäre trotzdem schön, wenn Sie weiter an dem Projekt mitarbeiten könnten. Ist das etwas, das Sie auch gerne möchten?"

Herr X: „Ja, ich möchte sehr gerne weiter an dem Projekt mitarbeiten".

Sie: „Dann sollten wir gemeinsam überlegen, wie wir Ihre Aufgaben hier in der Abteilung zumindest für eine gewisse Zeit anders organisieren können, sodass Sie mehr Raum für das Projekt gewinnen. Haben Sie dazu einen Vorschlag?

So bauen Sie Vertrauen auf

Sie erkennen selbst, bei welcher Variante der Mitarbeiter mehr Vertrauen zum Vorgesetzten aufbauen wird.

Natürlich können Sie nur dann voll und ganz zu Ihren Mitarbeitern stehen und diese gegenüber anderen verteidigen, wenn Sie ein gutes Verständnis von deren Leistung haben und wissen, was in Ihrer Abteilung vor sich geht. Das eine Vertrauen bringt weiteres Vertrauen mit sich. Profitieren Sie davon!

Sich nicht von Gerüchten oder Nachrede beeinflussen lassen
Klatsch und Tratsch finden sich in nahezu jedem Arbeitsumfeld. Für das soziale Miteinander mag ein wenig Tratsch auch ganz gesund sein. Für die Führungsarbeit jedoch sind Gerüchte Gift, wenn der Vorgesetzte dafür empfänglich ist.

Als Führungskraft werden Sie sicherlich schon selbst erlebt haben, wie schnell Gerüchte entstehen. Sie selbst sind in der Regel besser über Veränderungen in der Firma informiert als Ihre Mitarbeiter. So kann es z. B. sein, dass Sie schon mehrere Wochen vor Ihren Mitarbeitern darüber informiert sind, dass die Firma an einen anderen Standort wechseln soll. Dieser Standort liegt nur 10 km weit weg, stellt für die Mitarbeiter daher keine besondere Veränderung dar, und es ist geplant, dass alle Mitarbeiter mit an den neuen Standort wechseln werden. Es geht lediglich um ein neues Gebäude. Die Firma soll nicht verkauft und es soll auch niemand entlassen werden.

Nach und nach sickern Informationen durch, und der Boden für die Gerüchte ist bereitet. Sie werden daher schon bald mit Fragen Ihrer Mitarbeiter konfrontiert, die in ihrer eigenen Gerüchteküche völlig neue Informationen zurechtgeschustert haben, die allesamt nicht wahr sind: „An wen werden wir denn nun verkauft?" „Ich habe gehört, die Firma zieht an einen anderen Standort, 500km weit weg" „Von unserer Abteilung können ja nur 15

So bauen Sie Vertrauen auf

Mitarbeiter mit an einen neuen Standort, die anderen 12 werden entlassen. Haben Sie schon entschieden, wer bleiben wird?"

Sie werden Ihre Mühe haben, all dieser Gerüchte Herr zu werden.

Umgekehrt können nun aber auch Gerüchte an Sie herangetragen werden, bei denen Sie Gefahr laufen, in die gleiche Falle zu tappen:

- *"Haben Sie schon gehört, dass unser Geschäftsführer schon nächsten Monat in eine neue Position wechseln wird? Werden Sie dann der neue Geschäftsführer?"*
- *"Die Kollegin X ist bestimmt schwanger, die sieht irgendwie anders aus. Schreiben wir ihre Stelle dann intern aus?"*
- *"Die Abteilung Y wird bestimmt bald ausgelagert an einen externen Dienstleister. Wird unsere Abteilung auch ausgelagert?"*
- *"Die Kollegin Z ist doch ganz bekannt dafür, dass Sie nur Lügen verbreitet. Die sollten Sie auf keinen Fall auf die freie Stelle bei uns setzen."*

Zunächst mal ist es schön, dass Ihre Mitarbeiter diese vermeintlichen „Neuigkeiten" mit Ihnen teilen. Es stellt sich dann eine besondere Herausforderung an Sie als Führungskraft, die Gerüchte zum einen auszuräumen, zum anderen aber Ihre Mitarbeiter nicht als dumm dastehen zu lassen, weil sie dem Gerücht auf den Leim gegangen sind. Gehen Sie mit dem nötigen Fingerspitzengefühl ans Werk.

Je nachdem, wie gut Ihr Verhältnis zum Geschäftsführer ist, können Sie ihn direkt ansprechen und darauf hinweisen, dass Gerüchte über ihn kursieren. Sollte er tatsächlich in eine neue Position wechseln, kann er seine Strategie zur Kommunikation entsprechend anpassen, ohne dass er sein Gesicht verlieren muss.

So bauen Sie Vertrauen auf

Sollten Sie selbst schon gemutmaßt haben, dass die Kollegin X schwanger ist, fassen Sie ihr nicht gleich an den Bauch und fragen „Na, wann ist es denn soweit?" Beobachten Sie erst im Stillen und reden Sie vor allem nicht mit anderen darüber. Die Kollegin hat eine Verpflichtung, rechtzeitig über die Schwangerschaft zu informieren, und in der Regel ist dann immer noch genug Zeit, auf die Veränderung zu reagieren. Viel peinlicher ist es, wenn Sie die Kollegin auf eine Schwangerschaft ansprechen, die gar nicht vorhanden ist.

Wenn Sie befürchten, dass Auslagerungen von Abteilungen stattfinden, ohne dass man Sie informiert hat, versuchen Sie, dies zu klären. Wenn Sie sicher sind, dass nichts geplant ist, nehmen Sie dem Gerücht gleich zu Beginn den Wind aus den Segeln.

Wenn eine Kollegin Z angeblich nur Lügen verbreitet, versuchen Sie, herauszufinden, warum der Mitarbeiter, der Ihnen das mitteilt, dies so sieht.

Versuchen Sie, in allen Fällen unbedingt vertrauensvoll auf Ihre Mitarbeiter zuzugehen. Es ist leicht geschehen, dass man auf ein Gerücht hereingefallen ist. Kritisieren Sie Ihre Mitarbeiter daher nicht, wenn sie einem Gerücht erlegen sind. Versuchen Sie lieber, zu verstehen, woher das Gerücht kommt, um dieses in geeigneter Weise eindämmen zu können.

Je mehr Vertrauen Sie zu Ihren Mitarbeitern haben, je eher können Sie davon ausgehen, dass sie Sie über beunruhigende Gerüchte informieren werden, und je eher können Sie darauf reagieren.

Machen Sie sich immer erst ein Bild von allen Seiten einer Situation, bevor Sie sich ein Urteil erlauben. Rennen Sie nicht mit der Information von nur einer Seite in den Kampf, sondern holen Sie erst auch die Information der anderen Seite ein.

So bauen Sie Vertrauen auf

Authentizität

„Sei du selbst. Alle anderen sind bereits vergeben."

Oscar Wilde

Grob gesagt ist Authentizität die Übereinstimmung von „Schein" und „Sein". Wenn also das, was unser Umfeld von uns wahrnimmt, dem entspricht, was wir wirklich sind, sprechen wir von „Authentizität" oder auch von „Echtheit". Manche Menschen möchten gerne etwas anderes sein, als sie wirklich sind. Sie versuchen, ein Scheinbild von sich zu vermitteln. Dies geschieht oft dann, wenn Menschen noch unerfahren in ihrer Position sind. Wir erleben oft, dass Menschen, die schon sehr jung in verantwortungsvolle Positionen kommen, fast schon verzweifelt versuchen, so zu tun, als seien sie der Verantwortung spielend gewachsen.

Sie verhalten sich vielleicht arrogant oder rechthaberisch, lassen keine Kritik zu und zeigen ein Übermaß an Strenge. Damit wird aber lediglich die eigene Unsicherheit überspielt. Ein solches Scheinbild lässt sich im täglichen Miteinander nur sehr schwer aufrechterhalten, sodass das Umfeld solche Personen schnell durchschaut und dann erst recht nicht mehr ernst nimmt. Manche Vorgesetzte glauben, sie seien nur dann eine gute Führungskraft, wenn sie absolut unfehlbar sind und keinen Makel zeigen. Sobald sie einen Fehler machen, versuchen sie alles, diesen zu vertuschen, um ihre Autorität als Führungskraft nicht zu gefährden. Auch dies geht nur kurze Zeit gut, bis die Mitarbeiter die Maskerade durchschauen.

Fassaden und Scheinbilder zu errichten kostet viel Kraft, die besser in eine effiziente Arbeit investiert wäre, denn langfristig lässt sich eine Fassade kaum aufrechterhalten.

So bauen Sie Vertrauen auf

Mitarbeiter schätzen es, wenn Vorgesetzte ehrlich und authentisch sind!

Auch wenn das eigene „echte Selbst" nicht immer perfekt ist, ist es immer noch besser als jedes künstliche Konstrukt. Gerade für Menschen mit wenig Erfahrung mag es schwer sein, sich authentisch zu zeigen, denn die Anforderungen sind oft sehr groß. Eine Fassade kann dann auch erst mal ein Schutz sein, hinter dem sich der ein oder andere gut verstecken kann, bis mehr Erfahrung ihn dazu bringt, langsam mehr von sich selbst preiszugeben. Es lohnt sich aber, dies eher früher als später zumindest zu versuchen.

Ein klassischer Fall ist z. B., wenn ein Vorgesetzter nicht über die gleiche Fachkenntnis verfügt wie die eigenen Mitarbeiter. Er mag dann zunächst vertuschen wollen, dass er nur die Hälfte von dem versteht, was die Mitarbeiter mit ihm diskutieren. Diese merken schnell, dass der Chef in bestimmten Punkten keine Ahnung hat und werden sich vielleicht schon bald einen Spaß daraus machen, ihn mit ihrer Fachsimpelei in die Irre zu führen.

Dabei ist es überhaupt nicht nötig, dass ein Vorgesetzter immer mehr wissen muss als die Mitarbeiter. Stattdessen sollte er froh sein, ein kompetentes Team um sich zu wissen. Die Mitarbeiter werden dann eher ihre Freude daran haben, ihm Zusammenhänge zu erläutern, woran sie selbst wieder lernen können.

Wie stellen wir also sicher, dass wir authentisch sind und „Schein" und „Sein" in Übereinstimmung bringen?

Glaubwürdig sein

Glaubwürdigkeit bedeutet, dass Ihr Gegenüber Ihre Aussagen als gültig akzeptiert, sprich, dass man Ihnen glaubt, wenn Sie etwas sagen. Sie sind also „würdig, dass man Ihnen Glauben schenkt." Diese Glaubwürdigkeit ist ein Ergebnis von Erfahrungen, die andere Menschen mit Ihnen in der

Vergangenheit gemacht haben. Sofern Ihr Umfeld Sie bisher als ehrlichen Menschen wahrgenommen hat, wird man Sie grundsätzlich auch als „glaubwürdig" wahrnehmen. Dies beinhaltet jedoch nicht nur, dass man ehrlich ist. Zusätzlich sollte man auch wissen, wovon man spricht und Gedankengänge so vermitteln, dass andere folgen können. Wer sich in Fachbegriffen und komplizierten Darstellungen verliert, mag dabei sehr ehrlich sein, aber dennoch nicht glaubwürdig. Stellen Sie also sicher, sich stets so zu vermitteln, dass Ihre Mitarbeiter Ihnen leicht folgen und ausnahmslos Glauben schenken können.

Sich nicht verstellen
Wir haben weiter oben schon erläutert, dass Authentizität bedeutet, keine Fassaden um sich herum zu errichten, die dem eigenen „Sein" nicht entsprechen. Menschen neigen aber manchmal auch schon im Kleinen dazu, sich lieber zu verstellen, als sich authentisch zu vermitteln.

Wenn ein Vorgesetzter z. B. einen schlechten Tag hat, weil er schlecht geschlafen oder zu Hause Probleme hat, dann mag er versuchen wollen, dies zu vertuschen und so zu tun, als sei alles in bester Ordnung. Sicher gehören auch nicht alle privaten Probleme ungefiltert in den Arbeitsalltag und es ist richtig, sich bei der Arbeit nicht hängen zu lassen, nur weil man mal müde ist. Je nachdem wie belastet man ist, wird es aber sehr schwer sein, sich auf Dauer zu verstellen. Es ist dann sehr viel leichter, kurz darauf hinzuweisen, dass man heute etwas müde und daher nicht gerade zu Scherzen aufgelegt ist, wie vielleicht an anderen Tagen. Man muss nicht gleich jedes intime Detail aus seinem Privatleben mit den Kollegen oder Mitarbeitern teilen, aber es kann durchaus sinnvoll sein, kurz darauf hinzuweisen, dass man gerade ein paar Dinge außerhalb der Arbeit hat, durch die man abgelenkt ist.

Schwierig ist es auch, wenn man einen anderen Menschen beim besten Willen nicht sympathisch finden kann und es einem sehr schwerfällt, freundlich mit ihm umzugehen. Man mag versuchen, sich zu verstellen und höflich zu bleiben, aber auf Dauer wird es vermutlich schiefgehen. Sofern man mit der anderen Person regelmäßig umgehen muss, ist es daher besser, über die Hürde zu springen und das Gespräch zu suchen, als sich auf Dauer verstellen zu wollen. Sieht man keine Möglichkeit, sich der anderen Person doch noch anzunähern, ist es eher angebracht, sich so neutral wie möglich zu verhalten, anstatt eine künstliche Freundschaftlichkeit zu präsentieren.

Ehrlich sein
Ehrlichkeit ist selbstredend ein wichtiger Aspekt, wenn man authentisch sein möchte. Über die Bedeutung der Ehrlichkeit anderen gegenüber haben wir schon reichlich Worte verloren.

Seien Sie aber auch ehrlich mit sich selbst. War es wirklich der Mitarbeiter, der den Zeitpunkt für den Termin falsch verstanden hat, oder haben Sie selbst vielleicht eine falsche Zeit in Ihrem Kalender vermerkt? Kommt Ihr Humor wirklich so gut an bei den Mitarbeitern, oder sehen Sie in den Gesichtern Ihres Teams nur ein zweifelhaftes Grinsen, wenn Sie selbst sich mal wieder mit schallendem Lachen auf die Schenkel klopfen? Können Sie sich wirklich so gut und präzise ausdrücken, oder fallen Ihre Mitarbeiter vor Müdigkeit fast vom Stuhl, wenn Sie mal wieder versuchen, ihnen komplexe Zusammenhänge in langen Referaten zu vermitteln?

Seien Sie stets wachsam dahingehend, welches Bild Sie nach außen vermitteln. Scheuen Sie sich nicht, immer mal wieder Feedback von Ihren Mitarbeitern (und von den Vorgesetzten sowieso) einzufordern, um zu verhindern, dass sich Ihr Selbstbild immer weiter von der Realität bzw. dem „Fremdbild" entfernt.

So bauen Sie Vertrauen auf

Selbst mit gutem Beispiel vorangehen

Erwarten Sie nichts von anderen, was Sie selbst nicht auch leisten können! Wenn Sie möchten, dass Ihre Mitarbeiter pünktlich sind, seien Sie selbst nicht unpünktlich. Erwarten Sie genaues Arbeiten von Ihren Mitarbeitern, zeigen Sie selbst keine Präsentation, in der es von Fehlern nur so wimmelt. Möchten Sie ehrliche Mitarbeiter in Ihrem Team, seien sie selbst ehrlich. Ist Ihnen ein ordentliches Erscheinungsbild Ihrer Mitarbeiter wichtig, kommen Sie selbst nicht in der Jogginghose zur Arbeit. Erwarten Sie, dass das Arbeitszeitgesetz eingehalten wird, schicken Sie Ihren Mitarbeitern keine E-Mails mitten in der Nacht.

„Was Du nicht willst, das man Dir tu', das füg' auch keinem anderen zu" lässt sich hier leicht umkehren in „Was Du willst, das andere tun, tue selbst genauso". An dieser Stelle sei nochmals auf den Punkt „Glaubwürdigkeit" (s. o.) verwiesen. Ich bin nicht glaubwürdig, wenn ich meinen Mitarbeitern predige, wie schädlich das Rauchen ist, wenn ich bei nächster Gelegenheit mit einer Zigarette hinter dem Haus erwischt werde. Lieber predige ich gar nicht erst über das Rauchen, wenn ich selbst nicht davon loskomme.

Im Grunde genommen können Sie sich darauf verlassen, dass Ihre Mitarbeiter sich sehr schnell zu einem Spiegel Ihres eigenen Verhaltens entwickeln. Wenn Sie das, was Ihnen wichtig ist, „vormachen" bzw. „vorleben", werden Ihre Mitarbeiter Ihren eigenen Werten nahezu automatisch folgen. Durch Ihr eigenes Verhalten bilden Sie die Grundlage für die Werte und die Kultur in Ihrer eigenen Abteilung. Solange Sie Ihre Mitarbeiter mit Respekt und Ehrlichkeit behandeln, werden diese sich auch Ihnen gegenüber so verhalten. Wenn Sie pünktlich sind, werden Ihre Mitarbeiter ebenfalls pünktlich sein.

Aus der Erziehung von Kindern hat sich ein Spruch entwickelt: „Eltern brauchen ihre Kinder nicht zu erziehen. Die Kinder machen den Eltern sowieso nur alles nach". Die Führung von Mitarbeitern ist gar nicht so unterschiedlich davon zu sehen. Wenn der Vorgesetzte ein gutes Verhalten zeigt, lehnen sich die Mitarbeiter automatisch daran an.

So bauen Sie Vertrauen auf

Respekt und Anteilnahme

„Wenn wir nicht auf die Gefühle anderer achten, haben wir keine Richtschnur für unser Verhalten."

Dalai-Lama, Tenzin Gyatso, 14. geistiges und politisches Oberhaupt der Tibeter

Bisher haben wir uns in der Bildung von Vertrauen ausschließlich darauf konzentriert, wie sich der Vorgesetzte selbst verhalten und seinem Umfeld darstellen sollte. Aber auch wenn ein Vorgesetzter in seinem eigenen Verhalten alles richtig macht, fehlt für die Bildung von Vertrauen noch ein wichtiger Aspekt, nämlich das Interesse am Mitarbeiter.

Wer führt, muss Menschen mögen! Gute Führung kann nur leisten, wer an anderen Menschen interessiert ist. Führung heißt, andere Menschen zu einer guten Leistung und effektivem Arbeiten anzuleiten. Dies kann nur geschehen, wenn jeder Mitarbeiter mit seinen Facetten als Mensch verstanden und erkannt wird. Einem Vorgesetzten sollte es daher naturgemäß Freude bereiten, andere Menschen zu verstehen, ihre Stärken zu erkennen und zu fördern.

Respekt und Anteilnahme sind somit wichtige Bausteine im Aufbau und Erhalt von Vertrauen der Mitarbeiter zu einem Vorgesetzten.

Sich für die Probleme der Mitarbeiter interessieren

Mitarbeiter, die Probleme haben, sei es bei mit der Arbeit, den Kollegen, als auch privat, sind nicht effizient, denn ein Teil ihrer Energie wird für die Probleme und nicht für die Aufgabe verwendet. Es ist daher im Interesse des Vorgesetzten, sich Kenntnis über mögliche Probleme zu verschaffen und – wenn möglich – bei der Lösung zu unterstützen.

So bauen Sie Vertrauen auf

Am leichtesten ist es, Probleme aufzudecken, wenn ohnehin schon ein gutes Verhältnis zwischen Vorgesetzten und Mitarbeitern besteht. Im täglichen allgemeinen Miteinander wird dann schnell klar, wenn ein Mitarbeiter nicht so leistungsfähig ist wie sonst. Seien Sie also wachsam. Wenn Sie feststellen, dass ein Mitarbeiter sich verändert, anders arbeitet als üblich, sprechen Sie ihn an und versuchen Sie, den Hintergrund zu erfahren. Zeigen Sie Interesse für die Probleme und zeigen Sie die Bereitschaft, bei der Lösung zu helfen.

Handelt es sich um Probleme mit der Arbeit, reicht vielleicht schon eine zusätzliche Erläuterung, um den Mitarbeiter wieder „auf Spur" zu bringen. Handelt es sich um einen Konflikt im Team, können Sie anbieten, mit dem Team ein klärendes Gespräch zu führen. Private Probleme sind etwas schwieriger, denn hier wird sich ein Mitarbeiter nicht immer gleich öffnen wollen, und es ist auch nicht Ihre Aufgabe, alle privaten Probleme der Mitarbeiter zu lösen. Dennoch können Sie zeigen, dass Sie daran interessiert sind, dass der Mitarbeiter sich - ohne Ablenkung durch etwaige Sorgen oder Probleme - auf die Arbeit konzentrieren kann.

Auch privates Interesse zeigen

In einem hektischen Arbeitsumfeld bleibt oft nicht viel Zeit, sich über private Dinge auszutauschen. Dennoch gehört es zu einer guten Führungsarbeit dazu, nicht nur über die fachliche Qualifikation der eigenen Mitarbeiter Bescheid zu wissen, sondern auch zu sehen, was sie im privaten Bereich antreibt. Mitarbeiter blühen oft auf, wenn sie über ihre privaten Interessen berichten können. Oft sind persönliche Hobbys sogar dienlich für die Arbeitsabläufe. Wer für den eigenen Verein schon mal ein Sommerfest organisiert hat, weiß vielleicht, welches Catering-Unternehmen das Essen für die Abteilungs-Weihnachtsfeier liefern kann. Wer guter Bogenschütze ist, kann beim nächsten Team-Event eine kleine Einlage über das Thema „Wie fokussiere ich mich auf mein Ziel" für die Kollegen geben. Eine gute

So bauen Sie Vertrauen auf

Zusammenarbeit entsteht nicht zuletzt durch ein gutes persönliches Miteinander, in dem auch über private Themen gesprochen wird. Mitarbeiter, die sich auch auf der privaten Ebene verstanden fühlen, können sich auch besser auf die Arbeit konzentrieren. Nicht zuletzt mag der Vorgesetzte deckungsgleiche Interessen wie mancher Mitarbeiter haben, und man kann sich in der Pause über schöne Wanderwege, neue Automodelle, Designerschmuck etc. austauschen.

Mitarbeiter beraten und unterstützen
Ein vertrauensvolles Miteinander bedeutet auch, dass der Vorgesetzte von seinen Mitarbeitern als geeignet angesehen wird, wenn es um die eigene Entwicklung geht. Die besten Vorgesetzten sind die, von denen Mitarbeiter etwas lernen können.

Damit soll nicht gesagt sein, dass Sie nun ein ausführliches Lehrprogramm entwickeln und Ihre Mitarbeiter mit komplexen Vorträgen langweilen sollen. Vielmehr geht es darum, die Mitarbeiter sanft in ihrer Entwicklung anzustoßen und durch Anregungen und Hilfestellung im täglichen Arbeiten zu unterstützen.

Es ist eine große Auszeichnung, wenn Mitarbeiter aktiv mit Fragen an den Vorgesetzten herantreten und bei ihm Rat holen, sei es in Fragen über die Arbeit, oder auch für ein persönliches Problem. Dabei ist wichtig, dass der Vorgesetzte seine Ratschläge nicht da aufdrängt, wo er es für richtig erachtet. Vielmehr sollte er versuchen, ein Umfeld zu schaffen, das es den Mitarbeitern leichtmacht, sich an ihn zu wenden.

Nicht vor anderen tadeln
Andere zu respektieren bedeutet, sie nicht vor anderen zu erniedrigen. Mitarbeiter sollten durch das Verhalten eines Vorgesetzten nie ihr Gesicht verlieren. Achten Sie also unbedingt darauf, dass Sie kritische Rückmeldungen

nur im persönlichen Gespräch mit einem Mitarbeiter geben, ohne dass andere Kollegen dabei sind. Es ist schon schwer genug, negative Kritik von Vorgesetzten anzunehmen. Wenn dies zusätzlich in Gegenwart anderer erfolgt, fühlt man sich als Mitarbeiter unnötig „klein gemacht" und angegriffen. Der Fokus verschiebt sich dann schnell weg vom eigentlichen Problem, hin zu der Scham vor den Kollegen, die die „Standpauke" mitbekommen haben. Ein so behandelter Mitarbeiter wird eher über Rechtfertigungen oder über seine Wut auf den Vorgesetzten nachdenken, als über eine positive Lösung des Problems.

Wenn Sie also nicht einfach nur Macht ausüben, sondern ein Problem effektiv lösen möchten, sprechen Sie mit dem Mitarbeiter alleine darüber. Der Mitarbeiter kann sein Verhalten vielleicht ausreichend erklären, Sie haben vielleicht etwas missverstanden, oder es fehlen Ihnen wichtige Informationen für die Bewertung der Situation. Wenn Sie den Mitarbeiter dann in Gegenwart anderer kritisieren, verliert am Ende nicht nur er sein Gesicht, sondern Sie gleich mit. Auch Sie möchten von Ihrem eigenen Vorgesetzten nicht vor versammelter Mannschaft kritisiert werden. Zollen Sie den Respekt, den Sie sich für sich selbst wünschen, auch Ihren Mitarbeitern.

Kritik immer mit Hilfsangebot verknüpfen
Als Vorgesetzter tragen Sie die Verantwortung für die Leistung Ihrer Mitarbeiter. Wenn ein Mitarbeiter keine gute Leistung zeigt, sind Sie vielleicht selbst ein Teil des Problems. Daher: Werden Sie Teil der Lösung! Wenn Sie Kritik üben müssen, weil ein Mitarbeiter sich nicht erwartungsgemäß verhalten hat, versuchen Sie, gemeinsam mit ihm die Hintergründe aufzudecken. Ist das Problem dann genauer identifiziert, bieten Sie dem Mitarbeiter an, mit ihm gemeinsam an einer Lösung zu arbeiten.

So bauen Sie Vertrauen auf

Aufmuntern und motivieren

Schaffen Sie ein Umfeld, in dem Mitarbeiter sich wohlfühlen und ohne psychischen Druck ihre Arbeit bewältigen können. Unterstützen Sie die Mitarbeiter durch offene Worte, Anerkennung und Hilfestellung. Sehen Sie in Ihren Mitarbeitern Menschen, die Interesse an guter Leistung haben und helfen Sie ihnen dabei, diese gute Leistung erbringen zu können. In erster Linie erreichen Sie ein solches Umfeld durch einen generell vertrauensvollen Umgang. Manchmal können kleine zusätzliche Maßnahmen helfen, die Motivation noch mal besonders anzustoßen. Dies kann z. B. eine Runde Eis an einem heißen Tag, eine Stunde früher frei am Ende einer besonders harten Woche, oder ein Strauß Blumen zum Geburtstag sein. Machen Sie es Ihren Mitarbeitern leicht, jeden Morgen aufs Neue mit Freude zur Arbeit zu kommen.

Typische Fehler und Probleme

Wir führen täglich Gespräche aus unterschiedlichsten Anlässen und mit den unterschiedlichsten Personen. Leider verlaufen nicht alle diese Gespräche zufriedenstellend. Oft ist einer der Gesprächspartner unzufrieden mit der Art des Gesprächs, nicht selten sogar mehrere oder alle Beteiligten. Häufig ärgern wir uns während oder nach dem Gespräch auch über uns selbst. War es denn unbedingt nötig, das zu sagen? Wäre es nicht klüger gewesen, nachzugeben? Oder warum bin ich während des Gesprächs so wütend geworden? Nachträglich betrachtet, wäre das doch gar nicht erforderlich gewesen.

Natürlich kann man nicht alle Fehler in jedem Gespräch vermeiden. Wenn man jedoch die häufigsten typischen Gesprächsführungsfehler kennt, hilft das sehr dabei, weniger und seltener in diese Fehlerfallen zu tappen.

Im Folgenden haben wir die typischen Fehler beschrieben, die in Mitarbeitergesprächen immer wieder vorkommen. Wenn Sie es schaffen, ein Gespür dafür zu entwickeln, wann und wo solche Fehlerfallen drohen, werden Ihre Gespräche zukünftig wesentlich stressfreier und für beide Seiten befriedigender ablaufen.

Fehler in Gesprächsführung und Verhalten

Viele Probleme und Fehler treten in Gesprächen auf, weil einer oder beide Gesprächspartner bestimmte Grundregeln der Kommunikation nicht kennen oder nicht einhalten. Dazu gehören ganz offensichtliche, wie den Gesprächspartner ausreden zu lassen, aber auch subtilere, die nicht so einfach zu erkennen sind. Letztere basieren in vielen Fällen auf der Unfähigkeit oder auch dem fehlenden Willen, sich in die Lage oder Position des Gesprächspartners hineinzuversetzen.

In Bereich der Psychologie und Kommunikationstheorie spricht man hierbei auch über die Fähigkeit zur Perspektivenübernahme. Die Fähigkeit zur Perspektivenübernahme oder zum Perspektivwechsel ist elementar wichtig, um erfolgreich mit anderen Menschen arbeiten und kommunizieren zu können. Viele der folgenden *Typischen Fehler* haben ihre Ursache genau in diesem Punkt. Und fast alle dieser Fehler lassen sich vermeiden, wenn man es schafft, sich während des Gesprächs immer wieder mal kurz in die Person hineinzuversetzen, mit der man gerade spricht.

Den Mitarbeiter häufig unterbrechen

In einem guten Gespräch kommen beide Seiten ausreichend zu Wort. Die Gesprächspartner lassen einander ausreden und jeder kann in Ruhe seine Argumente und Standpunkte darlegen. Leider funktioniert das nicht immer optimal. Oft möchte man einer Aussage sofort widersprechen, oder man würde dem Gesprächspartner am liebsten sagen, er solle doch endlich mal zum Kern seiner Aussage kommen. Insbesondere, wenn die Gesprächszeit begrenzt ist, fällt es häufig schwer, den anderen ausreden zu lassen, wenn dieser scheinbar endlos redet.

In einem Mitarbeitergespräch ist es in der Regel die Aufgabe des Vorgesetzten, den Gesprächsverlauf zu moderieren oder zu steuern. Diese Rolle setzt natürlich voraus, dass der „Gesprächsleiter" verantwortungsvoll mit seiner Macht umgeht. Es geht bei einem Mitarbeitergespräch in erster Linie um den Mitarbeiter, weshalb diesem auch ausreichend Freiraum zum Äußern seiner Meinungen und Wünsche eingeräumt werden muss.

Das gilt auch dann, wenn man meint, schon zu wissen, was der andere sagen will. Allzu leicht kommt es dazu, dass der Gesprächspartner unterbrochen wird. Das ist dann nicht nur unhöflich, sondern beeinträchtigt auch die Atmosphäre des ganzen Gesprächs. Mindestens ebenso unangenehm ist es, wenn ein Gesprächspartner die Sätze des anderen beendet, weil er meint, er wisse sowieso schon, was der sagen will.

Mögliche Folgen des Unterbrechens des Mitarbeiters:

- Die Gesprächsatmosphäre leidet und wird insgesamt „unfreundlicher". Es wird schwieriger, zu einvernehmlichen Lösungen zu kommen.
- Der Mitarbeiter fühlt sich nicht wertgeschätzt und ernst genommen. Er fühlt sich unwohl und ist in der Folge weniger kooperativ.

Typische Fehler und Probleme

- Der Mitarbeiter „verstummt". Sie erfahren nicht mehr viel von ihm.
- Der Mitarbeiter reagiert genervt oder unter Umständen sogar aggressiv.
- Der Mitarbeiter imitiert Ihr Verhalten und unterbricht Sie nun ebenfalls.

Sie sehen, es gibt eine Menge Gründe, den Fehler des Nicht-Ausreden-Lassens zu vermeiden. Das gilt im Übrigen auch dann, wenn der Mitarbeiter selbst dazu neigt, IHNEN ins Wort zu fallen. Nehmen Sie das nicht zum Anlass, sich selbst genauso zu verhalten. Denn: Im Gegensatz zu Ihnen muss ein Mitarbeiter nicht in jedem Fall in der Lage sein, ein Gespräch korrekt zu führen.

Typische Fehler und Probleme

Durch suggestive Formulierungen wird dem Mitarbeiter „nahegelegt", was er zu meinen und zu sagen hat.

Dieser Fehler wird besonders oft dann gemacht, wenn der Mitarbeiter von selbst nur wenig zum Gespräch beiträgt. Der Vorgesetzte versucht dann, ihm zu helfen, oder er möchte die unangenehme Situation schneller beenden, indem er Formulierungen vorschlägt oder vorgibt.

Nicht selten möchte auch der Vorgesetzte die von ihm selbst als unangenehm empfundene Situation des Mitarbeitergesprächs möglichst konfliktlos zum Ende bringen. Dann kommt es oft zu sogenannten Suggestivfragen:

- *„Die Zusammenarbeit mit der Abteilung X läuft doch sicher gut?"**
- *„Sicher möchten Sie doch auch, dass wir diesen Auftrag bekommen?"**
- *„Sie werden sich doch bestimmt mit Ihren Kollegen wegen des Urlaubs einigen?"**
- *„Sie sehen doch bestimmt ein, dass eine Gehaltserhöhung (momentan) nicht möglich ist?"**

Auch sogenannte Alternativfragen führen dazu, dass der Mitarbeiter nicht frei äußern kann, was er denkt, meint oder wünscht:

- *„Nehmen Sie Ihren Urlaub im März oder im Oktober?"**
- *„Sind Sie damit einverstanden, oder müssen wir uns darüber streiten?"**

Viel besser und für ein professionelles Mitarbeitergespräch angemessen, sind offene Fragen, die dem Mitarbeiter die Möglichkeit geben, sich frei und ohne Zwänge zu äußern.

Offene Fragen werden auch als W-Fragen bezeichnet, weil sie meist mit Fragewörtern wie „Wie", „Wer", „Was", „Warum" usw. beginnen:

- *„Wie fühlen Sie sich in der neuen Abteilung?"*
- *„Warum gab es Probleme mit dem Kunden XY?"*

Typische Fehler und Probleme

💬 *„Was würden Sie in Ihrem Arbeitsumfeld verbessern?"*

Mit offenen Fragen bringen Sie Ihren Gesprächspartner zum Reden und dazu, seine Gedanken und Gefühle zu äußern. Dazu gehört natürlich auch, den Mitarbeiter ausreden zu lassen und ihm aufmerksam zuzuhören.

Typische Fehler und Probleme

Vorgesetzter hält einen Monolog

Ein Monolog ist ein „Gespräch", bei dem nur eine Person spricht. Und wie Sie an den Anführungszeichen erkennen können, hat das natürlich nichts mit einem wirklichen Gespräch zu tun. Ein Monolog ist bestenfalls ein Selbstgespräch, oft aber eher ein Vortrag, bei dem einer redet und der oder die anderen schweigen.

Die Betonung beim Wort Mitarbeitergespräch liegt auf „Gespräch" und die Hauptperson bei diesem Gespräch ist der Mitarbeiter, um den es geht. Keinesfalls geht es darum, dem Mitarbeiter einen Vortrag zu halten. Auch die EIGENEN Probleme (beruflich oder privat) sollten in einem Mitarbeitergespräch keine Rolle spielen. Ihr Mitarbeiter will nicht wissen, wie schwierig IHR Job ist. Er hat genug mit SEINEM zu tun und darum muss es in einem Mitarbeitergespräch auch gehen.

Manche Vorgesetzte nutzen das Mitarbeitergespräch auch für die Bekanntgabe von allgemeinen Mitarbeiterinformationen. Frei nach dem Motto: „Wenn wir hier schon mal zusammensitzen, können wir das auch gleich erledigen." Das ist aber nicht der Sinn eines Mitarbeitergesprächs. In diesem Gespräch soll es ganz spezifisch um diesen einen Mitarbeiter, seine Leistungen oder seine Probleme gehen.

Dazu ist es unbedingt notwendig, den Mitarbeiter ausreichend zur Sprache kommen zu lassen. Das Zauberwort heißt hier: Zuhören!

- keinen Vortrag halten
- selbst nicht zu viel reden
- dem Mitarbeiter wirklich zuhören
- Gesprächspausen aushalten

Typische Fehler und Probleme

- dem Mitarbeiter Zeit geben, seine Gedanken zu ordnen und zu formulieren

Typische Fehler und Probleme

Vorgesetzter und Mitarbeiter sprechen nicht die gleiche Sprache

Kommunikationsprobleme können auftreten, wenn sich der Vorgesetzte und der Mitarbeiter auf unterschiedlichen Sprachebenen bewegen oder gar tatsächlich nicht die gleiche Sprache sprechen.

> *„Es gibt eine Dissonanz im sozialen Handeln, wenn ein Sprecher mit elaboriertem Code und komplexer Syntax auf einen trifft, dessen Code restringiert und frugal strukturiert ist."*

Haben Sie verstanden, was der obenstehende Satz bedeutet? Wenn nicht, keine Sorge. Nur Linguisten und Soziologen sollte es zu denken geben, wenn sie das nicht verstanden haben. Der Satz zeigt aber gut, wie man einen einfachen Sachverhalt so beschreiben kann, dass ihn längst nicht jeder wirklich verstehen kann.

Das gleiche Problem tritt häufig auch bei den typischen Mitarbeitergesprächen in deutschen Unternehmen auf. In der Regel in der Form, dass der Vorgesetzte Wörter und Redewendungen benutzt, die der Mitarbeiter nicht oder falsch versteht. Das passiert auf unterschiedliche Art und Weise:

Verwendung von Fremdwörtern, die der Gesprächspartner u. U. nicht kennt:

> *„Corpus Delicti" (Gegenstand des Verfahrens, Beweisstück)*
>
> *„Contenance!" (Haltung, Beherrschung bewahren!)*
>
> *„rudimentär" (nicht vollständig)*
>
> *„trivial" (einfach, selbstverständlich)*
>
> *„Pendant" (Gegenstück)*
>
> *„Odyssee" (Irrfahrt)*

Typische Fehler und Probleme

Verwendung von fremdsprachigen Redewendungen:

„De gustibus non est disputandum" (Über Geschmack lässt sich nicht streiten.)

„Chaque chose en son temps." (Alles zu seiner Zeit)

„A miss is as good as a mile." (Knapp daneben ist auch vorbei.)

„C'est la vie" – (Das ist das Leben / So ist es halt im Leben)

„Chapeau!" – (Hut ab! / Gut gemacht!)

„Enfant terrible" – (schreckliches Kind / jemand, der häufig Ärger macht)

Verwendung von „Firmensprech":

„Implementieren von Prozessen"

„Bündeln von Kompetenzen"

„Synergieeffekte"

„Applikationen"

„Human Ressources"

„Shareholders"

„Allokieren"

Kommt Ihnen das bekannt vor? Vielleicht mussten Sie auch selbst bei dem ein oder anderen Beispiel kurz überlegen? Wie viel schwieriger muss das dann erst mal für einen Mitarbeiter sein, der möglicherweise seit seinem 16. Lebensjahr keine Schule mehr besucht hat? Und selbst viele halbwegs gut gebildete Menschen können mit Vielem, was so in deutschen Unternehmen gesprochen wird, nichts oder nur wenig anfangen.

Und nur die wenigsten trauen sich, nachzufragen. Aus Angst, dumm oder ungebildet zu erscheinen, werden die unbekannten Wörter „geschluckt", ohne wirklich verstanden zu haben, was der andere eigentlich meint. Abgesehen davon, dass wichtige Informationen auf diese Weise möglicherweise

Typische Fehler und Probleme

nicht beim anderen ankommen, verdirbt eine unterschiedliche „Sprechhöhe" auch die Gesprächsatmosphäre.

In noch viel stärkerem Maße trifft das Gesagte natürlich auf Mitarbeiter zu, deren Muttersprache nicht Deutsch ist. Sie verstehen oft nur „Bahnhof", wenn auf diese Weise mit ihnen gesprochen wird. Im Gespräch mit Nicht-Muttersprachlern sollten Sie darüber hinaus auch alle Redewendungen vermeiden, die nicht zum absoluten Grundwortschatz des Deutschen gehören (Redewendungen gehören meist gar nicht dazu!). Sätze wie „Ich verstehe nur Bahnhof." oder „Arbeiten wie ein Pferd." werden von Fremdsprachlern entweder gar nicht, oder völlig falsch verstanden. Selbst ein kurzes „Alles in Butter!" löst bei jedem, dessen Muttersprache nicht Deutsch ist, verwundertes Stirnrunzeln hervor.

Es gibt zwei einfache Grundregeln, mit denen man nie falsch liegt:

1. Nie davon ausgehen, dass der Gesprächspartner ebenso eloquent und gebildet ist, wie man selbst. Im Zweifelsfalle immer ganz einfach beginnen. Man kann die Sprechhöhe immer noch hochschrauben, wenn man feststellt, dass der andere auf einem ähnlichen Niveau diskutiert.

2. Wichtige Botschaften immer so einfach, deutlich und klar formulieren, wie es nur eben geht. Vermeiden Sie alle Fremdwörter, Redewendungen und vor allem *Firmensprech*, wenn Sie nicht zu 100% sicher sind, dass Ihr Gegenüber das auch WIRKLICH versteht!

Typische Fehler und Probleme

Eine Situation wird zu einseitig betrachtet

Ginge es nur um Themen und Inhalte, die einfach und eindeutig sind, bräuchte man im Grunde gar kein Gespräch zu führen. Über die Frage, ob 2 + 2 Vier ergibt, muss man sich nicht unterhalten und erst recht nicht streiten. Bei so gut wie allen anderen Gesprächsthemen gibt es aber in der Regel mindestens zwei und oft mehr verschiedene Sichtweisen und Meinungen. Als Vorgesetzter macht man dann leicht den Fehler, die eigene Sichtweise als die einzig richtige und mögliche zu betrachten. Schließlich hat man ja viel mehr Erfahrung und einen besseren Überblick als der Mitarbeiter.

Das mag sogar richtig sein, aber was bringt Ihnen das, wenn Sie den Mitarbeiter überzeugen oder motivieren wollen? In diesem Fall müssen Sie das behandelte Thema oder Problem immer auch aus <u>seiner</u> Perspektive betrachten können. Nur, wenn Sie anerkennen, dass man die Sache auch anders sehen kann, haben Sie eine Chance, dass das Gespräch positive Effekte auf Mitarbeiter, Produktivität und Arbeitsklima hat.

Eine wichtige Rolle spielt dabei die Fähigkeit Perspektivenübernahme. Das ist die Fähigkeit, sich in eine andere Person hineinzuversetzen und Probleme – oder die Welt im Allgemeinen – aus deren Blickwinkel zu betrachten. Diese Fähigkeit ist die Basis jeder gelungenen Kommunikation.

Dabei lauert allerdings ein anderer, typischer Fehler, die sogenannte Stereotypisierung. Sie besteht darin, dem anderen bestimmte Denkmuster zu unterstellen, nur weil er zu einer bestimmten Gruppe von Menschen gehört. Dazu gehören zum Beispiel Annahmen wie:

- Alle Frauen denken, dass …

- Alle Ausländer verhalten sich so …

- Die Mitarbeiter aus der Produktion meinen immer …

- Typisch Verwaltung, die machen doch nur …

- Die aus dem Einkauf sitzen den ganzen Tag nur rum ...

Tipp:

Versuchen Sie sich, so gut Sie können, in die Lage Ihres Gesprächspartners hineinzuversetzen. Bleiben Sie immer offen und aufmerksam. Lassen Sie sich von Ihren Mitarbeitern überraschen. Nicht selten „ticken" diese ganz anders, als Sie vermuten.

Typische Fehler und Probleme

Vorgesetzte spielen ihre Position in der Hierarchie aus

In einem Mitarbeitergespräch geht es darum, <u>gemeinsam</u> an Perspektiven und an einer Optimierung der Arbeitsleistung des Mitarbeiters zu arbeiten. Anweisungen oder Befehle von Vorgesetztem zu Untergebenem sind hier fehl am Platz. Das bedeutet nicht, dass Sie in einem solchen Gespräch plötzlich übermäßig kollegial oder gar kumpelhaft agieren sollen. Die Tatsache, dass Sie der Vorgesetzte sind, ist allen Beteiligten ohnehin klar (oder sollte es zumindest sein). Der Mitarbeiter weiß genau, wo er und Sie in der Hierarchie stehen und wird das auch während des Gesprächs nicht vergessen. Betonen Sie dieses Gefälle aber zu stark, kann das zum Beispiel zu diesen Effekten führen:

- Der Mitarbeiter ist vor lauter Respekt eingeschüchtert.
- Der Mitarbeiter äußert nicht seine wirklichen Meinungen und Einschätzungen.
- Der Mitarbeiter formuliert sehr vorsichtig.
- Der Mitarbeiter traut sich nicht, Kritik zu äußern.
- Der Mitarbeiter geht davon aus, dass er ohnehin keinen Einfluss auf das Gespräch oder die Ergebnisse hat.
- Ergebnisse und Vereinbarungen werden zwar „geschluckt", aber nicht wirklich akzeptiert.
- Ergebnisse und Vereinbarungen werden scheinbar akzeptiert, selbst wenn sie nicht verstanden wurden.

Sie sehen also, dass es viele negative Folgen haben kann, den Mitarbeiter zu sehr spüren zu lassen, dass SIE das Sagen haben. Er weiß es sowieso und wird es begrüßen, wenn Sie etwas weniger als Chef und etwas mehr als ein an ihm interessierter Mensch auftreten.

Tipp:
Verhalten Sie sich freundlich und menschlich. Das ist auch dann möglich, wenn Sie Personalverantwortung für den Mitarbeiter haben. Denn: Vorgesetzte, die es nötig haben, auf ihren Status zu pochen, haben ohnehin ein Führungsproblem. Wer ständig betont, dass ER das Sagen hat, gewinnt keine Autorität, sondern verliert sie.

Typische Fehler und Probleme

Einer oder beide Gesprächspartner wollen „gewinnen"

In einem erfolgreichen Gespräch gibt es am Ende keinen Verlierer. Wer meint, dass ein Gespräch ein Kampf ist, bei dem der Stärkere gewinnt und der andere verliert, ist auf dem Holzweg. Ein Gespräch, das mit der Niederlage eines der beiden Gesprächspartner endet, ist tatsächlich eine Niederlage für beide Gesprächspartner. Ein solches Gespräch wird keinerlei positive Effekte bewirken und führt nur dazu, dass sich beide Gesprächspartner schlecht fühlen und das soziale Klima vergiftet wird.

Männer ...

... tappen leider besonders oft in diese Falle. Insbesondere, wenn zwei Vertreter dieser Spezies mit hohem Testosteronspiegel aufeinandertreffen. Dann kommt es nicht selten zu unausgesprochenen Machtkämpfen. Aber auch männliche Mitarbeiter, die einer vorgesetzten Frau gegenübersitzen, verfallen manchmal in männliches Imponiergehabe. Hinzu kommt, dass manche Männer nach wie vor Probleme damit haben, Frauen als gleichwertig oder gar als überlegen zu akzeptieren.

Aber ganz gleich, ob als Frau oder Mann: In einem Mitarbeitergespräch sollte es nicht ums Recht haben oder Gewinnen gehen, sondern darum, gute einvernehmliche Lösungen zu finden.

In einem erfolgreichen Gespräch gibt es keinen Verlierer!

Typische Fehler und Probleme

Gedankenlesen

Gedankenlesen ist ein klassischer Fehler, der in Gesprächssituationen immer wieder gemacht wird. Er besteht darin, zu glauben, dass man weiß, was der andere (eigentlich) denkt oder will. Man unterstellt seinem Gesprächspartner Absichten, Gedanken oder Hintergedanken, die dieser tatsächlich gar nicht geäußert hat. Nicht selten, treffen die Unterstellungen auch gar nicht zu oder entspringen tatsächlich eher den eigenen Gedankengängen in ähnlichen Situationen. Es ist deshalb wichtig, sich vor allem auf das zu konzentrieren, was der Gesprächspartner tatsächlich *sagt* und nicht darauf, was wir *glauben*, dass er denkt. Im Zweifelsfalle ist Nachfragen immer die allerbeste Lösung. Fragen Sie Ihren Gesprächspartner, was er genau meint. Oder fragen Sie nach, ob das, was Sie verstanden haben, auch so gemeint war.

Ein brauchbares Mittel ist es, kurz zu wiederholen, was man mein verstanden zu haben:

- *„Habe ich Sie richtig verstanden? Sie meinen also, dass Ihre Abteilung benachteiligt wird?"*
- *„Sie sagen also, dass Sie von Herrn X gemobbt werden?"*
- *„Ihrer Meinung nach, sind Sie mit Ihrer Arbeit unterfordert. – Richtig?"*

Anschuldigungen vorbringen

Es gehört zum kleinen 1 x 1 jedes Kommunikationsseminars: Man sollte möglichst vermeiden, dem anderen mit sogenannten Du-Botschaften (oder in unserem Fall mit Sie-Botschaften) entgegenzutreten. Du-Botschaften sind solche, in denen man dem Anderen direkte Vorhaltungen macht oder ihn direkt beschuldigt:

👎 *„Sie haben den Kunden nicht korrekt behandelt!"**

👎 *„Sie führen Ihre Mitarbeiter falsch!"**

Stattdessen soll man Ich-Botschaften einsetzen:

💬 *„Ich würde mir wünschen, dass Sie am Telefon etwas freundlicher sind."*

Im betrieblichen Alltag wirken die guten Ratschläge der Kommunikationstrainer allerdings manchmal etwas naiv. Soll man einem Mitarbeiter, der ständig zu spät kommt, tatsächlich so „weichgespült" gegenübertreten? Nicht unbedingt, dennoch haben direkte Anschuldigungen viele Nachteile:

- Der Mitarbeiter reagiert stur.
- Der Mitarbeiter weist reflexartig alle Beschuldigungen von sich.
- Der Mitarbeiter verschließt sich und ist für Argumente nicht mehr zugänglich.

Ursachen dafür gibt es viele. Einige liegen weit zurück in der Kindheit. Kinder entwickeln verschiedene (kindliche!) Strategien, um mit Vorwürfen und Anschuldigungen umzugehen. Und nicht wenige Menschen behalten diese Strategien auch als Erwachsene bei. Werden sie beschuldigt, verleugnen sie die Wahrheit oder „schlagen um sich", indem sie mit Gegenanschuldigungen reagieren.

Laut und/oder unsachlich werden

Wer schreit, hat schon verloren. Das gilt überall im Leben, angefangen bei der Kindererziehung. Wer sich aus der Ruhe bringen lässt oder gar die Beherrschung verliert, hat keine Chance mehr, das Gewünschte zu erreichen. Zudem schwächt er damit seine eigene Position und sein „Standing" gegenüber dem Gesprächspartner.

Natürlich gibt es immer wieder mal Situationen, in denen man am liebsten mit der Faust auf den Tisch schlagen möchte. Kommt es zu solchen Situationen, ist aber meist schon im vorherigen Gesprächsverlauf etwas schiefgelaufen. Lassen Sie sich niemals zu unbeherrschten Reaktionen provozieren. Gerade dann, wenn ein Mitarbeiter unsachlich, provokativ oder verletzend argumentiert, sollten <u>Sie</u> kurz innehalten und dann eine ruhige und sachliche Reaktion zeigen.

Vergessen Sie nie Ihre Rolle als Vorgesetzter. Ein Teil dieser Rolle ist es, auch in schwierigen Situationen „cool" zu bleiben. Begeben Sie sich auf eine (Diskussions-) Stufe mit einem lauten oder unsachlichen Mitarbeiter, verlieren SIE an Autorität und gewinnen ... nichts!

Typische Fehler und Probleme

Auf Provokationen oder Verletzungen „einsteigen"

Auch wenn man sich selbst um ein faires und respektvolles Verhalten in einem Gespräch bemüht, heißt das nicht, dass unser Gegenüber das auch immer tut. Auf solche Fälle sollte man vorbereitet sein. Es hilft zum Beispiel, sich schon vor dem Gespräch selbst dazu zu verpflichten, niemals auf unsachliches oder provokantes Verhalten hereinzufallen und stattdessen immer Ruhe zu bewahren.

Auch vor persönlichen Verletzungen sollte man sich wappnen. Wenn Sie wissen, dass es bei Ihnen „wunde Punkte" gibt, können Sie viel besser damit umgehen, wenn Sie jemand an einem dieser Punkte treffen will. Aber auch, wenn Sie meinen, keine „Achillesferse" zu haben, sollten Sie darauf vorbereitet sein, auf verletzende Art attackiert zu werden. Manche Menschen haben ein untrügliches Gespür für die Schwachstellen ihrer Mitmenschen, und einige nutzen das auch skrupellos aus. Legen Sie sich also eine Strategie zurecht, um mit solchen – oft sehr persönlichen – Verletzungen professionell umzugehen.

Das Wichtigste dabei ist, sich nicht aus der Ruhe bringen zu lassen. Denn das ist ja genau das, was der Angreifer erreichen möchte. Auf keinen Fall sollten Sie empört oder beleidigt reagieren. Dazu gehört auch, auf Rache und Vergeltung zu verzichten. Es gilt dasselbe wie beim vorhergehenden Punkt: Wer auf persönliche Angriffe mit den gleichen Mitteln reagiert, begibt sich auf dasselbe Diskussionsniveau, wie der Gesprächspartner. Dieser erreicht dadurch, was er wollte. Gleichzeitig verliert man selbst an Autorität.

Sinnvolle Reaktionen:
> *„Bleiben Sie bitte beim Thema. Es geht hier um IHRE Person."*

Typische Fehler und Probleme

💬 *„Vielen Dank für den Hinweis. Ich werde zu gegebener Zeit darüber nachdenken. Jetzt aber wieder zum eigentlichen Thema unseres Gesprächs."*

💬 *„Bitte werden Sie nicht unsachlich. Das bringt uns hier nicht weiter."*

Folgendes Vorgehen hilft auch in den schwierigsten Fällen:

1. Innehalten und ganz ruhig durchatmen.

   Es ist wichtig, auf Angriffe nie spontan oder sofort zu reagieren. Denn das führt in der Regel dazu, dass Sie selbst etwas Unüberlegtes und möglicherweise Verletzendes sagen. Das Gespräch wird dann schnell zum unsachlichen Streit.

   Also, nach einem persönlichen Angriff immer ein paar Sekunden innehalten, bevor man antwortet. Es hilft auch, sich selbst zu beruhigen, indem man zu sich selbst sagt: „Ganz ruhig." Oder „Cool bleiben!"

2. Etwas Freundliches sagen

   Jetzt kommt der schwierige Teil: Aber so schwer es Ihnen auch fallen mag, es ist für die Gesprächsführung wichtig und hilfreich, auf einen Angriff positiv zu reagieren. Das kann zum Beispiel so aussehen:

💬 *„Danke für Ihre offenen Worte."*

💬 *„Es freut mich, dass Sie den Mut haben, mir das offen zu sagen."*

3. Mitgefühl zeigen

   Zeigen Sie dem Mitarbeiter, dass Sie Verständnis für sein Problem oder auch für seine Wut haben. Dazu müssen Sie sich mit dem Mitarbeiter NICHT verbünden oder gar verbrüdern. Zeigen Sie einfach, dass Sie in der Lage sind, sich in seine Lage zu versetzen und zu verstehen, dass die Situation für ihn problematisch ist.

Typische Fehler und Probleme

- 💬 *„Ich verstehe, dass das für Sie sehr unbefriedigend ist."*
- 💬 *„Ich kann verstehen, dass Sie sich darüber ärgern."*
- 💬 *„Das ist natürlich sehr ärgerlich für Sie."*
- 💬 *„Darüber würde ich mich an Ihrer Stelle auch ärgern."*

4. Lösungen aufzeigen und Hilfe anbieten

    Das Ziel sollte sein, dass der Mitarbeiter zufriedener und/oder mit weniger Wut und Ärger aus dem Gespräch geht. Auch wenn das manchmal schwierig sein kann, weil man selbst vielleicht verärgert oder auch richtig „sauer" ist.
    Versuchen Sie in jedem Fall, die Perspektive für eine Lösung des Problems zu schaffen. Dazu kann auch gehören, dass Sie dem Mitarbeiter konkrete Hilfe anbieten:

- 💬 *„Ich werde mit dem Schichtleiter sprechen und versuchen, eine für Sie bessere Lösung zu erreichen."*
- 💬 *„Ich kann Ihnen anbieten, an der Schulung XY teilzunehmen, damit Sie eine andere Aufgabe übernehmen können."*

Oder auch ganz einfach: „Ich werde mich um das Problem kümmern und versuchen, eine Verbesserung zu erreichen."

5. Das weitere Vorgehen planen

    Ganz wichtig ist es, zum Schluss nicht auseinanderzugehen, ohne einen gemeinsamen (!) Plan zu haben, wie es weitergehen soll. Vereinbaren Sie konkrete Schritte, die beide Seiten machen werden, um die Situation zu verbessern.

- 💬 *„In der nächsten Woche treffen wir uns hier, um gemeinsam mit dem Kollegen X über das Problem zu sprechen."*

Typische Fehler und Probleme

- *„Ich spreche noch heute mit Herrn Y und Sie melden sich zur Schulung X an. In zwei Wochen, am 4. Mai, um 10:00 Uhr treffen wir uns dann hier wieder."*
- *„Ich kläre das mit dem Betriebsrat und informiere Sie, sobald ich ein Ergebnis habe."*

6. Optimistisch auseinandergehen

    Bei der Verabschiedung sollte noch einmal das Positive am Gespräch hervorgehoben werden. Es sollte unbedingt vermieden werden, im Dissens oder gar im Streit auseinanderzugehen.

- *„Ich danke Ihnen für das offene Gespräch."*
- *„Ich freue mich, dass wir so offen über das Problem sprechen konnten."*
- *„Ich bin sicher, wir finden gemeinsam eine Lösung."*
- *Oder auch ganz einfach: „Ich wünsche Ihnen viel Erfolg." Oder „Ich wünsche Ihnen alles Gute, Sie schaffen das schon!"*

Typische Fehler und Probleme

Nicht schon vor dem Gespräch Erwiderungen zurechtlegen

Wer kennt das nicht? Nach einem kontroversen Gespräch fallen einem viele gute Antworten ein, die man hätte geben können – wenn sie einem nur rechtzeitig eingefallen wären. Mancher kommt dann auf die Idee, sich für das nächste Mal schon vor dem Gespräch möglichst schlagende Antworten zurechtzulegen. Etwa: „Wenn er diesmal wieder so etwas sagt, dann werde ich ihm Folgendes antworten ...".

Vermeiden Sie solche „Vorbereitungen". Sie führen nämlich nur dazu, dass Sie gar nicht mehr wirklich erfahren wollen, was der andere denkt. Stattdessen warten Sie nur noch darauf, Ihre einstudierte Replik anzubringen. Die eigentlichen Ziele und der Sinn des Gesprächs treten dadurch in den Hintergrund. Denn: Was bringt es Ihnen, wenn Sie einem Gesprächspartner schlagfertig über den Mund fahren? Bestenfalls eine ganz kurzfristige Genugtuung. Die eigentlichen Ziele des Gesprächs erreichen Sie dadurch nicht, ganz im Gegenteil. Außerdem verschlechtern Sie dadurch noch Ihr Verhältnis zu dem entsprechenden Mitarbeiter und sinken zusätzlich aus dessen Sicht im Ansehen.

Bleiben Sie offen für alles, was von Ihrem Gesprächspartner kommt. Hören Sie gut zu und versuchen Sie im Gespräch Lösungen gemeinsam mit dem Mitarbeiter zu finden. Das können Sie auch spontan, ohne sich vorher fertige Sätze zurechtzulegen. Und wenn es um Details geht, die Sie tatsächlich nicht spontan beantworten oder beurteilen können, dann sagen Sie das ganz offen. Natürlich mit dem Hinweis, dass Sie sich informieren und später wegen der Sache auf den Mitarbeiter zurückkommen.

Typische Fehler und Probleme

Das Ziel aus den Augen verlieren

Das passiert sehr schnell, wenn man nicht aufpasst. Gespräche können sich in tausend verschiedene Richtungen entwickeln. Plötzlich geht es nicht mehr um die Fortbildung des Mitarbeiters, sondern um die Urlaubsplanung, das Verhältnis zu den Kollegen oder gar um Fußball. Um das zu vermeiden, muss für Sie <u>vor</u> dem Gespräch klar sein, worum es geht und welche Ziele oder Vereinbarungen Sie konkret erreichen wollen. Und wenn Sie merken, dass das Gespräch abschweift, können Sie jederzeit wieder zum Thema zurückkommen.

- *„Es ist schön, sich mit Ihnen zu unterhalten, aber die Zeit läuft uns davon. Kommen wir doch wieder zurück zum Thema …"*
- *„Ein spannendes Thema, leider haben wir heute keine Zeit, weiter darüber zu reden."*
- *„Darüber sollten wir mal in der Mittagspause sprechen. Jetzt müssen wir aber mit unserem eigentlichen Thema weitermachen."*

Es hilft sehr, wenn man sich vor dem Gespräch selbst über die folgenden Fragen Klarheit verschafft:

1. Worum soll es in diesem Gespräch gehen?
2. Was will ich in diesem Gespräch erreichen?
3. Was will ich in diesem Gespräch erfahren oder lernen?
4. Was soll das Ergebnis des Gesprächs sein? Wie soll das Gespräch enden?

Man kann die Antworten auf diese Fragen einfach im Hinterkopf behalten oder sie stichpunktartig aufschreiben. Hat man diese Notizen während des Gesprächs vor sich auf dem Tisch liegen, kann man leicht wieder in die Spur finden, wenn das Gespräch ausufert, oder auf ein „Nebengleis" gerät.

Typische Fehler und Probleme

Bewertungsfehler

Jede Bewertung ist subjektiv. Das sollte man sich immer wieder vor Augen führen. Man kann noch so sehr versuchen, einen Menschen oder seine Arbeit objektiv zu beurteilen, es werden immer auch subjektive Aspekte mit einfließen. Denn jeder beurteilt zwangsläufig aus seiner eigenen Sicht der Welt. Und die ist nur in den seltensten Fällen dieselbe, wie die anderer Menschen. Deshalb fließt in jede Bewertung immer auch ein Teil der eigenen Persönlichkeit oder Weltanschauung mit ein.

Um dennoch möglichst gerechte Urteile zu fällen, ist es ganz wichtig, diese Voreingenommenheit niemals zu vergessen. Man sollte bei jeder Beurteilung im Hinterkopf behalten, dass man das Beurteilte unter Umständen auch mit anderen Augen sehen und zu anderen Urteilen kommen könnte.

Es gibt eine ganze Reihe von Fehlern, die beim Bewerten immer wieder gemacht werden. Im Folgenden finden Sie die, die Sie immer im Auge behalten sollten, wenn es um die Bewertung von Menschen und deren Leistungen geht.

Niemand ist uns so sympathisch, wie der Mensch, der uns frisch heraus seine Meinung sagt – vorausgesetzt, sie deckt sich mit der unseren.

Mark Twain (1835 - 1910), US-amerikanischer Erzähler und Satiriker

---

Typische Fehler und Probleme

Sympathie oder Antipathie

Es lässt sich kaum vermeiden, dass man für manche Mitarbeiter mehr Sympathien empfindet als für andere. Sympathien oder Antipathien werden durch viele Faktoren ausgelöst. Das können Äußerlichkeiten wie das Aussehen, die Kleidung oder die Sprache (z. B. Dialekte) sein. Oder man kennt sich bereits besser und mag das Verhalten oder die Ansichten eines Mitarbeiters, oder eben auch nicht.

Wenn Sympathie oder Abneigung in eine Beurteilung einfließen, spricht man auch von einer „kognitiven Verzerrung", die es natürlich zu vermeiden gilt. Verzerrung deshalb, weil man in der Folge das tatsächlich zu Beurteilende (zum Beispiel die Leistung) nicht mehr objektiv, sondern eben verzerrt wahrnimmt.

Der wichtigste Schritt, um eine solche (unbewusste) Verfälschung von Urteilen zu vermeiden, ist es, sich über die eigene Einstellung zum Gegenüber selbst klar zu sein. Wer weiß, dass er einen Mitarbeiter „nicht leiden" kann, hat die Möglichkeit, gegenzusteuern und seine Urteile zu hinterfragen.

Stellen Sie sich folgende Fragen:

- Ist mir der Mitarbeiter sympathisch oder unsympathisch?
- Was mag ich oder mag ich nicht an diesem Mitarbeiter?
- Hat meine Sympathie oder Antipathie etwas mit seiner Arbeitsleistung zu tun, oder ist sie mehr persönlicher Natur?
- Hat der Mitarbeiter gute Beziehungen zu anderen, die für MICH wichtig sind?
- Habe ich außerhalb des Jobs irgendeine Beziehung zu dem Mitarbeiter?

Typische Fehler und Probleme

- Bin ich dem Mitarbeiter (oder jemandem aus dessen Familie oder Freundeskreis) in irgendeiner Weise verpflichtet?

Nur, wer weiß, dass er einem Mitarbeiter besonders kritisch oder auch besonders freundlich gegenübersteht, kann etwas dafür tun, dass sein Urteil doch möglichst objektiv ausfällt.

Im Falle von engen persönlichen oder familiären Bindungen zu einem Mitarbeiter kann es sogar sinnvoll sein, dessen Bewertung an einen Kollegen oder an den eigenen Vorgesetzten abzugeben. Nichts spricht sich in einem Unternehmen schneller herum, als dass ein Vorgesetzter eine Mitarbeiterin oder einen Mitarbeiter sehr gut bewertet, weil dieser ein guter *Kumpel*, der Sohn des Schwagers oder gar das (heimliche) Verhältnis des Vorgesetzten ist. Das ist nicht nur rechtlich problematisch, sondern demotiviert auch alle anderen Mitarbeiter der Abteilung!

Typische Fehler und Probleme

Mangelnde Sprachkenntnisse

Ein besonderes Problem tritt manchmal im Gespräch mit Mitarbeitern auf, die die deutsche Sprache nicht perfekt beherrschen. Es passiert dann sehr schnell, dass die verbale „Ungeschicklichkeit" unbewusst auf die kognitiven Leistungen eines Menschen übertragen werden. Man könnte auch sagen: „Wer nicht gut Deutsch spricht, wird manchmal ungerechtfertigterweise für dumm gehalten." Das ist natürlich ein Fehler, den man vermeiden sollte. Insbesondere dann, wenn die Beherrschung der deutschen Sprache keine direkte Auswirkung auf die berufliche Tätigkeit des Mitarbeiters hat. Wer den ganzen Tag eine Maschine bedient oder programmiert, muss nicht perfekt Deutsch sprechen, um seine Arbeit gut oder sogar sehr gut zu erledigen.

Manchmal ist es sogar umgekehrt: Ein Mitarbeiter, der Englisch oder Türkisch spricht, kann die perfekte Besetzung für einen Job sein, bei dem es auf diese Sprachkenntnisse ankommt. Dann spielt es keine oder nur eine geringe Rolle, ob sein Deutsch mehr oder weniger gut ist. Gerade in international tätigen Unternehmen sind perfekte Deutschkenntnisse oft nicht die wichtigsten Sprachkenntnisse.

- Machen Sie sich klar, dass Sprachkenntnisse nicht für jede Arbeit gleich wichtig sind.
- Machen Sie sich bewusst, dass es keinen direkten Zusammenhang zwischen guten Deutschkenntnissen und der Leistung oder gar der Intelligenz eines Mitarbeiters gibt.
- Unterstützen Sie Mitarbeiter, die aufgrund mangelnder Deutschkenntnisse ihre Meinungen und Wünsche im Gespräch nicht selbst formulieren können.
- Machen Sie Vorschläge, wie der Mitarbeiter seine Sprachkenntnisse verbessern kann. Bieten Sie Hilfen (Sprachkurse etc.) an.

Typische Fehler und Probleme

Tendenzfehler

Abhängig vom verfolgten Führungsstil, von Erfahrungen und der eigenen Persönlichkeit neigen manche Vorgesetzte dazu, besonders mild oder im Gegenteil, besonders streng zu beurteilen. Andere versuchen auch ganz bewusst, sich in der Mitte zwischen diesen beiden Polen zu bewegen, was dann dazu führen kann, dass kein Mitarbeiter scharf kritisiert wird, aber auch keiner besonders gut beurteilt wird. Auch eigene Defizite wie Konfliktscheue können dazu führen, dass notwendige Kritik ausbleibt und schlechte Mitarbeiter zu gut beurteilt werden.

Auch hier gilt: Je reflektierter man mit den eigenen Einstellungen umgeht, desto besser kann man solche Beurteilungstendenzen ausgleichen oder vermeiden.

Prüfen Sie die folgenden Punkte:

- Neige ich dazu (oder bin ich dafür bekannt), besonders streng oder besonders „nett" zu beurteilen?
- Wie fallen meine Beurteilungen im Vergleich zu denen in anderen Abteilungen aus?
- Ist es mir sehr unangenehm, einen Mitarbeiter schlecht zu beurteilen? Scheue ich den Konflikt, der daraus entstehen kann?
- Habe ich bestimmte Grundeinstellungen, die verhindern, dass ein Mitarbeiter sehr gut oder sehr schlecht beurteilt werden kann? Bin ich der grundsätzlichen Meinung, dass kein Mitarbeiter jemals die volle Punktzahl erreichen kann? Glaube ich, dass kein Mitarbeiter jemals absolut ungeeignet sein kann?

Typische Fehler und Probleme

Halo-Effekte

Als Halo-Effekt bezeichnet man in der Sozialpsychologie die Beeinflussung der eigenen Meinung über eine Person durch das Vorwissen, das man über diese Person hat. Dabei spielt es keine Rolle, ob das, was man über eine Person zu wissen glaubt, stimmt oder nicht. Der Begriff wurde bereits in der ersten Hälfte des 20. Jahrhunderts von dem amerikanischen Psychologen Edward Lee Thorndike geprägt.

Wie stark der Halo-Effekt in der Praxis wirkt, wurde seitdem in vielen Studien nachgewiesen. So beurteilten zum Beispiel Lehrer die exakt gleichen Leistungen von ihnen unbekannten Schülern völlig unterschiedlich, je nachdem, ob sie die Vorinformation hatten, dass es sich um einen besonders guten oder einen sehr schlechten Schüler handelte. Selbst in scheinbar klar bewertbaren Tests in Mathematik wurden die Leistungen der (angeblich) guten Schüler viel besser bewertet als die exakt gleichen Testergebnisse der (angeblich) schlechten Schüler. Und dies, obwohl die Lehrer außer den falschen Vorabinformationen über die Schüler nichts über diese wussten.

Wie wir die Leistungen einer Person beurteilen, hängt also sehr stark davon ab, welche Leistungen wir erwarten. Die Erwartungshaltung wiederum entsteht aus Annahmen und Vorinformationen, die stimmen können oder eben auch nicht.

Hilfreiche Fragen:

- Kenne ich den Mitarbeiter und seine Leistungen wirklich selbst, oder verlasse ich mich auf die Urteile anderer?
- Habe ich (bei einem neuen Mitarbeiter) vorab Informationen über dessen Leistungen erhalten? Wie sehen diese aus?
- Hatte ich bestimmte Erwartungen in Bezug auf die Leistung, bevor ich den Mitarbeiter persönlich kennengelernt habe?

Typische Fehler und Probleme

- Habe ich von Dritten Meinungen oder Beurteilungen zu diesem Mitarbeiter erhalten? Entsprechen die tatsächlich meinen EIGENEN Beobachtungen und Erfahrungen?

Typische Fehler und Probleme

Vorurteile

Auch wenn dieses Problem in den meisten größeren Unternehmen immer wieder thematisiert wird, kommt es trotzdem immer noch vor, dass Mitarbeiter aufgrund ihres Geschlechts, ihrer Hautfarbe, Religion oder sexuellen Ausrichtung mit Vorurteilen und beruflichen Nachteilen zu kämpfen haben. Und natürlich darf die Beurteilung durch einen Vorgesetzten in keiner Weise durch einen der genannten Punkte beeinflusst werden. Und das gilt selbst dann oder gerade dann, wenn Sie vielleicht privat anderer Meinung sind.

Vorurteile gibt es übrigens nicht nur in Bezug auf die üblichen Kategorien wie Geschlecht, Nationalität, Religion oder sexuelle Ausrichtung. Auch vorgefasste Ansichten, wie die, dass ältere Mitarbeiter grundsätzlich weniger leisten oder dass es jungen Mitarbeitern grundsätzlich an ausreichender Erfahrung mangelt, um gute Leistungen zu erbringen, gehören dazu.

Man findet immer eine Bestätigung für die eigenen Vorurteile, wenn man lange genug danach sucht!

Das Gefährliche an Vorurteilen ist, dass man immer eine Bestätigung für sie findet, wenn man danach sucht. Es gibt dazu eine Vielzahl von Studien, bei denen das immer wieder bestätigt wurde. Sobald man glaubt, dass jemand bestimmte Eigenschaften hat, wird man diese Eigenschaften auch bei dieser Person finden können. Das gilt auch dann, wenn – wie in den genannten Studien – völlig falsche Informationen zu einer Person gegeben wurden (siehe Halo-Effekt). Man kann sich nur halbwegs davor schützen, indem man sich klarmacht, dass man auch selbst dieser trügerischen Verzerrung der eigenen Urteilskraft unterliegt.

Typische Fehler und Probleme

Machen Sie sich bewusst, ob Sie Vorurteile gegen bestimmte Mitarbeiter hegen. Versuchen Sie, in diesen Fällen ganz besonders objektiv zu urteilen. Eine etwaige Benachteiligung aufgrund von Vorurteilen macht Sie nicht nur unglaubwürdig, sondern kann sogar arbeitsrechtliche Konsequenzen nach sich ziehen. Natürlich gilt aber auch der umgekehrte Fall. Ein Mitarbeiter sollte auch nicht ungerechtfertigterweise besonders gut bewertet werden, nur um den Eindruck zu vermeiden, jemanden aufgrund eigener Vorurteile zu benachteiligen.

Versuchen Sie sich in einem solchen Fall in die Rolle eines neutralen, externen Beobachters zu versetzen. Wie würde er die Leistungen dieses Mitarbeiters beurteilen? Wenn Sie unsicher sind, belegen Sie ihr Urteil mit möglichst vielen Fakten und Zahlen.

Primacy- oder Recency-Effekte

Diese Phänomene, die auch als Primär- bzw. Rezenzeffekte bezeichnet werden, treten in der Praxis häufiger auf als man denkt. Es handelt sich ebenfalls um kognitive Verzerrungen, deren Ursache hier vor allem im zeitlichen Zusammenhang liegen. Der Primacy-Effekt beschreibt das, was man im Deutschen den „ersten Eindruck" nennen würde. Es ist erwiesen, dass der erste Eindruck, den man von einer Person bekommt (also zum Beispiel beim ersten Zusammentreffen), unsere Einstellung zu dieser Person sehr stark prägt. Oft fällen wir dabei innerhalb von Sekundenbruchteilen ein Urteil, das nur schwer wieder zu korrigieren ist. Selbst dann, wenn sich die Person beim näheren Kennenlernen als ganz anders erweist, als beim ersten Eindruck. Im Falle der Mitarbeiterbeurteilung kann dieser Effekt leicht zu falschen oder verzerrten Beurteilungen führen.

Ähnlich verhält es sich mit dem sogenannten Recency-Effekt. Er beschreibt das Phänomen, dass wir in bestimmten Situationen dazu neigen, etwas kurz zuvor Geschehenes zu generalisieren. Dann kann es zum Beispiel vorkommen, dass ein Mitarbeiter, der ein Jahr lang beständig gute Leistungen erbracht hat, insgesamt schlecht beurteilt wird, nur weil er einige Tage zuvor einen Fehler gemacht hat oder es eine Konfliktsituation gegeben hat. Der Recency-Effekt führt dann dazu, dass das kurz zurückliegende Ereignis alles andere überlagert. Wir sehen die Person dann so, wie wir sie in dieser Situation gesehen haben, auch wenn das nicht dem durchschnittlichen Verhalten der Person über einen längeren Zeitraum entspricht.

Typische Fehler und Probleme

Folgende Fragen können helfen, die genannten Effekte zu relativieren:

- Hatte ich bei einem Mitarbeiter von Anfang an ein „gutes / schlechtes Gefühl"?
  Hat sich dieses Gefühl tatsächlich bestätigt, oder sehe ich die Leistungen des Mitarbeiters oft unter dem „Vorzeichen" dieses ersten Eindrucks?
- Wenn ich mich in die Lage eines externen Beobachters versetze: Würde ich die Leistungen des Mitarbeiters dann auch so beurteilen, wie ich es jetzt tue?
- Gab es in letzter Zeit Ereignisse, bei denen der Mitarbeiter besonders positiv oder negativ aufgefallen ist? War das Ereignis wirklich typisch für den gesamten zu beurteilenden Zeitraum, zum Beispiel für das ganze letzte Jahr?
- Macht ein Mitarbeiter auf mich ganz spontan einen guten oder schlechten Eindruck? Stimmt dieser Eindruck mit meinen tatsächlichen Beobachtungen überein?
- Gab es bei diesem Mitarbeiter einen auffälligen Leistungsschub in den Wochen vor dem Gespräch?
- Sind in meine Beurteilung die Leistungen des gesamten zurückliegenden Zeitraums eingeflossen?

Machen Sie sich im Laufe des Jahres immer wieder Notizen über die Leistungen einzelner Mitarbeiter. So erhalten Sie am Jahresende einen guten Überblick über die durchschnittliche Leistung eines Mitarbeiters.

Typische Fehler und Probleme

Schlechte Bewertung aufgrund zu optimistischer Vorgaben

„Aller Eifer, etwas zu erreichen, nutzt freilich gar nichts, wenn du das Mittel nicht kennst, das dich zum erstrebten Ziele trägt und leitet."

Marcus Tullius Cicero (106 - 43 v. Chr.), römischer Redner und Staatsmann

Optimistische Ziele sind eine gute Sache. Schwierig wird es allerdings, wenn die Einen die Ziele setzen, die die Anderen erreichen sollen. Der fleißigste und leistungsbereiteste Mitarbeiter muss scheitern, wenn die Zielvorgaben aufgrund äußerer Umstände oder mangelnder Mittel einfach nicht erreichbar sind. Der Fehler liegt dann nicht beim Mitarbeiter, sondern bei dem, der die Ziele formuliert hat. Und nicht selten spielen Umstände eine Rolle, die weder der Eine noch der Andere kontrollieren kann oder verschuldet hat.

Natürlich muss klar sein, dass das Nicht-Erreichen solcher, zu hoch gesteckter, Ziele nicht dem Mitarbeiter angelastet werden darf. Erst recht darf dieser dadurch keine Nachteile erleiden, wie zum Beispiel eine Zurückstufung im Bonussystem oder eine Kürzung der Leistungszulage.

Ganz im Gegenteil sollten zu hoch angesetzte Ziele im Mitarbeitergespräch immer thematisiert werden. Dem Mitarbeiter muss klar sein, dass nicht er für das Nicht-Erreichen dieser Ziele verantwortlich gemacht wird. Geschieht das nicht, kann das ungünstige Wirkungen auf Motivation und Leistungsbereitschaft des Mitarbeiters haben. Wer ständig daran scheitert, Ziele zu erreichen, die (für ihn) unerreichbar sind, wird dauerhaft frustriert, was bis zur „inneren Kündigung" gehen kann.

Falsche Bewertung aufgrund des Leistungsumfelds

Unterscheidet sich der Mitarbeiter in seiner Leistung stark von seinem direkten Umfeld, wird die Bewertung u. U. extremer ausfallen. Besteht das Team grundsätzlich aus absoluten Top-Leistungsträgern, wird ein Mitarbeiter mit durchschnittlicher Leistung schon wie ein sehr schlechter Mitarbeiter erscheinen, obwohl dies nicht gerechtfertigt wäre.

Umgekehrt mag man sich schon sehr über einen durchschnittlichen Mitarbeiter freuen, der aus einem Team von eher unterdurchschnittlichen Kollegen heraussticht, sodass dieser dann über Gebühr hoch bewertet wird.

Diesem Bewertungsfehler liegt die falsche Annahme zugrunde, dass das Leistungsspektrum innerhalb einer Gruppe, zum Beispiel innerhalb einer Abteilung in etwa der sogenannten „Normalverteilung" entspricht. Die Normalverteilung (auch nach ihrem Entdecker „Gaußsche Normalverteilung" genannt) oder kurz *Glockenkurve*, besagt, dass die Häufigkeit vieler Messwerte in der Mitte am höchsten ist und zu beiden Seiten hin abnimmt. Übertragen auf die Leistungen von vielen Mitarbeitern würde das bedeuten, dass sich die meisten Mitarbeiter im Mittelfeld bewegen. An den Rändern finden sich abnehmend immer weniger Mitarbeiter. Es gibt also in dieser Theorie sehr viele Mitarbeiter mit mittleren Leistungen und sehr wenige mit besonders guten oder schlechten Leistungen.

Typische Fehler und Probleme

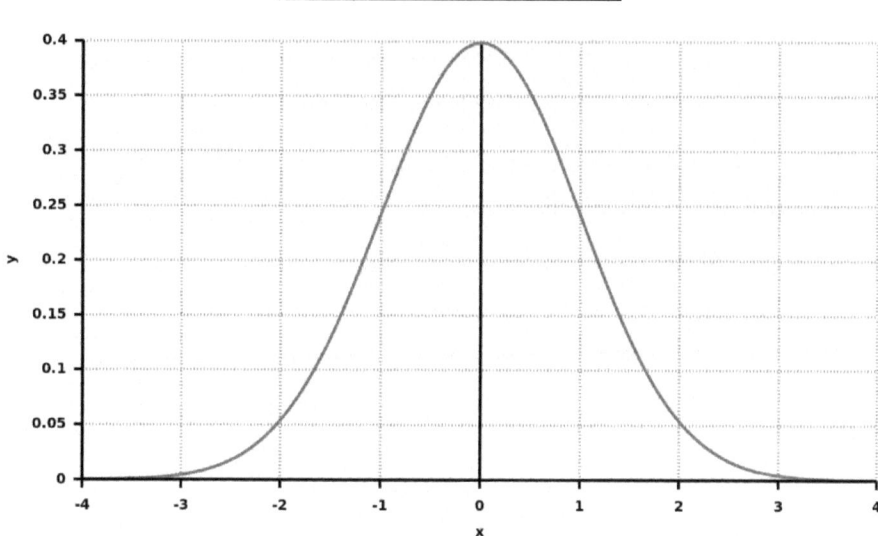

Abbildung 1 - Gaußsche Normalverteilung

Diese Normalverteilung von Werten trifft auch tatsächlich häufig zu, wenn eine große Zahl zufällig ermittelter Werte zugrunde liegt. Das ist aber bei der Leistungsstärke von Mitarbeitern innerhalb einer Abteilung meist nicht der Fall. Weder ist die Zahl der Mitarbeiter groß genug, noch sind deren Leistungen in irgendeiner Weise vom Zufall abhängig.

Ganz im Gegenteil: In einer gut geführten Abteilung werden sich nach und nach immer mehr leistungsstarke Mitarbeiter finden, die die o. g. Kurve deutlich nach rechts verschieben. Die Gefahr bei der Beurteilung eines einzelnen Mitarbeiters besteht dann darin, dass dieser in RELATION zu seinen Kollegen womöglich schwächer abschneidet, tatsächlich aber gute Leistungen erbringt.

- Beachten Sie bei der Beurteilung eines Mitarbeiters immer auch das Leistungsumfeld. Bewerten Sie möglichst die absolute Leistung und nicht die in Relation zu den Kollegen.

Typische Fehler und Probleme

- Ziehen Sie zum Vergleich – sofern möglich – auch die Leistungen von Mitarbeitern aus anderen Abteilungen mit ein.

- Klären Sie, welche absoluten Leistungskriterien für die Bewertung in Ihrem Unternehmen gelten.

- Tauschen Sie sich mit anderen Vorgesetzten, und anderen Abteilungsleitern aus. Vergleichen Sie gemeinsam ihre Bewertungskriterien (natürlich ohne dabei den Datenschutz zu verletzen).

Typische Fehler und Probleme

Bewertung nach „Vitamin B"

Es ist möglich, dass ein Mitarbeiter bei einflussreichen Leitungskräften im Betrieb (z. B. einem Geschäftsführer) besonders gut angesehen ist. Um es sich mit dieser Person nicht zu verscherzen, mag der Vorgesetzte des Mitarbeiters eher zu einer milden Bewertung greifen. Dies gilt es natürlich zu vermeiden.

Aber nicht nur Beziehungen innerhalb des Unternehmens können eine Bewertung beeinflussen. Spielt ein Mitarbeiter zum Beispiel im gleichen Fußballverein wie man selbst, oder ist ebenfalls Mitglied im örtlichen Schützenverein, besteht die Gefahr, dass man ihn allein deshalb besser bewertet als andere Mitarbeiter.

Nicht zu vergessen sind natürlich sämtliche persönlichen oder familiären Beziehungen. Man gerät leicht in die Gefahr, unprofessionell zu bewerten, wenn der Mitarbeiter ein guter Freund oder Mitglied der eigenen Familie ist. Das Gleiche gilt natürlich für den sprichwörtlichen „Neffen" des Chefs oder die Tochter eines Kollegen aus einer anderen Abteilung.

Fragen:
- Stehe ich in irgendeinem besonderen Verhältnis zu diesem Mitarbeiter, das mein Urteil beeinflussen könnte?
- Habe ich irgendwelche Vor- oder Nachteile zu erwarten, wenn ich diesen Mitarbeiter besonders gut oder schlecht bewerte?
- Würde ich irgendeinen Dritten verärgern, wenn ich diesen Mitarbeiter schlecht bewerte?
- Schulde ich irgendjemandem einen „Gefallen", der sich auf die Bewertung dieses Mitarbeiters auswirken könnte?
- Ist der Mitarbeiter im Unternehmen besonders gut vernetzt, sodass ich ihn aus Angst besser bewerten würde?

Typische Fehler und Probleme

Bewertung der Position anstelle der Leistung

Aussage eines Geschäftsführers in einem größeren Konzern:

> *„Die Mitarbeiter der Geschäftsleitung bekommen von mir ganz automatisch die höchste Bewertung, denn, wenn sie nicht besonders gute Mitarbeiter wären, hätten sie im Geschäftsführungskreis auch nichts verloren!"*

Selbstverständlich sollte die Bewertung eines Mitarbeiters nicht an seine Position geknüpft werden. Nur weil jemand z. B. Führungskraft ist, darf er nicht automatisch höher bewertet werden als einer seiner Mitarbeiter. Denn auch die Leistungen einer Führungskraft können – im Vergleich zu anderen Führungskräften – gut oder auch weniger gut sein.

Dass die Ziele für leitende Mitarbeiter höhergesteckt sind, ist logisch, aber auch auf der Ebene der Geschäftsleitung (oder eben anderen Führungsebenen) ist das Niveau der Leistung von Person zu Person unterschiedlich und muss auch so bewertet werden. Ein Mitarbeiter an einer Top-Position muss eben auch überdurchschnittliche Leistungen erbringen. Tut er das nicht, ist er genauso zu sanktionieren, wie ein anderer Mitarbeiter in einer weniger exponierten Position.

Typische Fehler und Probleme

Probleme des Mitarbeiters

Wir haben ja schon darüber gesprochen, dass viele Vorgesetzte ein mulmiges Gefühl vor den Mitarbeitergesprächen haben. Vor diesem Hintergrund ist es nur allzu verständlich, wenn das auf die Mitarbeiter noch in noch stärkerem Maße zutrifft. Nur allzu oft fühlt sich ein Mitarbeiter im Gespräch wie in einer Prüfungssituation. Oft mit äußerst unangenehmen Gefühlen aus der Schulzeit.

Dazu kommt, dass – je nach Führungsstil und Unternehmenskultur – auch ein (zu) großer Respekt vor der Autorität des Vorgesetzten besteht. Nicht wenige Mitarbeiter haben förmlich Angst davor, beim Vorgesetzten oder Chef „antreten" zu müssen.

Typische Fehler und Probleme

Mitarbeiter hat Hemmungen, seine Meinung frei zu äußern

Menschen mit gewissen Hemmungen ziehe ich ungehemmt selbstbewussten vor.

Karl Feldkamp (*1943)

Es hängt stark vom Betriebsklima und der Unternehmenskultur ab, ob Mitarbeiter sich trauen, offen ihre Meinung gegenüber einem Vorgesetzten zu äußern. Herrscht ein autoritärer Führungsstil vor, darf man dieses Problem nicht unterschätzen.

Mindestens genauso wichtig ist aber <u>Ihre</u> Persönlichkeit als Vorgesetzter und als Gesprächspartner. Schließlich spricht der Mitarbeiter nicht mit dem Unternehmen oder seiner Kultur, sondern mit Ihnen! Also ist es auch Ihre Aufgabe, dem Mitarbeiter so freundlich und vertrauensvoll zu begegnen, dass dieser seine Meinungen, Wünsche und Probleme ohne Angst schildern kann.

Manche Mitarbeiter muss man auch während des Gesprächs erst dazu ermutigen:

- 💬 *„Sagen Sie bitte ganz offen, was Sie denken."*
- 💬 *„Ich möchte wirklich gerne Ihre Meinung dazu hören."*
- 💬 *„Was wir hier besprechen, bleibt natürlich unter uns."*
- 💬 *„Ihre Meinung dazu ist wichtig."*
- 💬 *„Sagen Sie ruhig, was Sie bedrückt. Sie haben keine Nachteile dadurch zu befürchten."*

Bedenken Sie, dass manche Mitarbeiter besonders gehemmt sind, wenn es darum geht, bei einem Projekt oder einem bestimmten Problem, um Rat

Typische Fehler und Probleme

oder Hilfe zu bitten. Es kommt nicht selten vor, dass Mitarbeiter glauben, dass dies als ein Zeichen von Schwäche oder Inkompetenz gedeutet werden könnte.

„Wenn ich mit dieser Frage zu meinem Chef gehe, denkt er sofort, dass ich mit dem Projekt überfordert bin."
(Aussage eines kaufmännischen Angestellten in einem mittelständischen Unternehmen)

Es ist nicht einfach, mit solchen Befürchtungen der Mitarbeiter umzugehen. Sie können natürlich immer mal wieder betonen, dass Sie es schätzen, wenn Mitarbeiter mit ihren Fragen und Problemen zu Ihnen kommen. Auf Dauer können Sie die Hemmungen Ihrer Mitarbeiter aber nur abbauen, indem Sie das auch beweisen. Sprich: Sie müssen sich das Vertrauen erarbeiten, indem Sie sich auch so verhalten.

Typische Fehler und Probleme

Mitarbeiter sagt gar nichts

Wenn ein Mitarbeiter während eines Gesprächs größtenteils schweigt, kann das unterschiedliche Gründe haben:

- Der Mitarbeiter fühlt sich in der Situation unsicher oder hat Angst.
- Der Mitarbeiter hat keine Übung darin, seine Meinungen und Wünsche zu artikulieren.
- Der Mitarbeiter hat eine abweichende Meinung und hält diese aus Vorsicht zurück.
- Der Mitarbeiter hat eine Frage nicht verstanden.
- Der Mitarbeiter verweigert die Diskussion über ein ihm unangenehmes Thema.

Nicht wenige Mitarbeiter gehen in ein Gespräch mit ihrem Vorgesetzten mit einem Gefühl, wie bei einem polizeilichen Verhör. Und frei nach dem Motto: „Alles, was ich sage, kann er vielleicht gegen mich verwenden." ... sagen einige Mitarbeiter dann lieber gar nichts.

Oftmals steckt dahinter auch ein in der Kindheit erlerntes Verhalten, nämlich das „Donnerwetter" über sich ergehen zu lassen und zu hoffen, dass es dann schnell vorübergeht.

Es liegt dann an Ihnen, die Situation zu entspannen und dem Mitarbeiter etwaige Befürchtungen zu nehmen.

Manchmal hilft es auch, dem Mitarbeiter eine Meinung oder Haltung zu unterstellen, um diesen dazu zu bringen, sich dazu zu äußern:

💬 *„Sie sind also nicht mit meinem Vorgehen einverstanden?"*

💬 *„Darf ich Ihr Schweigen so verstehen, dass Sie nichts mehr zu diesem Thema zu sagen haben?"*

Typische Fehler und Probleme

> 💬 *„Darf ich also notieren, dass Sie damit einverstanden sind, das Projekt X zu übernehmen?"*

Spätestens jetzt ist der Mitarbeiter quasi gezwungen, sich zumindest zustimmend oder ablehnend zu äußern.

Beginnt der Mitarbeiter dann doch zu reden, ist es an Ihnen, ihn dabei positiv zu verstärken. Hören Sie ihm aufmerksam (!) zu und kommentieren Sie seine Äußerungen mit kurzen Zustimmungen („ja", „ich verstehe", „OK", „ach so") und zustimmenden Gesten (Kopfnicken). Ebenso kommentieren Sie, wenn der Mitarbeiter für ihn unangenehme Dinge (zum Beispiel Krankheiten oder andere Belastungen) schildert. Zeigen Sie Mitgefühl („oje", „das tut mir leid") und vergessen Sie auch Ihre Mimik dabei nicht. Geben Sie dem Mitarbeiter das Gefühl, dass Sie ihm gut zuhören und an seinen Äußerungen ehrlich interessiert sind.

Eine letzte Methode besteht darin, einfach selbst zu schweigen. Das funktioniert in der Praxis erstaunlich gut. Denn nur wenige Menschen können so ein Schweigen lange aushalten. Die meisten beginnen irgendwann zu sprechen, nur um das unangenehme Schweigen zu beenden. Da diese Methode damit spielt, dass der Mitarbeiter sich in der Situation zunehmend unwohl fühlt, sollte sie wirklich nur als letztes Mittel eingesetzt werden, wenn alle „freundlicheren" Methoden versagt haben.

Typische Fehler und Probleme

Mitarbeiter verweigert das Gespräch

In seltenen Fällen kommt es vor, dass ein Mitarbeiter die Einladung zum Mitarbeitergespräch ignoriert oder klar äußert, dass er für ein solches Gespräch nicht zur Verfügung steht.

Die rechtliche Seite des Problems wurde vor einigen Jahren vom Bundesarbeitsgericht geklärt. In einem Urteil stellte es fest, dass Arbeitnehmer verpflichtet sind, an einem Personalgespräch teilzunehmen, wenn es in dem Gespräch um Themen wie Arbeitsort, Arbeitszeit und die Art der Arbeitsleistung geht. In diesen Fällen ist sogar eine Abmahnung gerechtfertigt, wenn der Mitarbeiter das Gespräch verweigert, oder trotz Aufforderung nicht zum Gespräch erscheint. Anders sieht es aus, wenn Themen wie eine Änderung des Arbeitsvertrags, die Höhe des Gehalts oder die wöchentliche bzw. monatliche Arbeitszeit geht. In diesem Fällen ist der Arbeitnehmer nicht verpflichtet, im Rahmen eines Personalgesprächs mit seinem Arbeitgeber oder Vorgesetzten zu sprechen.

Um eine mögliche Verweigerung eines Mitarbeiters zu vermeiden, sollte also schon aus der Einladung zum Gespräch hervorgehen, dass Fragen der Arbeitsleistung besprochen werden sollen. In diesem Fall ist der Mitarbeiter verpflichtet, zum Gespräch zu erscheinen.

Erscheint ein Mitarbeiter nicht zum Mitarbeitergespräch, sollte man aber nicht sofort „mit Kanonen auf Spatzen schießen". Vielmehr gilt es zunächst einmal herauszufinden, warum der Mitarbeiter das Gespräch verweigert. Ein häufiger Grund ist, dass Mitarbeiter befürchten, in einem Gespräch zu irgendwelchen Entscheidungen oder gar Unterschriften gezwungen zu werden. Da sie befürchten, sich dagegen nicht wehren zu können, erscheinen sie erst gar nicht zum Gespräch.

Typische Fehler und Probleme

Dem kann man vorbeugen, indem man dem Mitarbeiter bereits bei der Einladung zum Gespräch versichert, dass nichts Derartiges passieren wird. Betonen Sie, dass der Mitarbeiter nach dem Gespräch noch ausreichend Zeit und Gelegenheit hat, Entscheidungen zu überdenken oder weitere Informationen einzuholen.

Bleibt es dabei, dass der Mitarbeiter Ihrer Einladung auch in der Folge nicht nachkommt, bleiben letztlich nur disziplinarische bzw. arbeitsrechtliche Schritte. Denn grundsätzlich können solche Gespräche aus sachlichen Gründen jederzeit vom Arbeitgeber angesetzt werden. Verweigert der Mitarbeiter das Gespräch ohne sachliche Gründe, stellt dies eine Verletzung seiner arbeitsvertraglichen Pflichten dar.

Typische Fehler und Probleme

Mitarbeiter beginnt zu weinen

Es kommt leider ab und zu vor: Ein Mitarbeiter oder (tatsächlich häufiger) eine Mitarbeiterin beginnt während eines Gesprächs zu weinen. Die Gründe dafür liegen oft weniger im Thema des Gesprächs, sondern sind nicht selten im privaten Umfeld zu suchen. Natürlich gibt es besonders schwierige Gespräche (Kündigung, Herabstufung, Konfliktgespräche), die dazu führen können, dass ein Mitarbeiter die Fassung verliert. Sehr oft liegt die Ursache dafür aber im Privaten und/oder in der Persönlichkeit desjenigen begründet.

Eine solche Situation wird von vielen Vorgesetzten gefürchtet, weil sie sich hilflos fühlen und nicht wissen, wie sie sich verhalten sollen. Und leider lernen Führungskräfte in Seminaren zur Gesprächsführung viel häufiger, wie sie mit aggressiven Mitarbeitern umgehen sollen, als mit solchen, die einfach nur traurig sind.

Aber keine Angst: Auch in solch schwierigen Situationen gibt es Mittel und Wege, diese zu entschärfen.

Als wichtigster Grundsatz gilt dabei: Seien Sie einfach mitfühlend und menschlich. Behandeln Sie einen Mitarbeiter, der in Tränen ausbricht, nicht anders, als Sie es auch mit einem guten Bekannten tun würden. Abgesehen von ein paar Einschränkungen (körperliche Berührungen, in den Arm nehmen), die in einem Mitarbeitergespräch nicht angebracht sind, können Sie sich einfach als Mensch zeigen, der Mitleid empfindet und seinen Gesprächspartner ggf. trösten möchte.

Tappen Sie nicht in die Falle, sich jetzt schuldig zu fühlen und womöglich die zuvor angebrachte Kritik wieder zurückzunehmen. Wenn diese sachlich begründet ist, sollten Sie auch dabei bleiben. Tritt das Verhalten häufiger

Typische Fehler und Probleme

oder regelmäßig auf, kann das auf eine Erkrankung des Mitarbeiters oder auch auf eine Form von „emotionaler Erpressung" hindeuten.

Möglicherweise haben die Tränen des Mitarbeiters nur indirekt mit Ihrer Kritik zu tun. Oder die Kritik war vielleicht nur der letzte Tropfen, der das (Tränen-)Fass zum Überlaufen gebracht hat. Sie können nun (vorsichtig) versuchen, etwas über die Hintergründe des emotionalen Ausbruchs herauszufinden.

- *„Es tut mir leid, dass Sie weinen müssen. Haben Sie vielleicht noch andere Sorgen, über die Sie mit mir sprechen möchten?"*
- *„Es macht mich betroffen, dass Sie weinen. Liegt das an unserem Gespräch, oder haben Sie noch andere Sorgen?"*
- *„Kann ich irgendetwas tun, damit Sie sich wieder besser fühlen?"*

Wenn der Mitarbeiter emotional sehr aufgewühlt ist, können Sie das Gespräch auch unterbrechen oder für diesen Tag ganz abbrechen. Verabreden Sie dann einen Termin für den nächsten oder übernächsten Tag.

Und, es sei noch kurz erwähnt – obwohl eigentlich selbstverständlich – sprechen Sie mit niemandem über den Vorfall. Wenn überhaupt, dann ausschließlich mit der Personalleitung oder dem medizinischen Dienst, wenn Sie das Gefühl haben, dass das notwendig ist. Die Kollegen aus der Abteilung dürfen natürlich nichts davon erfahren.

Typische Fehler und Probleme

Mitarbeiter fühlt sich falsch beurteilt

Insbesondere wenn Kritik an der Arbeitsleistung eines Mitarbeiters ausgesprochen wird, kommt es häufig dazu, dass der Mitarbeiter sich falsch beurteilt fühlt. In solchen Fällen gilt es, in ruhiger Form herauszufinden, woher die Diskrepanz zwischen Selbst- und Fremdeinschätzung kommt.

Das Wichtigste ist, in solchen Situationen die Ruhe zu bewahren und die Reaktion des Mitarbeiters nicht etwa als persönlichen Angriff zu betrachten. Auch die Möglichkeit, etwas bei der Beurteilung des Mitarbeiters übersehen zu haben, sollte nicht von vornherein ausgeschlossen werden. In vielen Situationen dieser Art liegt die Ursache auch darin, dass der betreffende Mitarbeiter nicht genau versteht, worin die Kritik besteht. Oftmals ist ihm auch das Werte- und Kriteriensystem, auf dem die Beurteilung basiert, nicht ausreichend bekannt.

In jedem Fall sollten Sie bei negativer Kritik immer exakt belegen können, worauf Ihre Kritik basiert. Umso klarer und eindeutiger das der Fall ist, umso besser. Statt: „Der Kunde steht im Mittelpunkt unserer Firmenphilosophie" ist „Der Kunde X hat sich beklagt, weil seine Bestellung Y viel zu spät geliefert wurde." der bessere Weg. Zeigen Sie dem Mitarbeiter anhand konkreter Beispiele, warum Sie mit seiner Leistung unzufrieden sind.

Dabei gilt wie immer, konkret die (mangelnde) Leistung zu kritisieren und nicht den Menschen.

Beispiel:
So nicht:

> 👎 *„Sie können nicht mit Kunden umgehen!"*

Besser:

> 💬 *„Ich würde mir wünschen, dass Sie am Telefon besonders freundlich mit den Kunden umgehen."*

Typische Fehler und Probleme

Verwenden Sie auch hier möglichst immer Ich-Botschaften. Also „Ich möchte gerne, dass Sie …" statt „Sie haben das bisher falsch gemacht!".

Besteht der Mitarbeiter auf seiner abweichenden Einschätzung, akzeptieren Sie das. Halten Sie im Protokoll fest, dass der Mitarbeiter bestimmte Punkte anders sieht. Das erleichtert dem Mitarbeiter das Gespräch als Ganzes zu akzeptieren.

Im Übrigen ist es gar nicht selten, dass sich die Leistungen von Mitarbeitern nach einem Beurteilungsgespräch auch dann deutlich verbessern, wenn diese die Kritik im Gespräch zurückgewiesen haben. Manchmal braucht es einfach etwas Zeit, bis die Kritik beim Gegenüber wirklich angekommen ist. Hinzu kommt, dass längst nicht jeder gelernt hat, konstruktiv mit Kritik umzugehen. Nicht selten ist die Ablehnung von Kritik eine Art Reflex. Und auch damit sollten Sie als Vorgesetzter ruhig und souverän umgehen können.

Typische Fehler und Probleme

Mitarbeiter weiß nicht, worum es geht

Es kommt häufiger vor, als man denkt: Insbesondere Mitarbeiter, die noch nicht lange im Unternehmen sind, kennen oft den Sinn und Zweck von Mitarbeitergesprächen gar nicht. Plötzlich heißt es dann: Antreten zum Jahresgespräch! Mitarbeiter, die diese Form der Unternehmenskultur noch nicht kennen, vermuten dann oft das Schlimmste. Sie beginnen fieberhaft darüber nachzudenken, ob sie in der jüngeren Vergangenheit einen Fehler begangen haben, ob ihnen eine Strafpredigt oder gar die Kündigung droht.

Solche Missverständnisse gilt es unter allen Umständen zu vermeiden. Dazu gehört, dass der Mitarbeiter frühzeitig darüber informiert wird, worum es in dem Gespräch gehen wird und wann es stattfindet. Ebenfalls hilfreich ist eine Information darüber, wie sich der Mitarbeiter sinnvoll auf das Gespräch vorbereiten kann oder sollte.

Im Gespräch selbst sollten Sie zu Beginn noch einmal kurz darauf hinweisen, worum es gehen wird und welche Themen im Gespräch behandelt werden. Denn leider werden schriftliche Vorabinformationen nicht in allen Fällen tatsächlich gelesen, oder sie erreichen den Empfänger nicht, weil sie in der Vielzahl von täglichen Mails und Memos untergegangen sind.

Denken Sie deshalb auch immer daran, den Mitarbeiter zu Beginn des Gesprächs zu bitten, etwaige Fragen zu stellen. Gehen Sie – außer bei sehr erfahrenen Mitarbeitern – nie davon aus, dass der Mitarbeiter „irgendwie" schon weiß, was ein Jahresgespräch o. Ä. ist und worum es geht. Die Erfahrung zeigt, dass das in vielen Fällen leider nicht der Fall ist.

Typische Fehler und Probleme

Inhaltliche und formale Fehler

Auch auf der Sachebene werden häufig Fehler gemacht, die leicht zu vermeiden wären. Das beginnt bereits mit der korrekten Form der Einladung zum Gespräch. Oft wird die Einladung zum Beispiel zum Jahresgespräch zwischen „Tür und Angel" oder im Vorbeigehen auf den Büroflur ausgesprochen.

> „Ach, Herr Meyer, wir müssen ja auch noch unser Jahresgespräch führen. Kommen Sie doch am Mittwoch mal vorbei, wenn Sie ein paar Minuten Zeit haben."

Oder das Gespräch wird aus Zeitmangel stark verkürzt oder gar abgebrochen:

> „Oh, ich hab' ganz vergessen, dass jetzt das große Management-Meeting anfängt. Ich denke, es ist eh alles klar. Ich trag' einfach alles ein wie im letzten Jahr. OK?"

Gerne wird auch „vergessen", ein Protokoll oder eine schriftliche Vereinbarung über die vereinbarten Ziele anzufertigen. Das führt spätestens dann zu Ärger, wenn der Mitarbeiter seine Ziele nicht erreicht, oder wenn ihm dies beim nächsten Jahresgespräch als mangelnde Leistung vorgehalten wird.

Im Folgenden finden Sie weitere typische Fehler, die dazu führen können, dass ein Mitarbeitergespräch nicht den gewünschten Effekt oder Erfolg hat.

Entscheidungen sind bereits vor dem Gespräch gefallen

Ein Mitarbeitergespräch in Form einer Informationsveranstaltung, in der der Mitarbeiter nur mit bereits beschlossenen Fakten konfrontiert wird, verfehlt seinen Sinn. Positive Effekte des Gesprächs werden so verschenkt.

Dies betrifft insbesondere die Leistungsbewertung. Wenn der Mitarbeiter das Gefühl hat, dass seine Bewertung ohnehin schon feststeht, wird er den Sinn eines Gesprächs nicht erkennen können.

Auf der anderen Seite gibt es häufig Vorgaben seitens des Managements oder auch der Personalleitung. An diesen Vorgaben können auch Sie als Vorgesetzter meist nur wenig ändern. Es ist also nicht mehr als fair, dies dem Mitarbeiter gegenüber auch offen mitzuteilen. Auf diese Weise lässt man den Mitarbeiter nicht in dem falschen Glauben, im Gespräch Grundlegendes ändern zu können. Gleichzeitig kann man sich auf die Seite des Mitarbeiters stellen und versuchen, mit ihm gemeinsam eine möglichst verträgliche Variante der Umsetzung der Vorgaben zu erreichen.

Und auch, wenn das Mitarbeitergespräch ein klares Ziel hat (zum Beispiel die Entlassung des Mitarbeiters), macht es keinen Sinn, darum herumzureden. Wenn das Ergebnis ohnehin feststeht, sollte man dies möglichst bereits zu Beginn des Gesprächs klarstellen. Das weitere Gespräch kann dann dazu dienen, die einzelnen Modalitäten möglichst einvernehmlich zu regeln.

In allen anderen Fällen gilt es, möglichst offen zu sein und nicht mit vorgefassten Meinungen oder Entscheidungen in das Gespräch zu gehen. Der Sinn eines Gesprächs wird nur dann erfüllt, wenn beide Gesprächspartner für die Argumente der Gegenseite offenbleiben und auch bereit sind ggf. von ihren eigenen Standpunkten abzurücken.

Typische Fehler und Probleme

Vertrauliches wird nach außen getragen

Alles, was in einem Mitarbeitergespräch besprochen wird, muss von Ihnen und sollte vom Mitarbeiter vertraulich behandelt werden. Abgesehen von konkret formulierten Zielvereinbarungen, wird in einem Mitarbeitergespräch auch nichts protokolliert. Das Protokoll eines Mitarbeitergesprächs darf außer Ihnen, dem Mitarbeiter und der Personalabteilung niemand einsehen.

Auf gar keinen Fall dürfen Inhalte des Gesprächs anderen Mitarbeitern zur Kenntnis gelangen. Besondere Vorsicht ist geboten, wenn ein Mitarbeiter zum Gespräch kommt, über den Sie in einem vorherigen Gespräch etwas erfahren haben.

So etwas geht zum Beispiel gar nicht:

> *„Sie wollen eine Gehaltserhöhung? Laut Herrn Meyer führen Sie den ganzen Tag lang Privatgespräche und gehen achtmal täglich zum Rauchen raus!"**

> *„Bitte nehmen Sie etwas Rücksicht auf Frau Becker. Sie hat mir eben mitgeteilt, dass sie unter Depressionen leidet."**

Eine Geheimhaltungspflicht gilt im Übrigen auch für den Mitarbeiter. Auch ohne gesonderte vertragliche Vereinbarung ist jeder Mitarbeiter verpflichtet, über alle betrieblichen und geschäftlichen Geheimnisse Stillschweigen zu bewahren. Inwiefern die Inhalte eines Mitarbeitergesprächs darunterfallen, ist sicher vom Einzelfall abhängig. Im Zweifelsfall sollte man vor dem Gespräch eine entsprechende Verschwiegenheitsvereinbarung unterzeichnen lassen. Das kann zum Beispiel sinnvoll sein, wenn Sie dem Mitarbeiter während des Gesprächs mitteilen, dass seine Abteilung aufgelöst oder verlagert wird. Auch der Umzug eines ganzen Standortes gehört sicher zu den

Typische Fehler und Probleme

Dingen, die nicht nach außen dringen sollten, bevor die Firmenleitung sie offiziell bekanntgemacht hat.

Typische Fehler und Probleme

Beim Bewertungsgespräch werden vorwiegend Defizite erwähnt

Natürlich geht es bei einem Bewertungsgespräch vor allem darum, über die Leistungen des Mitarbeiters zu sprechen. Doch selbst wenn diese nicht zufriedenstellend sind, kann das Gespräch erfolgreich verlaufen, wenn einige Grundregeln beachtet werden. Insbesondere muss der Eindruck vermieden werden, dass es im Gespräch ausschließlich oder vorwiegend darum geht, die Defizite des Mitarbeiters aufzuzählen oder ihm diese vorzuhalten. Stattdessen sollten auch hier positive Leistungen gelobt und Erfolge thematisiert werden.

Auf diese Weise bleibt der Mitarbeiter motiviert, was die wichtigste Grundlage für eine zukünftige Verbesserung seiner Leistungen darstellt. Gab es bereits frühere Bewertungsgespräche und hat der Mitarbeiter Anregungen aus diesen Gesprächen positiv umgesetzt, ist es wichtig, dies herauszustellen. Das macht dem Mitarbeiter noch einmal besonders deutlich, dass ein Bewertungsgespräch nicht nur Kritik, sondern auch Chancen für ihn selbst bietet.

Ein Fehler, der häufig gemacht wird, ist die Verwechslung des Jahresgesprächs mit einem Konflikt- oder Kritikgespräch. Natürlich dürfen auch kritische Punkte zur Sprache kommen. Der eigentliche Sinn eines Jahresgesprächs liegt aber nicht darin, den Mitarbeiter zu kritisieren oder gar mit ihm „abzurechnen". Insbesondere aktuelle oder „schwelende" Konflikte sollten im Jahresgespräch bestenfalls am Rande erwähnt werden. Besser ist es, konkrete Konflikte in einem separat stattfindenden Konfliktgespräch zu diskutieren. Konfliktgespräche sollten deshalb auch nicht in einem bestimmten Turnus, sondern besser zeitnah dann stattfinden, wenn sie benötigt werden.

Typische Fehler und Probleme

Im Kritik- oder Konfliktgespräch wird die Aussage „verwässert"

Das Verhalten oder die Leistungen eines Mitarbeiters in einem Gespräch offen zu kritisieren, fällt nicht jedem Vorgesetzten leicht. Allzu oft passiert dann der Fehler, die Kritik durch gleichzeitiges Lob für ganz andere Dinge abzumildern. Das ist aber nicht der Sinn eines Kritik- oder Konfliktgesprächs. Hier geht es darum, die Probleme so klar zu benennen, dass der Mitarbeiter auf jedem Fall versteht, dass Sie unzufrieden mit seinen Leistungen oder einer Konfliktsituation sind. Versuchen Sie deshalb immer beim Thema zu bleiben, auch wenn das für beide Seiten eine unangenehme Situation ist. Verwenden Sie, wann immer möglich, Ich-Botschaften und formulieren Sie klar, warum Sie unzufrieden sind und vor allem welche konkreten Schritte Sie sich wünschen, um die Situation zu verbessern.

Nicht gut:

- 👎 *„Ich weiß ja, wie das ist. Versuchen Sie einfach, morgens ein bisschen pünktlicher zu sein."**
- 👎 *„Auch wenn alle beim Home-Office ein wenig schummeln. Denken Sie doch bei Gelegenheit daran, ihre Zeiten einzutragen."**

Besser:

- 💬 *„Ich wünsche, dass Sie zukünftig jeden Morgen spätestens um 8:15 Uhr an ihrem Platz sitzen."*
- 💬 *„Ab sofort werden Sie täglich Ihre Home-Office-Zeiten in das entsprechende Online-Formular eintragen!"*

Typische Fehler und Probleme

Es mangelt an Ruhe und Ungestörtheit

Ein vertrauliches Mitarbeitergespräch kann nicht stattfinden, wenn andere Mitarbeiter während des Gesprächs den Raum betreten oder sich in Hörweite aufhalten. Ebenso sollte das Telefon des Vorgesetzten während des Gesprächs nicht klingeln und auch andere Störungen sollten unterbleiben. Ein Mitarbeitergespräch ist ein Vieraugen- und Vierohrengespräch, bei dem weder Kollegen, noch Assistent oder Sekretärin den Raum betreten sollten.

Auch wenn Ihnen selbst das vielleicht nichts ausmacht, wird es den betreffenden Mitarbeiter ganz sicher stören. Es ist also auch ein Zeichen von Höflichkeit und Professionalität, für eine ungestörte Gesprächssituation zu sorgen.

Die Bewertung

Das Ergebnis einer Bewertung hängt immer von der jeweiligen Gemütsverfassung ab.

Damaris Wieser (*1977), deutsche Lyrikerin und Dichterin

Die Bewertung von Mitarbeitern spielt im betrieblichen Alltag eine große Rolle. Sie dient der Qualitätssicherung und hilft bei der Optimierung innerbetrieblicher Abläufe. Gleichzeitig ist sie ein Belohnungs-, oder auch ein Bestrafungsinstrument. Nicht selten sind mit der Bewertung eines Mitarbeiters direkt oder indirekt finanzielle Folgen für den Mitarbeiter verbunden. Sei es, dass die Bewertung Einfluss auf außertarifliche Bonuszahlungen hat, oder auch innerhalb eines Entgelt-Rahmenabkommens wie dem ERA-Tarifvertrag eine Rolle spielt.

Bewertungen im Rahmen eines Mitarbeitergesprächs können den Mitarbeiter zu Höchstleistungen motivieren oder zur inneren Kündigung führen. Im folgenden Kapitel erfahren Sie, was Sie wissen müssen, um Ihre Mitarbeiter korrekt und sinnvoll zu bewerten.

Die Bewertung

Was soll eigentlich bewertet werden?

Die Antwort auf diese Frage scheint einfach zu sein: Natürlich soll die Leistung des Mitarbeiters bewertet werden. Doch was zählt eigentlich dazu? Reicht es, wenn die Verkaufszahlen stimmen? Oder gehört dazu auch, wie ein Mitarbeiter mit Kunden und Kollegen umgeht? Was ist mit einem Mitarbeiter, der immer zu spät zum Meeting erscheint, aber den Gewinn des Unternehmens im letzten Jahr um 8 % gesteigert hat? Und was sagen Sie einem Mitarbeiter, der mit seiner Bewertung nicht einverstanden ist? Können Sie diesem Mitarbeiter anhand klarer Fakten belegen, wie Ihre Bewertung zustande gekommen ist?

Sie sehen, es lohnt sich also, genau darüber nachzudenken, was genau bewertet werden soll und welche Gewichtung die einzelnen Bewertungsfaktoren in Ihrem endgültigen Urteil haben.

Harte und weiche Faktoren

Man unterscheidet grundsätzlich zwei Gruppen von Faktoren, die in eine Bewertung einfließen können. Diese werden als „harte", also eindeutig messbare, und „weiche" Faktoren bezeichnet.

Harte Faktoren

Zu den sogenannten harten Faktoren zählen alle, die anhand von konkreten (betriebswirtschaftlichen) Kennzahlen und Größen eindeutig beurteilt werden können. Dazu zählen zum Beispiel Umsatzzahlen, Kostensenkungen, Gewinnsteigerungen oder die Verringerung von Ausschussquoten bei der Produktion. Im besten Fall liegen bereits Kennzahlen in Form von Zielvorgaben zum Beispiel aus früheren Mitarbeitergesprächen vor, die zum Vergleich herangezogen werden können.

Die Bewertung

Weiche Faktoren

Zu den weichen Faktoren zählen Fähigkeiten und Kompetenzen, die sich nicht in Form von numerischen Größen als Zahlen oder Kurven darstellen lassen, die aber dennoch für die Produktivität und das Arbeitsklima eine wichtige Rolle spielen. Zu diesen Kompetenzen, die neudeutsch oft als „Soft Skills" bezeichnet werden, gehören zum Beispiel Teamfähigkeit, Konfliktlösefähigkeiten, Krisenmanagement, aber auch der angemessene Umgang mit Kunden, Lieferanten und Mitarbeitern. Übrigens, auch die Fähigkeit, konstruktive Mitarbeitergespräche zu führen, zählt dazu!

Daneben gibt es noch weitere weiche Faktoren, die zum Teil nicht leicht greifbar sind. Dazu zählen zum Beispiel Stressresistenz, Flexibilität aber auch Eigenschaften wie Verantwortungsbereitschaft, Engagement, Interesse, Einsatzbereitschaft und Durchsetzungsfähigkeit.

Es liegt in der Natur der Sache, dass es ungleich schwieriger ist, die weichen Faktoren auch nur halbwegs objektiv zu bewerten. Die Fähigkeit dazu ist in der Regel nur bei sehr erfahrenen Führungskräften anzutreffen, die vor allem in der Lage sein müssen, persönliche und subjektive (Vor-) Urteile möglichst gut auszublenden.

Die Bewertung eines Mitarbeiters sollte also folgende Elemente enthalten:

- Arbeitsleistung bzw. -erfolg (quantitativ wie qualitativ)
- Arbeitsweise (Sorgfalt und Effizienz)
- Arbeitsqualität oder Arbeitserfolg
- Fachkompetenz
- Motivation
- Belastbarkeit

Die Bewertung

- Stärken (unter Umständen auch spezifische Schwächen, jedoch nie in expliziter Form in Arbeitszeugnissen)
- Verhalten gegenüber Vorgesetzten
- Verhalten gegenüber Kunden und Klienten
- Verhalten gegenüber Mitarbeitern

Die Bewertung aller harten Faktoren muss für den Mitarbeiter immer nachvollziehbar und ggf. belegbar sein, insbesondere dann, wenn diese negativ ausfällt.

Bei den weichen Faktoren ist ein hoher Grad von Selbstreflexion aufseiten des Bewerters notwendig. Hier muss besonders genau geprüft werden, inwiefern eine Bewertung auf beobachtbarem und auch tatsächlich beobachtetem Verhalten des Mitarbeiters basiert. Die Gefahr einer voreingenommenen und subjektiven Beurteilung ist hier besonders groß.

Die Bewertung

Was taugen Ranking-Systeme?

Insbesondere in amerikanischen und international tätigen Unternehmen werden häufig sogenannte Ranking-Systeme (Rangfolge-Systeme) zur Bewertung der Mitarbeiterleistungen angewendet. Das Ranking besteht darin, dass ein Mitarbeiter nicht nur bewertet, sondern seine Leistung auch im Verhältnis zur Leistung der anderen Mitarbeiter eingeordnet wird.

Oftmals werden die Mitarbeiter dabei in mehrere Leistungsgruppen eingeteilt. Typisch ist zum Beispiel eine Einteilung nach dem Schema 20 – 70 – 10 Prozent. Bei dieser Einteilung würden zum Beispiel 20 Prozent der Mitarbeiter der Spitzengruppe zugeordnet, 70 Prozent der Durchschnittsgruppe und 10 Prozent der Gruppe der sogenannten „Minderleister". Ziel des Unternehmens ist es in der Regel, die Mitarbeiter der Spitzengruppe zu belohnen, die der Durchschnittsgruppe zu fordern und/oder zu fördern und die schwächsten Mitarbeiter zu entlassen.

Auch wenn zumindest die Entlassung von Mitarbeitern in Deutschland längst nicht so einfach vonstattengeht, wie in vielen anderen Ländern, allen voran in den USA, gibt es auch hier gewisse Gründe, die dazu führen, dass Mitarbeiter absichtlich schlecht bewertet werden. Manchmal wird sogar ein gewisser Prozentsatz an schlechten Bewertungen von der Leitung des Unternehmens erwartet. Insbesondere ist in manchen Unternehmen von vornherein festgelegt, dass es nicht mehr als einen bestimmten Prozentsatz von guten oder sehr guten Bewertungen geben soll. Ein solches Vorgehen wird auch als „Forced Ranking", also als erzwungenes Ranking bezeichnet. "

Dafür gibt es vor allem drei Gründe:
1. Gut bewertete Mitarbeiter kosten mehr Geld.
2. Schlecht bewertete Mitarbeiter werden oft als "optional" betrachtet. Das heißt, man kann sie relativ leicht loswerden,

Die Bewertung

wenn Einsparungen vorgenommen werden sollen, oder, wenn die Aktionäre des Unternehmens auf Personalabbau drängen, um den Aktienkurs positiv zu beeinflussen.

3. Oft wird einfach stillschweigend davon ausgegangen, dass nur ein kleiner Teil der Mitarbeiter einer Abteilung wirklich gute Arbeit leistet. Es werden einfach die Gesetzmäßigkeiten einer sogenannten "Normalverteilung" angenommen, in der es sehr viele mittelmäßige und nur wenige sehr gute oder auch sehr schlechte Mitarbeiter gibt.

Auch wenn diese Annahme in manchen Fällen zutreffend sein sollte, hat eine solche Bewertungspraxis natürlich eine verheerende Wirkung auf die guten und sehr guten Mitarbeiter, die aus Proporzgründen wider besseres Wissen schlechter bewertet werden.

Besonders problematisch ist das Ganze, wenn eine solche Verteilung der Leistungsbewertungen auch innerhalb von Abteilungen vorgenommen wird. Ganz gleich wie gut die Mitarbeiter wirklich sind, es muss ein bestimmter Prozentsatz schlecht bewertet werden. In einer Abteilung mit 10 Mitarbeitern werden also immer einer oder zwei schlecht bewertet, ganz gleich, wie gut ihre Leistungen wirklich sind.

Ein weiteres Problem stellt das Forced Ranking dar, wenn es um den Vergleich von zwei oder mehreren Abteilungen geht. Wer eine Topleistung abliefert, aber das "Pech" hat, in einer Abteilung mit lauter Topleistern zu arbeiten, findet sich vielleicht zum Schluss genauso schlecht bewertet, wie ein echter „Minderleister" aus einer anderen Abteilung. Kommt es unter Umständen eines Tages zu der Entscheidung, welcher von beiden Mitarbeitern gehen muss, kann es passieren, dass die Niete bleibt und das Unternehmen einen erstklassigen Mitarbeiter nach Hause schickt.

Die Bewertung

Gaußsche Kurve ist Unsinn!
Als Grundlage für das Forced Distribution wird meist die „Gaußsche Verteilungskurve" verwendet. Diese sogenannte „Normalverteilung" besagt, dass sich von 100 Mitarbeitern 15 - 20 im oberen Leistungssegment bewegen, 10 - 15 im unteren Leistungssegment und die restlichen 70 irgendwo dazwischen.

Dass diese „Normalverteilung" in der Realität allerdings oft nicht zutreffend ist, hat mehrere Gründe. Eine wichtige Voraussetzung für das Funktionieren von Normalverteilungen ist zum Beispiel, dass eine Mindestanzahl von Mitarbeitern erfasst wird. Das sind minimal 30 Mitarbeiter, besser jedoch 50 oder 100. Doch das trifft nur sehr selten auf ein Team oder eine Abteilung zu. Viel häufiger sind hier nur 10 oder 15 Mitarbeiter beschäftigt, weshalb eine Normalverteilung der Leistungen schon rechnerisch betrachtet, sehr unwahrscheinlich ist.

Ein weiterer Faktor, der die Gaußsche Kurve in diesem Zusammenhang ad absurdum führt, ist die Tatsache, dass das durchschnittliche Leistungslevel zwangsläufig im Laufe der Zeit immer weiter ansteigt. Was macht ein Abteilungsleiter, der gemeinsam mit seinem Team über die Jahre eine hoch effiziente Abteilung mit hoch motivierten Mitarbeitern aufgebaut hat? Bei einer Forced Distribution ist er gezwungen, selbst die Mitarbeiter abzuwerten, die er selbst noch vor Kurzem wegen ihrer hohen Leistung ins Team geholt, oder im Team aufgewertet hat. Eine Forced Distribution ist in diesem Fall für den Mitarbeiter und den Vorgesetzten nicht nachvollziehbar und wirkt nur absurd.

Konkurrenz zerstört das Geschäft
Quotenregelungen bei der Bewertung von Mitarbeitern haben aber noch einen ganz anderen, äußerst negativen Effekt. Mitarbeiter, die wissen, dass sie auf einer Rankingskala miteinander verglichen werden, werden

Die Bewertung

automatisch zu Konkurrenten. Erfahrungen zeigen, dass dies nur selten dazu führt, dass sich alle besonders anstrengen. Viel häufiger wird beobachtet, dass die Mitarbeiter beginnen, sich gegenseitig zu sabotieren. Das Ende ist dann ein schlechteres Ergebnis der gesamten Abteilung. Also das exakte Gegenteil dessen, was eigentlich erreicht werden soll.

Gerade aus diesen Gründen rücken in den letzten Jahren immer mehr Unternehmen von der Beurteilung in Form von Rankingsystemen ab. So wurde mittlerweile zum Beispiel auch bei Microsoft das im Jahr 2006 eingeführte Rankingsystem mittlerweile wieder abgeschafft. Die Nachteile waren einfach zu groß.

Die Bewertung

Was bedeutet 360-Grad-Feedback?

Das sogenannte 360-Grad-Feedback (auch „360-Grad-Befragung" oder „Multi-Rater-Feedback") ist ein Bewertungsverfahren, das die Leistung eines Mitarbeiters aus mehreren Blickwinkeln (360° = rundum) beleuchten soll. Deshalb erfolgt die Bewertung bei diesem Verfahren nicht nur durch einen Vorgesetzten oder Supervisor, sondern auch durch Kollegen und Untergebene des zu bewertenden Mitarbeiters. In manchen Unternehmen wird sogar die Beurteilung durch Außenstehende, wie zum Beispiel Kunden, mit einbezogen. Ein wichtiger Aspekt des 360-Grad-Feedbacks ist zudem die Selbstbewertung des Mitarbeiters. So entsteht ein Gesamtbild, das sich aus Selbstbild + Fremdbild zusammensetzt.

Die Befragung aller Beteiligten erfolgt in der Regel anonym, wodurch erreicht wird, dass Antworten und Einschätzungen ohne Angst vor negativen Folgen gegeben werden können. Wie bei jeder anonymen Beurteilung muss dabei natürlich berücksichtigt werden, dass unter Umständen auch ungerechtfertigt negative Bewertungen durch einzelne Teilnehmer auftreten können. Dies insbesondere dann, wenn ungelöste Konflikte oder andere Spannungen vorhanden sind, die das Ergebnis beeinflussen können.

Ursprünglich in der militärischen Ausbildung entwickelt, werden 360-Grad-Feedbacks in unterschiedlichen Formen seit den 1980er Jahren in Unternehmen - zunächst in den USA, später weltweit - eingesetzt. In Deutschland arbeiten etwa 40% der großen und mittelständischen Unternehmen mit einem solchen Verfahren. Es gibt eine Vielzahl von Varianten, die unter verschiedenen Bezeichnungen zum Einsatz kommen. Zusammengefasst werden diese multiperspektivischen Verfahren unter dem Begriff „Multi-Rater-Feedback". Multi-Rater-Feedbacks (MRF) gibt es nicht nur als 360-Grad-Variante:

Die Bewertung

- 360 Grad - Selbstbewertung, Vorgesetzter, Kollege, Mitarbeiter oder Kunde/Lieferant
- 270 Grad - Selbstbewertung, Vorgesetzter, Kollege
- 180 Grad - Selbstbewertung, Vorgesetzter

Durchführung

Die Durchführung eines 360-Grad-Feedbacks bedeutet einen nicht unerheblichen Aufwand. Angefangen von der Entwicklung zuverlässiger und zielführender Fragebögen über die Sicherstellung der Anonymität bis hin zur Auswertung und datenschutzrechtlichen Handhabung der Ergebnisse sind viele Details zu beachten. Kleinere Unternehmen setzen deshalb 360-Grad-Feedbacks nur in Einzelfällen ein. Zum Beispiel dann, wenn sich eine Führungskraft für eine in der Hierarchie höher angesiedelte Position bewirbt. Andere Unternehmen überlassen die Rundum-Feedbacks externen Dienstleistern. In größeren Unternehmen werden die Befragungen von der eigenen HR-Abteilung durchgeführt. Allerdings kommen auch hier meist *validierte*, das heißt nach wissenschaftlichen Methoden erstellte, Fragebögen zum Einsatz.

Es hat sich gezeigt, dass die Bereitschaft, eine Bewertung für einen Kollegen oder Vorgesetzten abzugeben, umso größer ist, je geringer der Aufwand für den Bewertenden dabei ist. Viele Unternehmen lassen deshalb die Bewertungen direkt online über den Bildschirm am eigenen Arbeitsplatz vornehmen. Für den Erfolg einer solchen Online-Befragung ist es allerdings äußerst wichtig, die Anonymität und die Einhaltung der Datenschutzregeln klar zu kommunizieren. Es ist immer wieder zu hören, dass Mitarbeiter daran zweifeln, dass die Befragung wirklich anonym sei und ob nicht vielleicht der Administrator oder gar der Vorgesetzte doch Einblick in die Formulare haben könnten.

Die Bewertung

Inhalte

Die Inhalte eines 360-Grad-Feedbacks richten sich vor allem danach, welchem Zweck die Ergebnisse dienen sollen. Soll eine bewertete Fach- oder Führungskraft auf eine neue Aufgabe vorbereitet oder die Eignung für eine neue Aufgabe überprüft werden, oder soll die Umfrage zeigen, wie ein Mitarbeiter seine jetzigen Aufgaben besser lösen kann? Je nachdem würden in einem Fragebogen eher die zukünftig benötigten oder aktuell wichtigen Kompetenzen abgefragt werden.

Soll-Ist-Vergleiche

In fast allen größeren Unternehmen gibt es Kompetenzmodelle oder Anforderungsprofile für bestimmte Positionen, denen ein Mitarbeiter möglichst nahekommen soll. Wenn möglich, sollten daraus konkrete Anforderungen formuliert und diese im Fragebogen abgefragt werden.

Beobachtbares Verhalten abfragen

In den Fragebögen eines 360-Grad-Feedbacks sollte möglichst nur beobachtbares Verhalten des Feedback-Nehmers abgefragt werden, nicht aber Spekulationen darüber, wie „gut" oder wie leistungsfähig er ist.

Beispiele:

Bitte bewerten Sie auf einer Skala von 0 (= trifft gar nicht) zu bis 5 (= trifft immer zu) die folgenden Aussagen:

- „Man kann sich auf seine/ihre Zusagen verlassen."
- „Man muss bei ihm/ihr keine Angst haben, einen Fehler zu machen."
- „Ist offen für neue Ideen und Vorschläge."
- „Hat Verständnis für Probleme seiner Mitarbeiter."
- „Verhält sich Kunden gegenüber freundlich."

Die Bewertung

Auswertung und Konsequenzen

Es wird empfohlen, die Ergebnisse eines Rundum-Feedbacks in einem moderierten Team zu besprechen. Manche Unternehmen, wie zum Beispiel die Lufthansa AG, stellen ihren Mitarbeitern die Ergebnisse aber auch online zur Verfügung. Auf diese Weise kann jeder Bewertete jederzeit erfahren, wie er und seine Leistungen von Vorgesetzten, Kollegen und Mitarbeitern gesehen werden. Im Falle der Lufthansa AG sogar im direkten Vergleich mit anderen Führungskräften.

Einige Unternehmensberater sehen es kritisch, dass bei vielen 360-Grad-Feedbacks die Anonymität überbetont wird. Ihrer Ansicht nach ist es wichtiger, dass die Ergebnisse dazu führen, dass mehr miteinander gesprochen wird. Das Feedback sollte nicht der Bewertung, sondern der Entwicklung der bewerteten Fach- und Führungskräfte dienen.

Aus einem 360-Grad-Feedback sollten möglichst handlungs- und praxisorientierte Konsequenzen gezogen werden. Das heißt, der bewertete Mitarbeiter sollte darauf aufmerksam gemacht werden, wie er durch konkretes beobachtbares Verhalten eine Verbesserung seiner Leistungen oder Führungsqualitäten erreichen kann. Je abstrakter und praxisferner die Anforderungen formuliert werden, desto geringer ist die Chance, dass der Betroffene sie sinnvoll umsetzen kann.

Ein weiterer wichtiger Aspekt ist Unterstützung. Stellt sich bei einem 360-Grad-Feedback heraus, dass einem Mitarbeiter konkretes Wissen oder Übung fehlen, muss ihm dieses Wissen in Form von Schulungen oder Trainings zur Verfügung gestellt werden, damit er seine Aufgaben besser erfüllen kann.

Am Ende der Gespräche über die Ergebnisse sollten immer konkrete Vereinbarungen stehen, an die sich beide Seiten zu halten haben. Auch hierbei ist es wieder wichtig, möglichst klar beobachtbare oder gar rechnerisch sichtbare Ergebnisse zu vereinbaren. Fortschritte und Lernergebnisse sollten in Form von Zielvereinbarungen festgehalten werden. Umso klarer und eindeutiger, desto besser.

Problemfall Personalabbau
Fast alle Experten raten explizit davon ab, 360-Grad-Befragungen in Phasen durchzuführen, in denen wirtschaftliche Probleme oder gar der Abbau von Personal das Klima in einem Unternehmen belasten. In solchen schwierigen Situationen ist nicht damit zu rechnen, dass objektive Einschätzungen abgegeben oder Bewertungen von den Betroffenen für eine positive Selbstentwicklung sinnvoll genutzt werden.

Fazit
- Ein 360-Grad-Feedback kann, wenn es richtig durchgeführt wird, ein hilfreiches Instrument für die positive Weiterentwicklung einer Fach- oder Führungskraft sein.
- Es muss allen Beteiligten klar sein, dass hier nicht die Leistung, sondern die Wahrnehmung des beobachtbaren Verhaltens einer Fach- oder Führungskraft durch Kollegen und Mitarbeiter erfasst wird.
- Es sollten ausschließlich validierte Fragebögen zum Einsatz kommen, deren Ergebnisse möglichst objektiv ausgewertet werden können. Solche Fragebögen können Unternehmen von externen Dienstleistern oder Unternehmensberatern beziehen.
- Die Fragebögen müssen einfach und schnell (in maximal 10 - 15 Minuten) von jedem Mitarbeiter ausgefüllt werden können.
- Die Anonymität und Vertraulichkeit der Daten muss zu 100 % gewährleistet sein.

Die Bewertung

- Die Befragung soll keinen Raum für Spekulationen über die Persönlichkeit oder die Leistungsfähigkeit des zu Bewertenden bieten. Es sollen ausschließlich konkrete und beobachtbare Verhaltensweisen abgefragt werden.
- Am Schluss sollen in einem gemeinsamen Gespräch mit dem Bewerteten konkrete Zielvereinbarungen getroffen werden, für deren Erreichen der Bewertete die notwendige Unterstützung seitens des Vorgesetzten und/oder des Unternehmens erhält.

Die Bewertung

Die Wirkungen negativer Bewertungen

Unterschätzen Sie niemals die Wirkungen, die Ihre Bewertungen auf den Mitarbeiter und seine Motivation haben. Es gibt Untersuchungen, die belegen, dass für viele Arbeitnehmer Lob und Anerkennung vom Vorgesetzten wichtiger sind als die vom eigenen Lebenspartner. Und was für positive Bewertungen gilt, gilt natürlich genauso für Kritik und negative Bewertungen. Dieser Effekt wird noch verstärkt, wenn der Mitarbeiter das Gefühl hat, ungerechterweise negativ bewertet worden zu sein.

Wenn es eine Sache gibt, die die Leistungsbereitschaft eines Mitarbeiters noch nachhaltiger zerstören kann, als eine schlechte Bewertung, dann ist es eine ungerechtfertigte schlechte Bewertung!

Mit diesen Folgen einer negativen Bewertung müssen Sie rechnen:

- Der Mitarbeiter beginnt, an sich selbst zu zweifeln:
  Die Folge ist, dass der Mitarbeiter unsicher wird und möglicherweise nicht mehr oder nur noch eingeschränkt selbstständig arbeiten kann. Der Vorgesetzte bemerkt das, fühlt sich in seinem Urteil bestätigt und übt möglicherweise noch mehr Druck auf den Mitarbeiter aus.

- Die Unzufriedenheit des Mitarbeiters steigt.

- Das Vertrauen zum Vorgesetzten wird gestört.

- Der Mitarbeiter verliert jegliche Motivation.

- Gute/kreative Mitarbeiter verlassen das Unternehmen.

- Das Arbeitsklima leidet.

Die Bewertung

Nicht nur das Verhältnis zwischen Mitarbeiter und Vorgesetztem wird gestört. Auch das Verhältnis zwischen den Mitarbeitern kann leiden. Insbesondere dann, wenn ein Mitarbeiter im direkten Vergleich zu anderen abgewertet wird.

Es ist also von immenser Bedeutung, dass negative Bewertungen – sofern sie unumgänglich sind – immer genauestens belegbar sein müssen. Nur, wenn Sie anhand klarer Fakten die Gründe für eine negative Bewertung belegen können, haben Sie eine Chance, dass der Mitarbeiter sie akzeptiert und an einer Verbesserung seiner Leistungen arbeiten wird.

Liste typischer Bewertungsfehler

Im Grunde glaubt jeder Vorgesetzte, dass seine Bewertung eines Mitarbeiters korrekt und objektiv ist. Trotzdem schleichen sich selbst bei erfahrenen Führungskräften immer wieder Fehler bei der Bewertung ein, die sich nur vermeiden lassen, wenn man sie kennt.

Bewertung nach Sympathie

Es ist einfach so: Je sympathischer ein Mitarbeiter ist, desto eher hat man auch den Eindruck, dass seine Leistungen gut oder sogar sehr gut sind. Es ist aber wichtig, beides so gut wie möglich voneinander zu trennen. Denn: Jemand, der „total nett" ist, kann natürlich trotzdem schlechte Leistungen erbringen. Und umgekehrt kann selbst ein Ekel in seinem Bereich hervorragend arbeiten. Es widerspricht einfach unserem Bauchgefühl, das auch wirklich zu erkennen. Deshalb ist es besonders bei Mitarbeitern, die man sehr oder auch gar nicht mag, wichtig, auf Objektivität zu achten. Frei nach dem Motto: Gefahr erkannt – Gefahr gebannt.

Bewertung nach „Augenmaß" und Gefühl

Das ist sicher der häufigste Fehler bei der Bewertung von Mitarbeitern. Man meint, dass man einen Mitarbeiter schon „irgendwie" korrekt einschätzt. Schließlich kennt man denjenigen schon länger und weiß, was man von ihm zu erwarten hat. Probleme entstehen allerdings dann, wenn ein Mitarbeiter genau „nachhakt" und im Detail wissen will, warum er so und nicht anders bewertet wurde. Oder warum er im Vergleich zu seinen Kollegen schlechter abgeschnitten hat. Mancher Vorgesetzte kommt dann ins Schwimmen, weil er seine Bewertung nach „Gefühl" und nicht aufgrund nachvollziehbarer Fakten vorgenommen hat.

Die Bewertung

Schnelle „Einigung" auf mittleren Bewertungen
Bewertungsgespräche sind nicht sonderlich beliebt. Das gilt für Vorgesetzte, aber auch für die Mitarbeiter. Nicht selten kommt es deshalb zu einem „Gespräch", bei dem die einzelnen Punkte der Bewertung nur möglichst schnell „abgehakt" werden. Um Konflikte zu vermeiden, einigt man sich auf eine mittelmäßige bis gute Bewertung, die dem Mitarbeiter nicht wehtut. Der eigentliche Sinn eines Bewertungsgesprächs wird so allerdings verfehlt. Die Chancen, die ein solches Gespräch bietet, werden vertan.

Willkürliche Bewertungen
Nicht ganz so häufig, aber trotzdem nicht selten sind gänzlich willkürliche Bewertungen. Insbesondere in großen Abteilungen mit vielen Mitarbeitern kommt es manchmal vor, dass der Vorgesetzte so gut wie nichts über den Mitarbeiter weiß, der gerade vor ihm sitzt. Die Folge ist nicht selten eine Bewertung, die willkürlich erfolgt und keiner Überprüfung standhält.

Forced Distribution, schlechte Bewertung wegen der Quote
Wie oben schon beschrieben, sind solche Bewertungen natürlich Gift für die Motivation von Mitarbeitern. Wenn der Vorgesetzte dem Mitarbeiter eröffnet, dass er zwar gut gearbeitet hat, aber – aufgrund einer vorgegebenen Quote - schlecht bewertet wird, sind Vertrauen und Motivation zerstört.

Gesamturteil aufgrund einzelner guter oder schlechter Leistungen
Es kommt vor, dass Vorgesetzte einzelne Mitarbeiter nicht nach deren Gesamtleistung seit dem letzten Bewertungsgespräch, sondern aufgrund punktueller Einzelleistungen bewerten. Meist geschieht das in der Form, dass ein Mitarbeiter durch eine schlechte Leistung oder einen groben Fehler aufgefallen ist. Hat der Mitarbeiter aber ansonsten gut gearbeitet, fühlt er sich zu recht falsch bewertet, wenn dies geschieht.

Die Bewertung

Bewertung aufgrund eines kurz zurückliegenden Vorfalls
Ein ähnlicher Fehler ist es, einen Mitarbeiter nur aufgrund eines kurz zurückliegenden Vorfalls zu bewerten. Das passiert leicht, weil die Erinnerung an kurz zuvor stattgefundene Ereignisse oft unbewusst das Gesamtbild eines Menschen einfärbt. Wenn es also bei einem Mitarbeiter einen solchen Vorfall gab, ist es umso wichtiger, genau zu prüfen, wie seine Leistungen in der übrigen Zeit ausgefallen sind.

Schlechtere Bewertung von Mitarbeitern, die längere Zeit nicht befördert wurden
Es gibt eine Tendenz, Mitarbeiter, die schon länger nicht mehr befördert wurden, schlechter zu bewerten als andere Mitarbeiter mit den gleichen Leistungen. Man vermutet dann – mehr oder weniger unbewusst – dass es ja schon einen Grund dafür geben muss, dass die Karriere des Mitarbeiters ins Stocken geraten ist. Das auch dann, wenn dies gar nichts mit seiner tatsächlichen Leistung zu tun hat.

Klebeeffekt
Als „Klebeeffekt" bezeichnet man die Tendenz, einen Mitarbeiter immer wieder ähnlich zu bewerten, auch wenn sich dessen Leistungsniveau zwischenzeitlich deutlich verändert hat. Insbesondere Verschlechterungen der Bewertung werden oft vermieden, um Konflikten aus dem Weg zu gehen.

Halo-Effekt
Als Halo-Effekt bezeichnet man die Tendenz, einen Menschen so einzuschätzen und zu bewerten, wie man es aufgrund von Vorabinformationen auch erwarten würde. Kommt ein neuer Mitarbeiter in die Abteilung, der den Ruf hat, besonders hohe Leistungen zu erbringen, wird er aufgrund dieses Effektes weiterhin gut bewertet. Das auch dann, wenn seine tatsächlichen Leistungen dies gar nicht rechtfertigen.

Die Bewertung

Im Kapitel „Typische Fehler und Probleme" werden diese und weitere typische Fehler ausführlich dargestellt.

Die Bewertung

Muster-Bewertungsbogen

Grundsätzlich sollte die Beurteilung oder Einschätzung der Mitarbeiter nach Kriterien erfolgen, die an die Kultur und das Wertesystem, übergreifende Aufgabeninhalte, sowie auch an die strategische Ausrichtung eines Unternehmens angepasst sind. Der Beurteilungsbogen ist ein Element der übergreifenden HR Strategie, die insgesamt einem roten Faden folgen sollte, beginnend bei der Kultur, über Kompetenzmodelle und ein einheitliches Führungsverständnis, bis hin zu den Kriterien, an denen Mitarbeiter gemessen werden.

Der hier aufgeführte Bogen ist daher nur ein Muster zur allgemeinen Orientierung, wie ein solches Formular aufgebaut werden kann. Wird dieser Vorschlag konkret angewendet, ist zu prüfen, welche Anpassungen vorgenommen werden müssen, damit die Inhalte der jeweiligen Organisation optimal reflektiert sind.

Die Bewertung

FORMULAR ZUR MITARBEITEREINSCHÄTZUNG

Name	
Position	
Abteilung/Bereich	
Vorgesetzter/Beurteiler	
Beurteilungszeitraum	
Datum des Gesprächs	

Legende	
1	Übertrifft die Anforderungen stets in deutlichem Maße.
2	Übertrifft die Anforderungen häufig, vor allem in Bereichen von hoher Priorität.
3	Erfüllt die Anforderungen vollständig, das Verhalten ist vorbildlich, es wird genau das umgesetzt, was von der Aufgabe erwartet ist, 100% Leistung.
4	Erfüllt die Anforderungen meistens gemäß den Erwartungen, benötigt an einigen Stellen noch leichte Unterstützung und Anleitung.

Die Bewertung

5	Erfüllt die Anforderungen häufig nicht gemäß den Erwartungen, braucht ein hohes Maß an Anleitung und Hilfestellung Leistung ist deutlich verbesserungswürdig.
6	Erfüllt die Anforderungen nicht, bleibt stets unterhalb der Anforderungen, deutliche unzureichende Leistung bis hin zu Unwillen und unangemessenem Verhalten.

FACHKENNTNISSE / ARBEITSINHALTE		1	2	3	4	5	6	Gewichtung
1	**Qualifizierung/Erfahrung** Verfügt über die notwendige fachliche Qualifizierung/Ausbildung sowie hinreichende Erfahrung zur Erfüllung der Arbeitsaufgabe.							
2	**Praktische Anwendung / Wissenstransfer** Ist in der Lage, seine Kenntnisse und Fähigkeiten erfolgreich in der Aufgabenerfüllung umzusetzen.							
3	**Methodenkenntnisse** Kennt die notwendigen Methoden und Prozesse zur Umsetzung der Aufgaben und wendet sie sicher an (z. B. Anwendung von EDV-Systemen, Nutzung von Tools, Gebrauch von Maschinen)							

Die Bewertung

4	**Allgemeines Fachwissen** Gute Kenntnisse über die Unternehmensinhalte (Produkte/Dienstleistung und deren Anwendung)					
5	**Marktkenntnisse** Hat einen guten Überblick über den Markt, in dem sich die Organisation bewegt, sowie über die wichtigsten Kunden und den Wettbewerb.					
6	**Arbeitsergebnisse** Erfüllt die Aufgaben inhaltlich im vorgegebenen Rahmen. Bringt eigene Vorschläge zur Gestaltung und Verbesserung der Aufgabeninhalte ein.					
7	**Arbeitstempo** Erledigt die Aufgaben im vorgegebenen / erwarteten Zeitrahmen. Informiert rechtzeitig über Änderungen in der Planung oder bei Engpässen. Bringt selbstständig Vorschläge ein, wie die Effizienz der Arbeit gesteigert werden kann.					
8	**Qualität der Arbeitsergebnisse** Erledigt die Aufgaben in der erforderlichen Qualität oder sogar darüber hinaus, bringt eigene Vorschläge zur Steigerung der Qualität ein.					

Die Bewertung

GESAMTBEWERTUNG „FACHKENNTNISSE/ARBEITSINHALTE"							
PERSÖNLICHE MERKMALE / ENGAGEMENT	1	2	3	4	5	6	Gewichtung
9 **Analytische Intelligenz / Urteilsvermögen** Denkt logisch und strukturiert, trifft rational nachvollziehbare Entscheidungen, die auch in der Praxis Bestand haben.							
10 **Innovationssinn** Hat neue und kreative Ideen, zeigt Risikobereitschaft, auch Neues und Ungewohntes auszuprobieren.							
11 **Verantwortungsbereitschaft** Kann ohne Probleme Verantwortung übernehmen, steht zu den eigenen Entscheidungen und Ergebnissen.							
12 **Gelassenheit / Belastbarkeit** Behält auch in kritischen Situationen die Ruhe, ist in der Lage, auch unter Druck richtige Entscheidungen zu treffen und Prioritäten zu setzen.							
13 **Fachliches Interesse** Interessiert sich für die allgemeinen Vorgänge im Unternehmen sowie							

Die Bewertung

	auch für die Inhalte der eigenen Arbeitsaufgabe und deren Umfeld, zeigt Ambitionen, stetig dazu lernen zu wollen.						
14	**Arbeitseinsatz** Zeigt zu jeder Zeit hohen Einsatz für die Erfüllung der eigenen Aufgabe, auch über das durchschnittliche Maß hinaus.						
15	**Durchhaltevermögen/Fleiß** Verfolgt Ziele auch in schwierigen Situationen und, wenn erforderlich, über einen längeren Zeitraum hinweg, ohne Qualitätsverlust.						
16	**Authentizität** Zeigt ein unverstelltes Bild von sich selbst, baut keine Fassade um sich herum auf, ist berechenbar, andere wissen, woran sie sind.						
17	**Bescheidenheit** Legt keinen Wert auf Statussymbole, rückt sich selbst nicht in den Vordergrund.						
18	**Ehrlichkeit / Loyalität** Ist persönlich glaubwürdig, integer, nicht manipulativ.						

Die Bewertung

GESAMTBEWERTUNG „PERSÖNLICHE MERKMALE / ENGAGEMENT"							
ZUSAMMENARBEIT		1	2	3	4	5	6	Gewichtung
19	**Emotionale Intelligenz** Gibt der eigenen Intuition ausreichend Aufmerksamkeit, ist in der Lage, sich in andere hineinzuversetzen, empathisch.						
20	**Gerechtigkeitssinn / Toleranz** Verfügt über einen gesunden Sinn, Menschen gleichberechtigt zu behandeln, sie jederzeit zu respektieren und ihrer Meinung zu achten.						
21	**Natürliches Auftreten / Freundlichkeit** Kann das geeignete Maß zwischen Nähe und Distanz im beruflichen Umfeld wahren, verhält sich höflich und angenehm im Umgang mit anderen.						
22	**Kontaktfähigkeit / Kommunikationsfähigkeit** Geht leicht und problemlos auf andere Menschen zu, ist offen und						

Die Bewertung

	ansprechbar für andere, kann gut zuhören.	
23	**Integrationsfähigkeit / Konfliktfähigkeit** Ist in der Lage, unterschiedliche Interessen sachlich zu betrachten und auszugleichen. Kann Konflikte auf sachlicher Ebene zu einer guten Lösung führen.	
24	**Positive Grundeinstellung** Vermittelt Zuversicht und Vertrauen, behält eine optimistische Haltung auch in schwierigen Situationen, hat dadurch positiven Einfluss auf das Umfeld.	
25	**Sozialer Umgang** Fügt sich reibungslos in das soziale Gefüge im Unternehmen ein, nimmt an gemeinsamen Aktivitäten teil, ist kein „Einzelgänger".	
26	**Fähigkeit zum Feedback** Kann gut mit der Rückmeldung anderer umgehen und fordert diese aktiv ein, gibt Feedback an andere in angemessener Weise.	
	GESAMTBEWERTUNG „ZUSAMMENARBEIT"	

Die Bewertung

FÜHRUNGSVERHALTEN	1	2	3	4	5	6	Ge-wich-tung
27 **Förderung von Innovation** Fördert innovative Mitarbeiter/innen und deren neue Ideen. Bringt Mitarbeiter/innen dazu, kreativ zu sein und ungewöhnliche Ideen zu entwickeln.							
28 **Motivationsfähigkeit** Schafft Voraussetzungen zur Motivation anderer, bringt das eigene Team zu hohen Leistungen.							
29 **Offenheit / Kontakt zu den Mitarbeitern** Interessiert sich ehrlich für die eigenen Mitarbeiter, ist ansprechbar für Fragen und Anregungen, geht selbst offen auf die Mitarbeiter zu.							
30 **Charismatisches Auftreten** Fähigkeit, andere für die Aufgaben des Teams und die Ausrichtung des Unternehmens insgesamt zu begeistern und andere mitzureißen.							
31 **Natürliche Autorität** Führt durch eine eigene, starke Persönlichkeit und nicht durch Ausnutzen der eigenen Hierarchiestufe.							

Die Bewertung

	Erwirbt sich den Respekt durch das eigene Verhalten.						
32	**Offener Führungsstil** Diskutiert und überzeugt, statt anzuordnen. Mitarbeiter verstehen die Entscheidungen und folgen ihnen mit Überzeugung.						
33	**Delegationsfähigkeit** Ist in der Lage, Arbeit und Verantwortung abzugeben, vermittelt die Hintergründe der Aufgaben in geeignetem Maße, ist offen für die Beantwortung von Fragen, keine Angst vor Machtverlust durch Delegation.						
34	**Fürsorge** Kennt die Belastungsgrenze der eigenen Teammitglieder (überfordert und unterfordert nicht). Fühlt sich für die eigenen Mitarbeiter/innen verantwortlich.						
GESAMTBEWERTUNG „FÜHRUNGSVERHALTEN"							

Die Bewertung

BEWERTUNG GESAMT	
Kommentare Mitarbeiter	
Kommentare Vorgesetzter	
Unterschrift Mitarbeiter	
Unterschrift Vorgesetzter	

Ausblick

Herzlichen Glückwunsch! Wenn Sie das Buch bis hierher durchgearbeitet haben, haben Sie etwas Wichtiges geschafft. Im Gegensatz zu den meisten Ihrer Kolleginnen und Kollegen haben Sie sich intensiv mit dem Thema Mitarbeitergespräche auseinandergesetzt.

Sie kennen jetzt alle relevanten Aspekte dieses wichtigen Führungsinstruments. Sie wissen, wie man ein Mitarbeitergespräch vorbereitet, plant und durchführt. Sie haben alle wesentlichen Anlässe für Mitarbeitergespräche kennengelernt und sind in der Lage, diese korrekt und ordnungsgemäß durchzuführen.

Darüber hinaus haben Sie gelernt, welche Fehler, Probleme und Fallstricke dazu führen können, dass Mitarbeitergespräche nicht den gewünschten Effekt zeigen oder sogar gründlich schiefgehen können. Sie wissen jetzt, wie Sie diese Fehler vermeiden und mit Problemen seitens der Mitarbeiter umgehen.

Natürlich ist Ihr Lernweg damit noch nicht am Ende angekommen. Es gilt nun, das Gelernte auch in die Praxis umzusetzen. Sie können sicher sein, dass Ihre Mitarbeitergespräche immer besser werden, je mehr Erfahrung und Routine Sie sammeln.

Ein italienisches Sprichwort sagt „Zwischen dem Wissen und dem Handeln liegt das Meer."

Ausblick

Mithilfe der Informationen in diesem Buch haben Sie nun das Zeug dazu, dieses Meer zu überqueren. Denken Sie daran: Mit jedem Mitarbeitergespräch, das Sie führen, werden Sie sicherer und können immer besser und flexibler mit allen auftretenden Situationen umgehen.

Wir wünschen Ihnen dabei ganz viel Erfolg!

Ihre Autoren: Janine Völkert-May und Frank E. Callies

ANHANG

ANHANG

10 Tipps für erfolgreiche Mitarbeitergespräche

In den vorangegangenen Kapiteln haben wir bereits ausführlich über die Durchführung von Mitarbeitergesprächen, ihren Ablauf und das allgemeinen Verhältnis von Vorgesetzten und Mitarbeitern gesprochen. Nun wollen wir in Kürze einige wichtige Hinweise für ein erfolgreiches Gespräch zwischen Vorgesetzten und Mitarbeitern zusammenfassen:

ANHANG

1. Positiv beginnen

Egal wie schwierig die Inhalte sein mögen, die in einem Mitarbeitergespräch zu vermitteln sind, bemühen Sie sich um einen positiven Einstieg!

Halten Sie die Regeln der allgemeinen Höflichkeit ein, indem Sie ein Umfeld schaffen, in dem ein Gespräch in Ruhe und ohne Störung geführt werden kann. Zeigen Sie sich offen und vertrauenswürdig. Geben Sie dem Mitarbeiter Klarheit darüber, wie Sie sich den Ablauf des Gesprächs vorstellen und welchen Zeitrahmen Sie dafür eingeplant haben.

Starten Sie mit den positiven Aspekten der Zusammenarbeit (sofern es nicht um ein rein negatives Gespräch wie z. B. eine Kündigung geht). Geben Sie dem Mitarbeiter ein Gefühl der Wertschätzung, indem Sie beschreiben, warum Sie froh sind, den Mitarbeiter in Ihrem Team zu wissen.

ANHANG

2. Keine absoluten Urteile fällen

Die Bewertung einer Leistung sollte stets aufgrund von Fakten und der eigenen Wahrnehmung erfolgen. Bleiben Sie daher zunächst dabei, Ihre eigene Wahrnehmung zu schildern, wenn Sie eine negative Kritik vermitteln möchten oder ein Urteil fällen.

👎 *„Sie sind mit der Aufgabe überfordert!"* *

💬 *„Es gab in den letzten 4 Wochen drei Beschwerden von Kunden, deren Bestellungen nicht bearbeitet wurden. Was ist da passiert?"*

👎 *„Sie können nicht mit Menschen umgehen!"* *

💬 *„Ich habe beobachtet, dass es einige Male Streit mit Ihren Kollegen gab. Was ist da los?"*

👎 *Sie haben bei dem Projekt komplett versagt!* *

💬 *„Für die neue Maschine fehlen immer noch Teile aus Ihrer Abteilung. Sie hatten mir schon vor 2 Monaten zugesichert, dass die Teile fertig seien. Wie erklären Sie sich das?"*

Zeigen Sie trotz aller Kritik dem Mitarbeiter gegenüber immer den nötigen Respekt, sodass er jederzeit die Möglichkeit hat, sich zu kritischen Punkten offen zu äußern, und seine eigene Wahrnehmung schildern kann. Respekt gegenüber dem Mitarbeiter ist auch eine Voraussetzung dafür, dass der Mitarbeiter Ihre Kritik akzeptieren und ggf. seine Leistungen verbessern kann.

ANHANG

3. Beurteilungen und Kriterien offenlegen

Machen Sie deutlich, nach welchen Maßstäben Sie eine Situation oder Leistung bewerten. Für den Mitarbeiter sollte klar sein, nach welchen Kriterien er bewertet wird und woran er gemessen wird.

Setzen Sie Ziele mit den Mitarbeitern daher so genau und messbar wie möglich, sodass nicht allzu viel Spielraum für eigene Interpretationen bleibt. Definieren Sie die Qualität, die Sie von den Mitarbeitern erwarten, so genau wie möglich.

Zeigen Sie Transparenz in Ihrer Bewertung, indem Sie genau erläutern, wie Sie zu einer bestimmten Einschätzung oder einem Urteil gelangt sind. Zeigen Sie Beispiele auf, anhand derer das Verhalten oder die Leistung des Mitarbeiters genauer diskutiert werden kann.

ANHANG

4. Auch positive Eigenschaften ansprechen

Wie die berühmte Medaille, hat auch das Verhalten eines Mitarbeiters – egal wie kritisch es auch zu sehen ist – immer zwei Seiten. Versuchen Sie, die positive Seite in seinem Verhalten zu erkennen und anzusprechen. Damit vermeiden Sie, den Menschen als Ganzes infrage zu stellen.

Beispiel:
Ein Mitarbeiter, der kontinuierlich unpünktlich ist, hat andererseits vielleicht die besten kreativen Ideen. Stellen Sie daher heraus, wie begeistert Sie von den guten Ideen sind und sprechen Sie dann darüber, dass – trotz aller fantastischer Kreativität – ein gewisses Maß an Pünktlichkeit unabdingbar ist, wenn man im Team arbeitet.

Beispiel:
Ein anderer Mitarbeiter geht Ihnen vielleicht mit seiner Pedanterie, seinen ständigen Rückfragen und einer langen Bearbeitungsdauer seiner Aufgaben auf die Nerven. Andererseits stellt er als einziger sicher, dass Berichte und Berechnungen stets absolut fehlerfrei und rechtskonform erstellt werden. Lernen Sie diese Eigenschaft schätzen, und finden Sie dann Wege, wie seine Arbeitsweise trotzdem etwas beschleunigt werden kann.

5. Probleme offen ansprechen

Vielen Vorgesetzten fällt es im direkten Gespräch schwer, Kritik zu äußern und Probleme ganz konkret anzusprechen. Seien es Befürchtungen vor der Reaktion des Mitarbeiters oder einfach der Wunsch, gemocht zu werden und ein „netter" Chef zu sein: Es gibt viele Gründe, die es unangenehm machen können, einen Mitarbeiter deutlich zu kritisieren.

ABER: Auch das gehört zu Ihren Pflichten als Vorgesetzter. Betrachten Sie es aus diesem Blickwinkel und sehen Sie sich einfach als Vertreter des Unternehmens, das monatlich Ihr Gehalt dafür zahlt, genau solche Aufgaben zu meistern. Verhalten Sie sich professionell und korrekt. Dann wird auch der kritisierte Mitarbeiter verstehen, dass hier seine Arbeitsleistung und nicht er persönlich als Mensch kritisiert wird.

Versuchen Sie, kritische Themen immer offen anzusprechen. Nur wenn Sie in den Dialog mit dem Mitarbeiter eingehen, haben Sie eine Chance, dass ein Problem behoben werden kann. Versuchen Sie immer, gemeinsam mit dem Mitarbeiter eine Lösung zu finden, und lassen Sie ausreichend Raum für den Mitarbeiter, das Problem mit Ihnen zu evaluieren und zu lösen.

ANHANG

6. Verständnis zeigen

Versetzen Sie sich in die Lage des Mitarbeiters und vertrauen Sie darauf, dass der Mitarbeiter im besten Interesse handelt, egal wie kritisch die Leistung zu sehen ist. Versuchen Sie, die Seite des Mitarbeiters zu verstehen und dann aus dieser Perspektive heraus mehr Verständnis für Ihre Sichtweise zu erzeugen. Es ist nicht zu erwarten, dass Mitarbeiter bewusst ihren Arbeitsplatz mit ihrem Verhalten riskieren. In der Regel gibt es immer einen nachvollziehbaren Grund für ein Verhalten, und den gilt es herauszufinden.

Machen Sie deutlich, dass Sie die Sicht des Mitarbeiters richtig verstehen wollen, bevor Sie zu einer endgültigen Einschätzung kommen. Geben Sie dem Mitarbeiter die Gelegenheit, sich ausreichend zu erklären. Erst dann sollten Sie Ihre eigene Bewertung der Lage mitteilen.

7. Anregungen und Ideen liefern

Helfen Sie dem Mitarbeiter dabei, Wege zur weiteren Verbesserung seiner Leistung zu finden. Zeigen Sie, dass Sie ein ehrliches Interesse daran haben, gemeinsam mit ihm an seiner Entwicklung zu arbeiten, und seien Sie offen dafür, ihn zu unterstützen.

Lassen Sie den Mitarbeiter nicht alleine mit möglichen Leistungsschwächen. Helfen Sie ihm mit Ideen aus Ihrem eigenen Erfahrungsbereich. Dabei ist darauf zu achten, dass Sie Ihre eigenen Vorschläge nicht als Anordnung vermitteln, sondern wirklich nur als Anregung, die den Mitarbeiter in seinen eigenen Gedanken zur Problemlösung anstoßen sollte.

8. Hilfe anbieten

Neben der Vermittlung von Ideen und Anregungen ist es ein weiterer Schritt, dem Mitarbeiter eine echte Hilfe anzubieten und ihn in seiner Entwicklung etwas intensiver zu begleiten. Dabei geht es nicht nur darum, einen Weg zur Verbesserung vorzuschlagen, sondern etwas mehr Zeit in die Unterstützung des Mitarbeiters zu investieren, die sich langfristig auszahlen sollte.

Beispiele hierfür könnten sein:

- Sie erklären sich bereit, Schriftsätze des Mitarbeiters regelmäßig gegenzulesen, um Tippfehler künftig zu eliminieren, und auch, um seine Formulierungen kontinuierlich zu verbessern.
- Sie vereinbaren mit dem Mitarbeiter über einen bestimmten Zeitraum hinweg einen regelmäßigen Termin, um mit ihm über fachliche Themen zu diskutieren, in denen er noch nicht über ausreichende Kenntnisse verfügt.
- Sie helfen dem Mitarbeiter dabei, sich in seinen täglichen Abläufen besser zu organisieren, Wiedervorlagen einzurichten und Prioritäten zu setzen, damit Aufgaben künftig nicht mehr vergessen werden oder nicht zeitgerecht erledigt werden.
- Sie setzen sich dafür ein, dass der Mitarbeiter einen Platz in einem Fortbildungskurs erhält.

ANHANG

9. Ziele klar definieren und erläutern

Oben haben wir bereits darauf hingewiesen, dass Maßstäbe zur Bewertung immer transparent zu machen sind. Gleiches gilt für die Vereinbarung von Zielen. Je genauer ein Ziel definiert ist, umso mehr kann ein Mitarbeiter seine Aufgaben mit großer Sicherheit und Ruhe abwickeln.

Beispiel:

Es reicht nicht aus, zu sagen:

> 👎 *Die Zusammenarbeit mit dem Betriebsrat soll verbessert werden.**

Besser ist:

> 💬 *Die Zusammenarbeit mit dem Betriebsrat soll verbessert werden. Dazu wird wöchentlich ein Termin mit dem Betriebsrat von mindestens einer Stunde Dauer durchgeführt, in dem aktuelle Betriebsvereinbarungen, Anhörungen und Probleme besprochen werden. Bis zum Jahresende sind die Betriebsvereinbarungen „Gleitzeit" und „Schutzkleidung" abzuschließen.*

Es ist nicht nötig, sich in Details vollständig zu verlieren, aber es sollte genügend Detail vorhanden sein, um beiderseits das gleiche Verständnis davon zu haben, wie das Ergebnis auszusehen hat.

Stellen Sie sicher, dass der Mitarbeiter die Ziele auch wirklich verstanden hat. Lassen Sie sich im Zweifel vom Mitarbeiter nochmals erläutern, was er unter der Erreichung eines genannten Zieles versteht, damit Sie sicher sein können, dass die Aufgaben auch genauso durchgeführt werden, wie Sie es erwarten.

ANHANG

10. Ergebnisse schriftlich festhalten

Verfassen Sie eine schriftliche Dokumentation des Gesprächs und lassen Sie diese auch vom Mitarbeiter unterzeichnen. Nur so können Sie später noch nachvollziehen, was genau besprochen und vereinbart wurde. Auch dem Mitarbeiter gibt dies mehr Sicherheit.

In vielen Unternehmen gibt es vorgegebene Bewertungs- und Gesprächsformulare für Jahresgespräche mit Mitarbeitern. Aber auch wenn ein akutes Problem besprochen wurde, für das es keinen Prozess im Unternehmen gibt, stellen Sie sicher, dass Sie zumindest eine kurze Gesprächsnotiz erstellen. Disziplinieren Sie sich darin, ein Gesprächsprotokoll immer zeitnah, möglichst gleich nach dem Gespräch, zu erstellen.

Die schriftliche Dokumentation erscheint vielen Führungskräften lästig, ist aber unabdingbar, wenn man später auf das Gespräch zurückgehen und Inhalte nochmals aufgreifen möchte. Insbesondere in kritischen Fällen ist eine schriftliche Dokumentation wichtig. Führt das Verhalten eines Mitarbeiters zu einer Abmahnung, sind genaue Daten und Fakten zu nennen, an die man sich kaum mehr erinnern kann, wenn man sie nicht zeitnah aufgeschrieben hat.

ANHANG

10 Dinge, die Mitarbeiter denken, aber nie sagen würden

Im Gespräch verhüllt man seine Gedanken.

Joseph Joubert (1754 - 1824), französischer Moralist

Abhängig von der Unternehmenskultur, dem Betriebsklima und dem individuellen Führungsstil gibt es mehr oder weniger viele Dinge, die Mitarbeiter gegenüber Vorgesetzten offen ansprechen (können). Ein wirklich offener und ehrlicher Umgang miteinander kommt nicht sehr häufig vor und kann schon als Glücksfall bezeichnet werden.

Für alle anderen gilt: Es gibt bestimmte Meinungen und Ansichten, die Ihnen Ihre Mitarbeiter niemals direkt „ins Gesicht" sagen würden. Trotzdem ist es wichtig, diese weitverbreiteten Ansichten zu kennen, um ihnen wirkungsvoll beggnen zu können. Aus diesem Grund finden Sie im Folgenden die Top Ten - Liste der Dinge, die Ihre Mitarbeiter über Sie denken, ohne sie jemals auszusprechen.

Viel Spaß beim Gedankenlesen ;-)

ANHANG

1. Früher war alles besser (der frühere Chef hat es („alles") besser gemacht).

Dieser Einstellung sieht sich so gut wie jeder Vorgesetzte gegenüber, der eine neue Abteilung oder Arbeitsgruppe übernimmt. Sofern der bisherige Chef kein absolutes Ekel war (und selbst manchmal dann) wird es immer Mitarbeiter geben, die ihm nachtrauern. Das ist auch eine ganz normale Reaktion, die sich nicht gegen Sie richtet, sondern einfach nur der Abneigung der meisten Menschen gegen Veränderungen entspricht.

Keinesfalls sollten Sie nun versuchen, zu beweisen, dass Sie doch der bessere Chef sind und erst recht nicht, dass der bisherige Vorgesetzte Fehler gemacht hat oder unfähig war.

Ganz im Gegenteil sollten Sie möglichst offen mit Ihren neuen Mitarbeitern darüber sprechen, was in der bisherigen Konstellation besonders gut funktioniert hat. Oder auch darüber, was vielleicht nicht so gut gelaufen ist. Versuchen Sie, gut funktionierende Abläufe zu übernehmen. Vermeiden Sie unbedingt, schlecht über Ihren Vorgänger zu reden. Das ist schlechter Stil und wird dessen Vasallen unnötigerweise gegen Sie aufbringen.

Betrachten Sie die Treue gegenüber dem alten Chef als etwas Positives. Diese Treue wird auch Ihnen nach einiger Zeit entgegengebracht, wenn Sie sich die Anerkennung der Mitarbeiter erarbeitet haben.

ANHANG

2. Sie bekommen zwar mehr Gehalt, können aber weniger als ich!

Hier liegt ein grundlegendes Missverständnis zugrunde:

Der Mitarbeiter versteht Ihre Aufgabe nicht wirklich. Versuchen Sie immer zu vermitteln, dass Ihr Job NICHT darin besteht, in jedem Teilbereich besser oder auch nur besser qualifiziert zu sein als Ihre Mitarbeiter. Machen Sie klar, dass Ihre Aufgabe darin besteht, Führungskraft zu sein und in dieser Funktion die Fähigkeiten der besten Mitarbeiter optimal zu koordinieren.

Wenn Sie Spezialisten in Ihrer Abteilung haben, lassen Sie keinen Zweifel daran, dass deren Fähigkeiten Ihren eigenen in nichts nachstehen, oder sogar über diese hinausgehen. Es ist ja gerade die Aufgabe einer guten Führungskraft, solche Mitarbeiter zu finden und zu motivieren, die über Fähigkeiten oder Ressourcen verfügen, die Sie selbst _nicht_ haben. Sie können ruhig ab und zu deren Fähigkeiten hervorheben, loben und klarstellen, dass diese für Ihre Arbeit und die des ganzen Teams essenziell sind.

Versuchen Sie nicht, sich mit erfahrenen Mitarbeitern auf deren Spezialgebiet zu messen. Das macht keinen Sinn und ist kontraproduktiv. Versuchen Sie nicht, sich als Alleskönner zu präsentieren. Die gibt es nämlich nicht!

ANHANG

3. Ich bin doch nur Luft für Sie.

Gerade in relativ großen Abteilungen ist es für einen Vorgesetzten nicht immer ganz einfach, allen Mitarbeitern angemessen viel Aufmerksamkeit zukommen zu lassen. Besonders die Mitarbeiter, die „nur" Routineaufgaben erledigen oder solche, die sich selten zu Wort melden, geraten dann oft aus dem Blickfeld. Es sollte deshalb zu den elementaren Selbstverständlichkeiten gehören, jedem Mitarbeiter von Zeit zu Zeit Aufmerksamkeit zu schenken. Es geht meist gar nicht darum, über den Klee gelobt zu werden. Tatsächlich braucht aber jeder Mitarbeiter Ihre Zuwendung in zwei Bereichen:

a) **Beachtung als Mensch.**
Dazu gehören ganz einfache Dinge, wie die morgendliche Begrüßung oder die Verabschiedung ins Wochenende, aber auch das Erkundigen nach dem persönlichen Wohlergehen oder der Familie. Letzteres in besonderem Maße, wenn es dort in positivem oder negativen Sinn etwaige Ausnahmesituation gibt. Das kann das bestandene Examen der Tochter sein, aber auch die Erkrankung eines Familienmitglieds oder auch nur des geliebten Haustiers.

b) **Anerkennung für geleistete Arbeit**
Ganz gleich, welche noch so geringe Arbeit ein Mitarbeiter in der Abteilung erledigt, er möchte, dass andere (insbesondere der Chef) bemerken und anerkennen, was er tut. Und das ist ja auch nicht besonders schwierig. Schließlich wird der Mitarbeiter ja für eine bestimmte Arbeit gebraucht und trägt somit zum Erfolg des Teams und des ganzen Unternehmens bei. Es kann nicht schaden, das ab und zu auch einmal zu erwähnen!

4. Sie stehen nicht hinter uns!

Ein guter Vorgesetzter verteidigt sein Team auch dann, wenn mal etwas schiefläuft. Wenn Ihre Mitarbeiter das Gefühl haben, dass Sie sich immer auf die Seite der Geschäftsführung oder des Vorstands schlagen, wenn es brenzlig wird, bekommen Sie eine Menge Probleme. Tragen Sie Verantwortung und stellen Sie sich schützend vor Ihre Mitarbeiter. Sie werden es Ihnen danken.

5. Sie sind feige!

Dieser Eindruck kann entstehen, wenn Sie sich vor unangenehmen Gesprächen oder Entscheidungen drücken. Das kann sowohl die Chefetage (s. *Sie stehen nicht hinter uns*), aber auch den Kollegen betreffen, der seinen Tag lieber in der Raucherecke als an seinem Arbeitsplatz verbringt. Flagge zeigen und auch Unangenehmes zur Sprache zu bringen, gehört zu den Aufgaben einer Führungskraft. Wer das zu vermeiden sucht, wirkt nicht glaubwürdig und verspielt unnötig Sympathien.

6. Sie sind immer so unpersönlich und/oder unnahbar.

Es ist manchmal nicht ganz einfach, die richtige Balance zwischen kollegialem oder gar freundschaftlichem und distanziertem Verhalten zu finden. Manche Vorgesetzte sind einfach unsicher und wähnen sich durch möglichst distanziertes Verhalten auf der „sicheren Seite". Das birgt aber grundsätzlich die Gefahr, wenig menschlich, unfreundlich oder gar ablehnend zu wirken, auch wenn man das gar nicht will.

Besser ist es, möglichst authentisch aufzutreten, ohne sich anzubiedern. Machen Sie ab und zu auch mal eine private Bemerkung, auch wenn es nur über das Wetter ist. Warten Sie nicht darauf, dass Ihre Mitarbeiter Ihnen etwas Persönliches mitteilen. Erzählen Sie auch von sich aus, wenn Sie am Wochenende etwas Interessantes erlebt haben, wenn Ihr pubertierender Sohn Ihnen Sorgen macht, oder was Sie im Urlaub erlebt haben. Oft bieten auch die kleinen Pannen des Alltags einen guten Einstieg in ein Gespräch. Berichten Sie, wenn Sie auf dem Weg zur Arbeit ein „Knöllchen" kassiert haben. Dadurch wirken Sie einfach nur menschlich und haben die Sympathien automatisch auf Ihrer Seite. Es ist auch gar nicht einmal besonders wichtig, ob man sich in der Abteilung duzt oder siezt. Menschlich sein kann man mit beiden Varianten.

7. Für Sie ist der Job nur ein Sprungbrett (Sie sind bald sowieso wieder weg.)

Dieser Gedanke ist entweder zutreffend oder eine Folge mangelhafter Kommunikation im Unternehmen. Ist Ersteres der Fall, können Sie nicht viel tun, außer sich voll und ganz auf Ihren aktuellen Job konzentrieren und den Mitarbeitern zeigen, dass Sie nicht nur halbherzig bei der Sache, oder schon „auf dem Sprung" sind. Es ist nun einmal eine Tatsache, dass der Weg auf der Karriereleiter über verschiedene Jobs mit zunehmendem Grad an Verantwortung und Schwierigkeit führt. Das kann man Ihnen auch nicht zum Vorwurf machen.

Anders ist die Sache, wenn Sie gar nicht vorhaben, die Stelle oder die Position zu wechseln. Dann liegt die Ursache für solche Vermutungen seitens der Mitarbeiter oft in einem ungeschickten Vorgehen der Firmenleitung. Wer auf einen Posten gesetzt wird, ohne dass diese Maßnahme für die Abteilung folgerichtig oder nachvollziehbar erscheint, gerät schnell in den Verdacht, dort nur „zwischengeparkt" worden zu sein. Dann hilft nur konsequenter Vertrauensaufbau. Zeigen Sie Ihren Leuten, dass Sie sich voll und ganz auf Ihren Job einlassen und auch nicht vorhaben, diesen in absehbarer Zeit wieder zu verlassen.

ANHANG

8. Man bekommt von Ihnen kein brauchbares Feedback.

Wenn dieser Eindruck bei einem Mitarbeiter entsteht, ist das Mitarbeitergespräch natürlich die ideale Gelegenheit, das Gegenteil zu beweisen. Grundsätzlich ist es immer hilfreich, die Mitarbeiter so gut wie möglich auf dem Laufenden zu halten. Treffen Sie keine einsamen Entscheidungen oder wenn sich das nicht vermeiden lässt: Erklären und begründen Sie Ihre Entscheidungen. Erklären Sie, warum Veränderungen notwendig sind. Legen Sie den Schwerpunkt dabei auf die positiven zu erwartenden Effekte und nicht auf die Probleme, die behoben werden sollen.

9. Sie hören nie richtig zu.

Nehmen Sie sich regelmäßig Zeit, sich die Vorschläge oder auch Bedenken Ihrer Mitarbeiter anzuhören. Nutzen Sie das Potenzial von Verbesserungsvorschlägen, finden Sie Lösungen, die aus der Perspektive aller Mitarbeiter entstehen. Vergessen Sie nicht: Ihre Mitarbeiter sind oft besser über die internen Prozesse informiert als Sie. Nutzen Sie das. Haben Sie keine Hemmungen, klar herauszustellen, wenn eine Idee nicht von Ihnen, sondern von einem Mitarbeiter stammt. Sie können sicher sein, dann wird es nicht die letzte gute Idee gewesen sein, die Ihnen zugetragen wird.

ANHANG

10. Sie bevorzugen Ihre Lieblinge.

In jeder Abteilung wird es Mitarbeiter geben, die Ihnen mehr oder weniger sympathisch sind. Manche kennen Sie vielleicht auch schon lange Zeit oder pflegen gar private Kontakte. Es wäre also unsinnig so zu tun, als hätten Sie zu jedem einen gleich guten Draht. Trotzdem ist es eine wesentliche Aufgabe einer Führungsperson, dadurch keine groben Ungerechtigkeiten entstehen zu lassen.

Kümmern Sie sich einfach regelmäßig auch um die Mitarbeiter, die Ihnen persönlich nicht zusagen. Versuchen Sie immer, zwischen der Persönlichkeit eines Mitarbeiters und seiner Arbeitsleistung zu unterscheiden. Das ist nicht immer ganz einfach. Wenn man sich des Problems aber bewusst ist, fällt es deutlich leichter.

ANHANG

Checklisten + Downloads

Im Folgenden finden Sie Checklisten zu den verschiedensten Aspekten von Mitarbeitergesprächen. Benutzen Sie die Listen als „Spickzettel" oder als kompaktes Nachschlagewerk kurz vor einem Gespräch.

Alle Listen finden Sie zusätzlich als ausdruckbare PDF-Dokumente auf der Website zum Buch:

www.dasmitarbeitergespräch.de

ANHANG

Allgemeine Checklisten für Mitarbeitergespräche

Im Folgenden finden Sie Checklisten, die Sie für <u>jedes</u> Mitarbeitergespräch – unabhängig vom Anlass – verwenden können.

Tipp:

Nehmen Sie am Anfang für jedes Mitarbeitergespräch, das Sie führen, abwechselnd jeweils nur eine dieser Checklisten zur Hand. Im Laufe der Zeit werden Sie so alle wichtigen Checkpunkte verinnerlichen, sodass Sie die Listen schon bald gar nicht mehr benötigen werden.

ANHANG

Planung und Ablauf von Mitarbeitergesprächen

Checkliste: Planung und Ablauf

Für alle Formen des Mitarbeitergesprächs gibt es für die Planung und Durchführung einen grundsätzlichen roten Faden zur Orientierung. Dazu dient diese erste „General-Checkliste".

Inhaltliche Vorbereitung	Kommentar
<u>Sinnhaftigkeit</u>: Der Mitarbeiter soll das Gefühl erhalten, seine Zeit für das Gespräch sinnvoll aufgewendet zu haben. Dies erreicht man durch eine klare Vermittlung der Erwartungen schon vor dem Gespräch. Was kann der MA erwarten? Was wird das Ziel sein?	
<u>Klare Vermittlung der gewünschten Inhalte</u>: Welche Inhalte sollen vermittelt werden? Genau überlegen, wie die „Nachricht" sein soll.	
<u>Einschätzung, welche Reaktion erfolgen wird.</u> Vorbereitung weiterer Themen, die im Zusammenhang mit der Reaktion stehen (gibt es Frustration in anderen Bereichen? Arbeitsbelastung? Team? Private Situation? Qualifikation?)	
<u>Klare Absprachen</u>: Was soll am Ende des Gesprächs stehen? Welche Maßnahmen sollten	

ANHANG

vereinbart werden? Sind weitere Gespräche zu planen?	

Technische Vorbereitung	**Kommentar**
Regelmäßig im gesamten Zeitraum vor dem Gesprächstermin: <u>Material für die Gesprächsinhalte</u> sammeln, Beobachtungen und Beispiele notieren.	
Ausreichend vor dem Gespräch (genügend Zeit für die Vorbereitung geben, je nach Anlass kann es aber auch sehr kurzfristig sein): <u>Termin für das Gespräch festlegen</u> und im Kalender notieren. Einladung der Teilnehmer und sicherstellen, dass Zusagen zum Termin erfolgen.	
So früh wie möglich: Festlegen des <u>Gesprächsortes</u>, ggf. Raumreservierung.	
Kurz vor dem Gespräch (z.B. einen Tag vorher, spätestens eine Stunde vorher): <u>Ungestörtheit sicherstellen</u>. Prüfen, dass es keine Überschneidungen mit anderen Terminen gibt, die vielleicht noch kurzfristig aufgekommen sind. Sicherstellen, dass niemand das Gespräch unerwartet stören kann.	

ANHANG

Kurz vor dem Gespräch: Versorgung mit Getränken und ggf. Essen klären.	
Kurz vor dem Gespräch: Inhaltliche finale Vorbereitung und Einstimmung, Klarheit über das Ziel des Gesprächs und die vermittelnden Inhalte.	
Unmittelbar vor dem Gespräch: Emotionale Einstimmung, Durchatmen.	

Ablauf des Gesprächs	Kommentar
Positive Atmosphäre schaffen: Respektvoller Umgang, Ehrlichkeit und Vertrauen, räumliche Anordnung, Distanz zum Gesprächspartner, Gleiches Recht und Offenheit für alle Teilnehmer, sich einzubringen, gutes Zuhören.	
Einstieg: Positiver Start, Ziele und Inhalte klarstellen, Zeitlichen Rahmen verdeutlichen, Konkrete Formulierung des Gesprächsanlasses und möglicher Ziele nennen, Struktur/Agenda des Gesprächs darlegen, gute Stimmung und Offenheit vermitteln, mögliche Fragen zum geplanten Ablauf klären, Sicherstellen, dass der Mitarbeiter genau weiß, worum es geht und was ihn erwartet, kurze Atempause, dann Beginn.	

ANHANG

Vermittlung der gewünschten <u>Inhalte</u>: Sachlicher Rückblick auf den Zeitraum, um den es im Gespräch gehen wird, neutrale und sachliche Darstellung der Fakten, deutliche Kommunikation, Formulierung von Lob, Kritik oder Bewertung, roten Faden im Auge behalten, Redezeit gleichmäßig verteilen, sich das Gespräch nicht „abnehmen" lassen, Sicherstellen, dass die Inhalte verstanden wurden.	
<u>Zusammenfassung/Aktionen</u>: Am Ende des Gesprächs kurze Zusammenfassung der wesentlichen Inhalte, Sicherstellen, dass gleiches Verständnis auf beiden Seiten herrscht, Mögliche Absprachen und Aktionen klar definieren, eine positive Planung für die Zukunft vornehmen, so konkret wie möglich sein, Maßnahmen zur Unterstützung des Mitarbeiters festlegen, evtl. Termin für ein Folgegespräch vereinbaren.	
<u>Positiven Abschluss</u> finden: Den Mitarbeiter mit einem guten Gefühl aus dem Gespräch entlassen, ihn unterstützen und ermutigen, bis zum Schluss konzentriert auf die Sache bleiben.	

ANHANG

Nachbereitung	Kommentar
Protokoll: Soweit erforderlich, schriftliche Dokumentation des Gesprächs und der Absprachen, Aushändigung an den Mitarbeiter, ggf. sollten beide Seiten das Protokoll unterzeichnen.	
Nachbereitung/Qualitätskontrolle: Kurze Reflexion nach dem Gespräch, dadurch Lernen für weitere Gespräche (Waren Zeitpunkt und Raum gut gewählt? War der Teilnehmer gut informiert und vorbereitet? Wie war die Atmosphäre? Habe ich einen guten Einstieg gefunden? Hat der Mitarbeiter alles richtig verstanden? Habe ich meinen Standpunkt gut vertreten können? Wurden klare Aktionen festgelegt? Weiß jeder, was nun zu tun ist? Gibt es schon einen Folgetermin?	

ANHANG

Reflexion direkt nach einem Gespräch

Checkliste: Reflexion nach dem Gespräch

Zur stetigen Verbesserung der Führungsarbeit bietet sich an, nach jedem Mitarbeitergespräch ausführlich zu reflektieren, um aus den Ergebnissen für die Zukunft zu lernen.

Im Gegensatz zur Checkliste „Planung und Ablauf von Mitarbeitergesprächen" beinhaltet die hier folgende Übersicht noch mehr Details und Tiefe für die Reflexion nach dem Gespräch. Sie geht auf alle wesentlichen Elemente des Gesprächs ein und bietet zudem Hinweise auf Vorteile, Fehler und Probleme des Gesprächs. Somit stellt diese Checkliste einen strukturierten Leitfaden dar, anhand dessen die Erfahrungen aus dem Gespräch gezielt verarbeitet werden können.

Im Folgenden sind zu jedem Gesprächsteil Fragen zur Reflexion aufgelistet.

Vorbereitung	Kommentar
Habe ich den richtigen Termin für das Gespräch gewählt? Warum war der Termin genau richtig oder gerade falsch gewählt? War die geplante Zeit ausreichend?	
Habe ich den passenden Ort gewählt? Konnte ich das Gespräch ungestört, ohne Unterbrechungen und in guter Atmosphäre führen?	

ANHANG

Ist die Einladung des Mitarbeiters reibungslos erfolgt? War er rechtzeitig informiert und konnte den Termin gut vorbereiten?	
Habe ich mich inhaltlich gut auf den Termin vorbereitet? Hatte ich ausreichende Daten und Fakten zu meinen Beobachtungen gesammelt? Habe ich ausreichende und stichhaltige Argumente für die Verdeutlichung meiner Einschätzung.	
War ich innerlich gut vorbereitet? War ich gedanklich frei und offen für das Gespräch? Konnte ich dem Mitarbeiter ohne sonstigen Druck offen begegnen?	

Ablauf	Kommentar
Habe ich zu Beginn des Gesprächs eine gute Atmosphäre schaffen können?	
Habe ich den richtigen Einstieg in das Gespräch gewählt? Habe ich den Mitarbeiter zu Beginn über Dauer des Gesprächs sowie den geplanten Ablauf informiert?	
Konnte ich meine Beobachtungen klar und fundiert vermitteln?	

ANHANG

Habe ich meine Argumente zur Einschätzung des Mitarbeiters deutlich und klar transportieren können?	
Konnte ich mögliche Emotionen unter Kontrolle halten (sowohl meine als auch die des Mitarbeiters)?	
Bin ich sicher, dass der Mitarbeiter verstanden hat, was ich ihm mitzuteilen hatte?	
Haben wir sinnvolle und ausgewogene Ziele für den Mitarbeiter vereinbaren können, die dieser auch ausreichend verstanden hat? Sind die Ziele so klar wie möglich formuliert?	
Hat der Mitarbeiter auch verstanden, welche Aktionen er nun genau zu tätigen hat, was von ihm erwartet wird, um die Ziele zu erreichen?	
Haben wir über mögliche Fördermaßnahmen und Hilfen für den Mitarbeiter diskutiert?	
Habe ich mit dem Mitarbeiter schon den Termin für das Folgegespräch festgelegt?	
Sind noch Notizen oder Unterlagen im Nachgang zum Gespräch aufzubereiten?	

ANHANG

Bin ich mir über meine eigenen Aktionspunkte im Klaren, zu denen ich mich im Gespräch verpflichtet habe?	
Habe ich die möglichen Vorteile eines Mitarbeitergesprächs nutzen können?	
Habe ich neue Informationen über den Mitarbeiter erhalten, ihn besser kennengelernt?	
Konnten Informationen gut und sinnvoll vermittelt und ausgetauscht werden?	
Wurden mögliche Missverständnisse ausgeräumt?	
Konnte ich für mehr Klarheit sorgen?	
Wurde die reibungslose Zusammenarbeit durch das Gespräch gefördert?	
Wurden Probleme angesprochen und gelöst?	
Konnten Gerüchte und „Buschfunk" verhindert werden?	
Konnte ich die Motivation des Mitarbeiters durch das Gespräch erhalten/erhöhen?	

Vermeidung von Fehlern und Problemen	Kommentar
Habe ich mich (nicht) von Beurteilungsfehlern verleiten lassen?	

ANHANG

Habe ich mich von Sympathie oder Antipathie beeinflussen lassen?	
Haben mich mögliche schlechte Sprachkenntnisse des Mitarbeiters beeinflusst?	
Habe ich mich von „Tendenz zur Mitte", oder „Bewertung nach Durchschnitt" verleiten lassen?	
Gibt es etwas, das ich über den Mitarbeiter weiß, was die Bewertung insgesamt „überstrahlt"?	
Konnte ich Vorurteile vermeiden (Alter, Geschlecht, Herkunft, Religion, Kleidung etc.)?	
Habe ich den Mitarbeiter als einzelne Person betrachtet und mich in meiner Einschätzung nicht von der Teamleistung insgesamt beeinflussen lassen?	
Habe ich den gesamten Bewertungszeitraum berücksichtigt und nicht nur den ersten Eindruck oder nur die jüngsten Leistungen als Basis genommen?	
Habe ich die Leistung der Person bewertet und nicht die „Position"?	
Habe ich meine Bewertung klar zum Ausdruck gebracht und nicht „verwässert"?	

ANHANG

Habe ich mich als Vorgesetzter im Gespräch professionell verhalten?	
Habe ich mich knapp ausgedrückt und „Monologe" vermieden?	
Habe ich den Mitarbeiter ausreden lassen und ihm ausreichend Zeit für seine Äußerungen gegeben?	
Habe ich vermieden, meine Position gegenüber dem Mitarbeiter auszunutzen?	
Habe ich dem Mitarbeiter genug Raum gelassen, meine Einschätzung zu hinterfragen und zu diskutieren?	
Habe ich vermieden, den Mitarbeiter durch meine Äußerungen zu manipulieren?	
Habe ich gut auf die Kommunikation und Klarheit im Gespräch geachtet?	
War die Vertraulichkeit im Gespräch zu jeder Zeit gewährleistet?	
Habe ich mich nicht nur auf Kritik und Defizite fokussiert, sondern auch positive Aspekte eingebracht?	
Habe ich die Ziele ausgewogen genug gesetzt, nicht zu leicht und nicht zu schwer?	
Konnte ich mit Problemen, die der Mitarbeiter einbrachte, positiv umgehen?	

ANHANG

War der Mitarbeiter vor dem Gespräch <u>ausreichend gut darüber informiert</u>, worum es in dem Gespräch gehen wird, sodass er sich sinnvoll vorbereiten konnte?	
Hat der Mitarbeiter seine <u>Meinung offen und ehrlich</u> äußern können?	
Konnte ich dem Mitarbeiter eine mögliche <u>Angst oder Unsicherheit nehmen</u>?	
Habe ich den Mitarbeiter bei Zurückhaltung ermuntern können, seine <u>Meinung und seine Wünsche zu äußern</u>?	
Zeigte der Mitarbeiter <u>Bereitschaft</u> zu dem Gespräch, oder gab es Zurückhaltung oder gar Verweigerung, die ich nochmals aufgreifen sollte?	
Hat der Mitarbeiter meine <u>Einschätzung und Darstellung verstanden</u>? (Er muss sie nicht akzeptieren.)	

ANHANG

Regelmäßige Reflexion

Checkliste: Regelmäßige Reflexion	
Als Führungswerkzeug haben Mitarbeitergespräche nicht nur eine Wirkung auf das im Gespräch jeweils behandelte Thema. Sie wirken zudem auch auf die Führungsqualität insgesamt und damit auf die Qualität von Leistung und Zusammenarbeit allgemein. Somit sollte ein Vorgesetzter sich regelmäßig Zeit nehmen (z.B. einmal pro Woche oder einmal pro Monat), um kurz zu reflektieren, wie seine Führungsarbeit auf die Mitarbeiter wirkt und was daraus zu lernen ist. So kann er aus den geführten Gesprächen und weiteren Aktionen seiner Führungstätigkeit lernen und die Führungsarbeit stetig verbessern.	
Durchführung der Reflexion	**Kommentar**
Wie schätze ich die Leistungsfähigkeit und Motivation meiner Mitarbeiter insgesamt ein?	
Hat sich im Vergleich zur jüngeren Vergangenheit eine Veränderung ergeben?	
Woran kann eine Veränderung liegen (einzelne Mitarbeiter oder das Team betreffend)?	
Mit wem habe ich in der letzten Zeit Gespräche geführt und aus welchem Anlass?	
Wie haben sich die Mitarbeiter nach dem Gespräch verhalten?	

ANHANG

Habe ich das jeweilige Ziel der geführten Gespräche erreichen können?	
Habe ich gleichmäßig Kontakt zu meinen Mitarbeitern aufgenommen, oder habe ich einzelne Personen bevorzugt oder benachteiligt?	
Habe ich alle auftauchenden Probleme mit gleicher Qualität behandelt?	
Wo habe ich versäumt, Gespräche zu führen?	
Gibt es Gerüchte oder „Buschfunk", die das Team beeinflussen?	
Wie ist die Atmosphäre im Team?	
Sehe ich Probleme oder Themen, die ich in der nächsten Zeit angehen möchte bzw. für die ich Mitarbeitergespräche führen möchte (dann sollte ich sie jetzt planen)?	

ANHANG

Ziele des Mitarbeitergesprächs

Checkliste: Ziele des Mitarbeitergesprächs	
Unabhängig vom eigentlichen Gesprächsinhalt gibt es grundlegende Ziele, die in jedem Mitarbeitergespräch erreicht werden sollten. Prüfen Sie, ob und wie die in der Checkliste genannten Ziele in Ihrem Gespräch erreicht werden können.	
Hinweise zu grundlegenden Gesprächszielen	**Kommentar**
Ist das Gespräch wirklich <u>notwendig und sinnvoll</u>? Zeitverschwendung ist weder für Sie selbst noch für Ihren Gesprächspartner erfreulich.	
Auch „erzwungene" Gespräche (z. B. vorgeschriebene Jahresgespräche) können mehr oder weniger nützlich für beide Seiten verlaufen. Füllen Sie das Gespräch mit <u>sinnvollen Inhalten</u>, die Ihnen und Ihrem Gesprächspartner nützen.	
Formulieren Sie vor dem Gespräch die <u>drei wichtigsten Botschaften</u>, die Sie an Ihren Gesprächspartner richten wollen.	
Notieren Sie vor dem Gespräch, welche <u>Vereinbarungen am Ende</u> stehen sollen. Beschreiben Sie die Vereinbarungen möglichst	

ANHANG

konkret und nicht in Form allgemeiner Absichtserklärungen oder Wünsche.	
Treffen Sie im Gespräch ganz konkrete Vereinbarungen darüber, welche <u>Maßnahmen</u> von Ihnen oder von Ihrem Mitarbeiter ergriffen werden sollen. Dazu gehört auch der zeitliche Rahmen bzw. konkrete Termine, wann welche Aufgabe erledigt sein wird.	
Stellen Sie sicher, dass das Gespräch zu einer <u>Verbesserung der Zusammenarbeit</u> mit dem Mitarbeiter führt und/oder, dass es zu einer <u>Verbesserung der Arbeitsleistung</u> des Mitarbeiters führt.	
Der Mitarbeiter soll Sie nach dem Gespräch <u>als Vorgesetzten sehen, dem er vertrauen kann</u>, der ihn unterstützt, aber auch bestimmte Leistungen von ihm erwartet.	

ANHANG

Positive Gesprächsatmosphäre

Checkliste: Positive Gesprächsatmosphäre

Die Gesprächsatmosphäre ist unabhängig vom Inhalt des Gesprächs wichtig, damit das Gespräch für beide Seiten zufriedenstellend und erfolgreich verläuft.

Eine positive Gesprächsatmosphäre kann auch in Gesprächen mit unangenehmen oder negativen Inhalten hergestellt werden.

Auch negative Mitteilungen werden vom Mitarbeiter besser aufgenommen, akzeptiert und verstanden, wenn die Gesprächsatmosphäre stimmt.

Hinweise zur Gesprächsatmosphäre	Kommentar
Überprüfen Sie Ihre eigene Stimmung vor dem Gespräch. Fühlen Sie sich gut oder sind Sie vielleicht gestresst oder gar verärgert? Machen Sie sich klar, dass Ihre eigene Stimmung nicht auf Ihre Einstellung und Ihr Verhalten gegenüber dem Mitarbeiter abfärben sollte. Das gilt insbesondere, wenn Sie angespannt, gestresst oder verärgert sind.	
Behandeln Sie Ihren Gesprächspartner immer respektvoll. Das gilt auch, wenn der Mitarbeiter schlechte Leistungen zeigt oder gar selbst respektlos auftritt.	

ANHANG

Lassen Sie sich nie provozieren. Bleiben Sie immer ruhig und sachlich.	
Seien Sie dem Mitarbeiter gegenüber immer ehrlich.	
Machen Sie deutlich, dass alles, was besprochen wird, auf Wunsch vertraulich behandelt wird und dass der Mitarbeiter sich darauf verlassen kann.	
Begegnen Sie dem Mitarbeiter auf „Augenhöhe". Das gilt sowohl im wörtlichen, wie im übertragenen Sinne. Setzen Sie sich gemeinsam mit Ihrem Gesprächspartner an einen Tisch. Das schafft Offenheit und Vertrauen.	
Räumen Sie Ihrem Gesprächspartner ausreichend Möglichkeiten ein, sich zu artikulieren. Geben Sie ihm Zeit, lassen Sie ihn möglichst immer ausreden, ohne ihn zu unterbrechen.	
Akzeptieren Sie auch Kritik an Ihrer Person. Ein Mitarbeitergespräch ist keine Einbahnstraße!	
Hören Sie zu und zeigen Sie Verständnis für die Situation und die Sorgen und Nöte des Mitarbeiters.	

ANHANG

Versuchen Sie, sich während des Gesprächs immer wieder <u>in die Lage des Mitarbeiters zu versetzen.</u>	
Bleiben Sie <u>authentisch</u>!	
Bleiben Sie <u>menschlich</u>!	

ANHANG

Aufbau von Vertrauen

Checkliste: Aufbau von Vertrauen

Vertrauen ist die Grundlage jeder positiven und effektiven Zusammenarbeit. Gleichzeitig ist Vertrauen essenziell, wenn Sie wollen, dass Ihre Botschaften im Mitarbeitergespräch auch beim anderen ankommen und akzeptiert werden.

Nutzen Sie die folgenden Punkte der Checkliste, um während des Gesprächs Vertrauen aufzubauen und zu festigen.

Hinweise zur Vertrauensbildung	Kommentar
Transparenz Seien Sie freizügig mit den Informationen, die der Mitarbeiter benötigt, um auch Ihre Gedankengänge nachvollziehen und verstehen zu können. Ist er zudem gut genug informiert, um seine Arbeit und die von Ihnen übertragenen Aufgaben gut erledigen zu können?	
Erklären Zeigen Sie ausreichend Offenheit, sodass sich Ihre Mitarbeiter mit Fragen jederzeit an Sie wenden können.	
Verständlich sprechen Erläutern Sie Zusammenhänge stets einfach und verständlich, ohne umständlichen „Fachjargon", komplizierte Fremdworte oder kryptische Abkürzungen.	

ANHANG

Integrität Seien Sie in Ihren Aussagen immer ehrlich und zuverlässig. Kann der Mitarbeiter sich vollkommen auf Sie verlassen? Wie berechenbar sind Sie?	
Kritik gut begründen und dokumentieren Belegen Sie kritische Aussagen mit ausreichenden Daten und Fakten.	
Kritik auch selbst zulassen und annehmen Seien Sie offen für die Kritik Ihrer Mitarbeiter. Fragen Sie zudem auch aktiv nach einer Rückmeldung.	
Positiven Schluss finden Beenden Sie das Gespräch, wie Sie es begonnen haben, mit einigen freundlichen und ermutigenden Sätzen. Der Mitarbeiter wird in vielen Fällen das ganze Gespräch nach den letzten 5 Minuten bewerten. Er wird das Gefühl haben, das ganze Gespräch sei positiv verlaufen, wenn Sie ihn mit einem guten Gefühl verabschieden.	

ANHANG

Typische Fehler und Probleme

Checkliste: Typische Fehler und Probleme

Schon das Bewusstsein über die möglichen Tendenzen, die eine klare Sicht auf einen anderen Menschen einfärben können, hilft dabei, die Einschätzung des Gegenübers im Gespräch möglichst fair zu halten.

Die Checkliste bietet die Möglichkeit der Überprüfung, inwieweit Einschätzungsfehler vermieden werden konnten. Sie kann schon vor dem Gespräch genutzt werden, um sich auf mögliche Fehler und Problemstellungen vorzubereiten, die im Gespräch zu erwarten sind. In der Nachbereitung dient die Liste zur Reflexion über das abgelaufene Gespräch. Sie klären damit, welche Fehler Sie hätten vermeiden können und in welche Tendenzfallen Sie getappt sind. Daraus lassen sich die entsprechenden Schlüsse für künftige Gespräche ziehen.

Allgemeine Hinweise zur Vermeidung von Problemen

Grundsätzlich sollte ein Gespräch immer durch möglichst viele Fakten, Daten und Beispiele vorbereitet sein. Die Einschätzung der Leistung eines Mitarbeiters kann mit höherer Sicherheit ohne Probleme vermittelt werden, wenn sie gut beschrieben dargelegt wird und weniger „aus dem Bauch heraus" erfolgt.

In einem Jahres-Bewertungsgespräch sollte es keine Überraschungen mehr geben. In regelmäßig über das Jahr hinweg stattfindenden Gesprächen zwischen Mitarbeitern und Vorgesetzten sollten mögliche Defizite und Kritikpunkte bereits jeweils zeitnah diskutiert worden sein.

ANHANG

Typische Fehler und Probleme im Mitarbeitergespräch	Kommentar
Sympathie oder Antipathie: Zuneigung oder Abneigung fließen unbewusst in die Bewertung ein.	
Mangelnde Sprachkenntnisse: Mitarbeiter wird aufgrund schlechter Sprachkenntnisse für weniger leistungsstark oder gar dumm gehalten.	
Persönliche Tendenz zu besonderer Strenge oder Milde: Neigung des Vorgesetzten, besonders zu polarisieren oder sich bewusst in der Mitte der Skala zu bewegen.	
Halo-Effekt: Vorinformationen beeinflussen die Bewertung, es wird eine Erwartung bewertet und nicht die tatsächliche Leistung.	
Vorurteile aufgrund bestimmter Eigenschaften: Bewertung wird beeinflusst aufgrund von Eigenschaften wie Religion, Nationalität, Alter, sexuelle Ausrichtung, Geschlecht etc.	
Primacy- und Recency-Effekt: Der erste Eindruck oder auch erst kurz zurückliegendes Ereignis überlagert die Bewertung überdeutlich.	

ANHANG

<u>Ungenügende Vorbereitung</u> und Information des Mitarbeiters: Mitarbeiter ist nicht ausreichend informiert über das, was ihn im Gespräch erwartet.		
<u>Ruhe und Ungestörtheit</u> sind nicht gewährleistet: Das Gespräch wird durch Unterbrechungen und Ablenkungen belastet.		
<u>Mitarbeiter ist gehemmt</u>: Die Unternehmenskultur oder das Betriebsklima ermöglichen dem Mitarbeiter keine freie Meinungsäußerung.		
<u>Mitarbeiter sagt gar nichts</u>: Mitarbeiter hat Angst, ist ungeübt in der Äußerung seiner eigenen Meinung oder hält seine eigene Einschätzung aus Vorsicht zurück.		
<u>Vorgesetzter hält „Monologe"</u>: Mitarbeiter erhält keine oder zu wenig Gelegenheit, sich zu äußern.		
<u>Vorgesetzter nutzt seine Position aus</u>: Der Vorgesetzte missbraucht das Gespräch, um Anweisungen oder Befehle zu erteilen.		
<u>Entscheidungen stehen schon vor dem Gespräch fest</u>: Der Mitarbeiter wird lediglich mit einer „festgefahrenen" Einschätzung konfrontiert, es besteht beim Vorgesetzten keine Offenheit mehr, sich die Ansichten des Mitarbeiters anzuhören.		

ANHANG

Suggestivverhalten des Vorgesetzten: Der Vorgesetzte legt dem Mitarbeiter Ansichten in den Mund, teils, um Hemmungen des Mitarbeiters abzufangen, teils, um das Gespräch im Fluss zu halten.	
Mitarbeiter ist mit der Situation nicht vertraut: Mitarbeiter ist nicht geübt in der Durchführung von Mitarbeitergesprächen und verhält sich daher nicht so souverän wie ältere oder erfahrene Mitarbeiter.	
Unterschiedliche Sprache: Auch bei gleicher Sprache können unterschiedliche Ebenen der Sprachanwendung zu Problemen führen. Außerdem ist es schwierig, wenn einer oder beide nicht in ihrer Muttersprache kommunizieren können.	
Häufiges Unterbrechen: Dem Mitarbeiter wird nicht ausreichend Gelegenheit gegeben, sich zu äußern.	
Missbrauch von Vertraulichkeit: Vertrauliche Informationen werden nach Ablauf des Gesprächs missbraucht.	
Missbrauch des Einschätzungsgesprächs als Konflikt-/Kritikgespräch: Konflikte oder größere Kritik wurde nicht zeitnah schon besprochen, somit „verkommt" das	

ANHANG

Einschätzungsgespräch zu einer „Abrechnung mit dem Mitarbeiter".	
Konzentration auf Defizite: Es werden nur die negativen Punkte erwähnt und nicht gelobt.	
Klarheit in der Aussage / Verwässerung der Argumente: Der Vorgesetzte scheut sich vor einer klaren Äußerung von Kritik oder Einschätzung, somit wird die Beschreibung der Leistung abgemildert und damit nicht mehr klar.	
Verweigerung des Mitarbeiters zum Gespräch: Mitarbeiter sind zur Teilnahme an Leistungsgesprächen verpflichtet. Dennoch ist zu hinterfragen, warum sich ein Mitarbeiter für ein solches Gespräch u. U. verweigert.	
Mitarbeiter akzeptiert die Einschätzung nicht: Mitarbeiter schätzt sich selbst anders ein als der Vorgesetzte. Es findet keine deutliche bzw. ausreichende Ausführung von Daten und Fakten in der Beschreibung der Leistung statt, sodass es zu großen Raum für unterschiedliche Wahrnehmungen gibt.	

ANHANG

<u>Ziele sind zu hoch angesetzt</u>: Die Leistung des Mitarbeiters kann nur negativ bewertet werden, wenn die Ziele unrealistisch sind.	

ANHANG

Tipps für jedes Mitarbeitergespräch

Tipps für jedes Mitarbeitergespräch	
Nutzen Sie diese Checkliste, um den Gesprächen mit Ihren Mitarbeitern noch den „letzten Schliff" zu geben.	
10 Erfolgsfaktoren	**Kommentar**
Positiv beginnen Immer um einen positiven Einstieg bemüht sein, egal wie schwierig ein Thema auch sein mag. Höflichkeit und Respekt niemals verlieren.	
Keine absoluten Urteile fällen Die eigene Wahrnehmung darstellen und respektvoll vermitteln.	
Beurteilungen und Kriterien offenlegen Transparenz über die Maßstäbe zu einer Bewertung oder Kritik.	
Auch positive Eigenschaften ansprechen Bei eher negativ gelagerten Gesprächen stets die „zwei Seiten der Medaille" bedenken.	
Probleme offen ansprechen Die Hürde überwinden und in einen offenen Dialog mit dem Mitarbeiter eintreten, auch bei kritischen Themen.	
Verständnis zeigen	

ANHANG

Empathie beweisen und sich in die Lage des Mitarbeiters versetzen, seine Sicht der Dinge verstehen.	
<u>Anregungen und Ideen liefern</u> Den Mitarbeiter durch konstruktive Vorschläge dazu anregen, seine Situation aktiv voran zu entwickeln, bei Leistungsproblemen Hilfestellung zu Maßnahmen für eine Verbesserung geben.	
<u>Hilfe anbieten</u> Eigene Zeit in die Entwicklung des Mitarbeiters investieren, ihm aktiv zur Seite stehen und ihn nicht alleine lassen.	
<u>Ziele klar definieren und erläutern</u> Ein möglichst gleiches Verständnis von den Erwartungen auf beiden Seiten erzielen.	
<u>Ergebnisse schriftlich festhalten</u> Schriftliche Dokumentation hilft, auch nach einiger Zeit noch auf die Inhalte des Gesprächs verweisen zu können.	

ANHANG

Checklisten zu regelmäßigen Mitarbeitergesprächen

Im Folgenden finden Sie Checklisten zu Mitarbeitergesprächen, die in vielen Unternehmen turnusmäßig jährlich oder halbjährlich stattfinden. Insbesondere das Jahresgespräch gehört mittlerweile in vielen Unternehmen zum Standard. Aber auch Einschätzungs- oder Karrieregespräche werden oft in regelmäßigen Zeitabständen geführt.

ANHANG

Beurteilungsgespräch (Jahresgespräch)

Checkliste: Beurteilungsgespräch (Jahresgespräch)	
Diese Übersicht stellt die wesentlichen Punkte im Ablauf der Vorbereitung und Durchführung eines Beurteilungs- oder Jahresgesprächs dar. Sie ergänzt damit die Checkliste „Planung und Ablauf von Mitarbeitergesprächen". Das Beurteilungsgespräch gilt als Instrument zur Leistungsbeurteilung eines Mitarbeiters. Oft ist es gekoppelt an Entlohnungssysteme (Entgelt, Bonus, ERA-Einstufung etc.). Häufig werden Beurteilungsgespräche zentral initiiert, z. B. in Form von Jahresgesprächen.	
Vorbereitung und Durchführung des Beurteilungsgesprächs	**Kommentar**
<u>Beobachtungsphase</u> Machen Sie sich ein ausreichendes Bild von der Leistung des Mitarbeiters. Beschreiben Sie die Situationen möglichst genau. Damit entsteht später weniger Spielraum für Spekulationen.	
<u>Regelmäßige Feedbackgespräche</u> Im Verlaufe des Bewertungszeitraumes werden regelmäßige Feedbackgespräche mit dem Mitarbeiter geführt, damit es im finalen Beurteilungsgespräch keine Überraschungen mehr gibt.	
<u>Beurteilungsgespräch</u>	

ANHANG

Im Beurteilungsgespräch werden die Inhalte der bisher geführten Feedbackgespräche zusammengebracht und in eine Gesamt-Einschätzung überführt. Einheitliche, transparente und systematische Kriterien sind für eine gerechte Bewertung unabdingbar.	

ANHANG

Einschätzungsgespräch

Checkliste: Einschätzungsgespräch

Diese Übersicht stellt die wesentlichen Punkte im Ablauf der Vorbereitung und Durchführung eines Einschätzungsgesprächs dar. Sie ergänzt damit die Checkliste „Planung und Ablauf von Mitarbeitergesprächen".

Im Einschätzungsgespräch steht die Überprüfung der Passung des Mitarbeiters zum aktuellen Arbeitsplatz im Vordergrund. Einschätzungsgespräche sind niemals an Bonus- oder Entgeltentscheidungen gekoppelt. Im Einschätzungsgespräch konzentrieren sich sowohl der Vorgesetzte als auch der Mitarbeiter ausschließlich auf die Leistungsfähigkeit und Motivation des Mitarbeiters und wie diese weiter optimiert werden können.

Vorbereitung und Durchführung des Einschätzungsgesprächs	Kommentar
<u>Festlegen von Indikatoren/Maßstäben zur Passung von Position und Mitarbeiter</u> Im ersten Schritt wird festgelegt, wie eine korrekte Passung zum Arbeitsplatz definiert ist, durch die Formulierung von technischen Anforderungen (z. B. Fachkenntnisse, Qualifizierung, Sprachkenntnisse...) sowie persönlichen Anforderungen (Qualität der Zusammenarbeit, Sorgfalt in der Umsetzung etc.). Die Qualität dieser Kriterien ist ausschlaggebend für die Sicherheit in der späteren Einschätzung.	
<u>Beobachtung</u>	

ANHANG

Im Verlauf der Zeit beobachtet der Vorgesetzte, inwieweit der Mitarbeiter die Kriterien, die eingangs gemeinsam verabschiedet wurden, erfüllt. Durch regelmäßige Dokumentation erhält der Vorgesetzte dadurch ausreichend Daten und Fakten, die die spätere Einschätzung erleichtern.	
Regelmäßiges Feedback Im Verlaufe des Zeitraums zwischen dem Festlegen der Kriterien und der Einschätzung finden regelmäßig Feedback-Gespräche statt, sodass der Mitarbeiter zeitnah erfährt, wann er ein Kriterium besonders gut erfüllt hat oder wo noch Lücken sind. Das spätere Einschätzungsgespräch sollte keine Überraschungen mehr beinhalten.	
Durchführung des Einschätzungsgesprächs Im Einschätzungsgespräch werden die Beobachtungen dargelegt. Anhand von möglichst vielen Daten und Fakten lässt sich die Einschätzung dann recht klar und eindeutig vornehmen. Sind Lücken zwischen Anforderungen und Leistung identifiziert, werden Maßnahmen und Aktionen zum Schließen dieser Lücken identifiziert. Werden die Kriterien übererfüllt und erscheint dadurch der Eindruck einer Überforderung, wird geprüft, mit welchen Maßnahmen der Mitarbeiter weiter	

ANHANG

gefördert und motiviert werden kann (bis hin zur möglichen Versetzung in eine andere Position). Ggf. werden die Maßstäbe und Indikatoren für den darauffolgenden Einschätzungszeitraum angepasst.	

ANHANG

Karrieregespräch

Checkliste: Karrieregespräch

Die Checkliste stellt die wesentlichen Punkte im Ablauf der Vorbereitung und Durchführung eines Karrieregesprächs dar. Sie ergänzt damit die Checkliste „Planung und Ablauf von Mitarbeitergesprächen".

Im Karrieregespräch werden die Entwicklungsmöglichkeiten eines Mitarbeiters innerhalb des Unternehmens näher beleuchtet. Motivation, Entwicklungsfähigkeit und Leistungsbereitschaft des Mitarbeiters stehen dabei im Vordergrund. Häufig werden Karrieregespräche zentral im Unternehmen initiiert und regelmäßig durchgeführt.

Vorbereitung und Durchführung des Karrieregesprächs	Kommentar
<u>Analyse der Ist-Situation</u> - Inwiefern entspricht der aktuelle Aufgabenbereich den Fähigkeiten und Fertigkeiten des Mitarbeiters? - Ist der Mitarbeiter in der aktuellen Situation über- oder unterfordert?	
<u>Selbsteinschätzung - Bedürfnisanalyse</u> - Der Mitarbeiter formuliert, wie er seine berufliche Entwicklung einschätzt. - Wo sieht der Mitarbeiter sich mittel- und langfristig? (In 5 oder 10 Jahren...) - Welche Maßnahmen sind notwendig, um diese Ziele zu erreichen?	
<u>Entwicklungsmöglichkeiten</u>	

ANHANG

Der Vorgesetzte zeigt die Möglichkeiten und Grenzen der weiteren Entwicklung auf. Dies könnten z. B. sein: - Weiterbildung / Seminare / Sprachkurs - Auslandsaufenthalt - Übernahme eines Projektes / Traineeprogramm - Weiterhin gibt es direkte Förderungsmöglichkeiten durch den Vorgesetzten, wie z. B. - Erweiterung des Aufgabenbereiches - Größere Personalverantwortung - Weiterempfehlung an eine höhere Unternehmensebene bzw. andere Position - Aufnahme in vorhandene Förderkreise im Unternehmen	
<u>Zielvereinbarungen</u> - Die angebotenen Fördermaßnahmen werden festgelegt und in einem konkreten Aktionsplan niedergeschrieben. - Es wird ein Zeitraum vereinbart, nach dessen Ablauf die Umsetzung und der Erfolg der Maßnahmen diskutiert werden.	
<u>Mögliche Probleme</u> - Fehlende Ressourcen (Zeit, Geld) für Fördermaßnahmen - Risiko, dass der Mitarbeiter das Unternehmen u. U. verlassen wird, wenn er nicht ausreichend Entwicklungsmöglichkeiten sieht.	

ANHANG

- Fehlender Wille des Mitarbeiters zum Karriereaufstieg: Nur wer sich entwickeln möchte, kann auch entwickelt werden. Zur Karriere kann und sollte man keinen Mitarbeiter zwingen. Wer sich in der aktuellen Position wohlfühlt und sich nicht verändern möchte, wird durch Karrieregespräche möglicherweise unnötig unter Druck gesetzt.	

ANHANG

Checklisten zu anlassbezogenen Mitarbeitergesprächen

Im Folgenden finden Sie die Checklisten zu den Mitarbeitergesprächen, die aus unterschiedlichen Anlässen – aber nicht regelmäßig – in einem Unternehmen geführt werden.

Wir haben hier Checklisten für die wichtigsten und am häufigsten vorkommenden Anlässe für Mitarbeitergespräche erstellt. Weitere oder davon abweichende Gesprächsanlässe sind in der Regel nur Varianten einer dieser Checklisten.

ANHANG

Einstellungsgespräch

Checkliste: Gespräch zur Einführung eines neuen Mitarbeiters

Die Checkliste stellt die wesentlichen Punkte im Ablauf der Vorbereitung und Durchführung eines Gesprächs zur Einführung eines neuen Mitarbeiters dar. Sie ergänzt damit die Checkliste „Planung und Ablauf von Mitarbeitergesprächen".

Ein gut geführtes Gespräch am ersten Arbeitstag bildet eine wichtige Basis für den Einstieg eines neuen Mitarbeiters in seine Position. Es soll dem Mitarbeiter für die erste Zeit in der neuen Position Struktur und Hilfestellung geben. Mit dem Einstellungsgespräch legt der Vorgesetzte den Grundstein für ein vertrauensvolles künftiges Miteinander.

Gesprächseinstieg	Kommentar
Freundliche Atmosphäre schaffen, in der sich der neue Mitarbeiter wohlfühlen kann.	
Technische Details / Vertragsadministration	
Ist der Vertrag vollständig unterschrieben?	
Liegen alle Anlagen zum Vertrag vor?	
Sind alle notwendigen Unterlagen zur Abrechnung vorhanden?	
Gibt es noch Fragen zu den Einstiegsunterlagen?	

ANHANG

Einrichtung des Arbeitsplatzes	Kommentar
Ist der Schreibtisch vorbereitet?	
Sind alle notwendigen Arbeitsmittel organisiert? (Papier, Stift, Computer, Telefon etc.)	
Funktioniert alles? Was fehlt noch? (Passwort, Programme, E-Mail usw.)	
Gibt es noch Fragen zu den Arbeitsmitteln?	
Informationen zum Unternehmen und zur Abteilung	
Erläuterung der Unternehmensorganisation (Organigramm)	
Erläuterung der Abteilungsstruktur, Aufgaben der Mitarbeiter	
Informationen zu den wichtigsten Schnittstellen	

Aushändigung wichtiger Unterlagen	Kommentar
Beispiele: - Organigramm - Telefonliste - Kostenstellenplan - Anschriften von Lieferanten - Daten der Vertriebsorganisation	

ANHANG

- Datenblätter der Produkte - Anwendungsbeschreibung der Systeme - Verfahrensanweisungen - Sicherheits- und Gesundheitsinformationen - Ethische Grundsätze - Hausordnung - Geschäftsbericht - Kennzahlen/Budgets etc.	
Information über wichtige Regeln und Absprachen	**Kommentar**
Beispiele: - Verhalten im Krankheitsfall - Kleiderordnung - Privates Telefonieren und Internetnutzung - Regeln für den Umgang im Team - Sicherheitsrichtlinien - Ethische und moralische Grundsätze etc. - Kultur und Werte in der Abteilung - Grundwerte in der Abteilung - Wie gehen wir miteinander um? - Welche Regeln gelten für alle? - Was erwarten wir voneinander?	

ANHANG

Information zur Abteilungsstruktur	Kommentar
Wann finden Meetings statt? Wer nimmt daran teil?	
Wann gibt es Einzelgespräche mit den Vorgesetzten?	
Welche Rolle spielen E-Mails?	
Wird eher schriftlich oder mündlich kommuniziert?	
Welche Reports werden erstellt?	

Einarbeitungsplan	Kommentar
Aushändigung eines Planes für die ersten Tage, z. B.:	
Welche Termine soll der neue Mitarbeiter wahrnehmen? Wo finden sie statt?	
Welche Kenntnisse sollen in der ersten Zeit vermittelt werden?	
Welches sind die ersten Aufgaben des neuen Mitarbeiters, auf die er sich konzentrieren soll?	
Welche Personen sollte der neue Mitarbeiter möglichst bald kennenlernen?	

ANHANG

Gibt es technische Einweisungen, die im Laufe der ersten Zeit noch zu erledigen sind? Checkliste „Was muss ich alles wissen?" Auflistung aller wichtigen Themen und Kenntnisse, die sich der Mitarbeiter in der ersten Zeit möglichst zügig aneignen sollte, z. B. Kenntnisse über Produkte, Anwendung, Programme, Kunden, Märkte, Abläufe, etc.	

Einführung des Mentors/Buddys	Kommentar
Vorstellung des Mentors bzw. Buddys für den neuen Mitarbeiter. Verabredung/Festlegung eines ersten Termins mit dem Buddy/Mentor.	

Vereinbarung von weiteren Gesprächen	Kommentar
Festlegen von regelmäßigen weiteren Terminen im Rahmen der Probezeit.	

Fragen des neuen Mitarbeiters	Kommentar
Gelegenheit für abschließende Fragen oder Kommentare des Mitarbeiters in diesem ersten Gespräch.	

ANHANG

Nächste/Erste Schritte	**Kommentar**
Fokus auf die ersten aktiven Schritte, die der Mitarbeiter zu tun hat, bevor er aus dem Gespräch entlassen wird.„Was tue ich jetzt?" „Was tue ich morgen"?„Welches Thema gehe ich als erstes an?"	
Mit dem Umfeld bekanntmachen	**Kommentar**
Rundgang durch die Abteilung, Vorstellung der Kollegen aus der Abteilung.Rundgang durch das Unternehmen, Hinweise zur Infrastruktur wie Toiletten, Kopierer, Kaffeeküche, Kantine etc.	
Abschluss	**Kommentar**
Freundliches Abrunden des Gesprächs und Verabschiedung des Mitarbeiters.	

ANHANG

Unterweisungsgespräch

Checkliste: Unterweisungsgespräch

Behalten Sie immer die Ziele des Unterweisungsgesprächs im Hinterkopf. Es geht zum Beispiel um einen störungsfreien Betriebsablauf, gesicherte Qualität, sorgsamen Umgang mit Maschinen und Werkzeugen, Minimierung von Ausfallzeiten durch Krankheiten oder Unfälle, Kostenreduzierung und Arbeitszufriedenheit.

Überlegen Sie, wo das Gespräch stattfinden soll. Müssen Maschinen oder EDV-Arbeiten vor Ort oder am PC erläutert werden? Holen Sie sich Unterstützung, wenn Sie selbst kein Fachmann für die jeweilige Aufgabe sind.

Die Checkliste stellt die wesentlichen Punkte im Ablauf der Vorbereitung und Durchführung eines Unterweisungsgesprächs dar. Sie ergänzt damit die Checkliste „Planung und Ablauf von Mitarbeitergesprächen".

Allgemeine Hinweise zum Unterweisungsgespräch	Kommentar
Beachten Sie, ob für die Unterweisung Sicherheitsrichtlinien (interne, vom Maschinenhersteller oder von der Berufsgenossenschaft) wichtig sind. Arbeiten Sie diese anhand einer entsprechenden Checkliste ab oder holen Sie sich Unterstützung durch einen Experten. Unterlassene oder falsche Sicherheitseinweisungen können für Sie und das Unternehmen im Fall eines Unfalls große Probleme verursachen!	

ANHANG

Erklären Sie immer so, dass der zu Unterweisende wirklich versteht, was Sie vermitteln wollen. Beachten Sie unterschiedliches Vorwissen und unterschiedliche Auffassungsgaben von Mitarbeitern.	
Bedenken Sie, dass die Schulzeit bei manchen Mitarbeitern lange zurückliegt und dass einige Mitarbeiter möglicherweise schlechte Erinnerungen damit verbinden. Machen Sie also klar, dass Sie vor allem als Helfer und weniger als Lehrer auftreten. Weisen Sie darauf hin, dass es keine Benotung und erst recht keine Bestrafung gibt, wenn ein Mitarbeiter etwas nicht (sofort) versteht.	

Ablauf des Gesprächs	Kommentar
Erläutern Sie direkt zu Beginn, worum es in der Unterweisung gehen wird. Formulieren Sie die Lernziele, die der zu Unterweisende nach dem Gespräch erreicht haben soll.	
Ermuntern Sie den zu Unterweisenden, Fragen zu stellen. Ermuntern Sie ihn, zu unterbrechen, wenn er etwas nicht verstanden hat.	
Geben Sie dem zu Unterweisenden eine schriftliche Version der Unterweisung an die Hand. Er wird sich sicher nicht alles beim	

ANHANG

ersten Mal merken können und wird dankbar sein, es noch einmal nachlesen zu können.	
Ermuntern Sie den zu Unterweisenden, sich selbst Notizen zu machen.	
Vermeiden Sie – wenn möglich – Fachbegriffe oder Jargon, den der zu Unterweisende möglicherweise nicht versteht.	
Erklären Sie alles solange und so oft, bis der zu Unterweisende signalisiert, dass er alles verstanden hat.	
Lassen Sie den zu Unterweisenden das Gelernte eigenständig wiederholen. Auf diese Weise finden Sie heraus, ob er es wirklich verstanden hat.	
Führen Sie praktische Anleitungen direkt an der Maschine, an dem Werkzeug oder an einem PC vor, wo der zu Unterweisende später auch tatsächlich arbeiten wird.	
Lassen Sie den zu Unterweisenden jeden Handgriff und jeden Prozess des Arbeitsablaufs eigenständig wiederholen und durchführen.	

Abschluss des Unterweisungsgesprächs	**Kommentar**
Ermuntern Sie den zu Unterweisenden, Fragen zu stellen. Manchmal bleibt bis zum Schluss etwas Entscheidendes unklar. Jetzt ist die Gelegenheit, das noch zu klären.	

ANHANG

Weisen Sie den zu Unterweisenden darauf hin, dass er auch später jederzeit zu Ihnen oder einem entsprechenden Kollegen kommen kann, um Fragen zu stellen und Hilfe zu erbitten.	
Betonen Sie, dass „noch kein Meister vom Himmel gefallen ist". Machen Sie klar, dass Fehler und Unsicherheiten nicht vertuscht werden müssen, sondern jederzeit offen angesprochen werden können, ohne dass dem zu Unterweisenden Nachteile drohen.	
Bedanken Sie sich, dass der zu Unterweisende gut mitgearbeitet hat. Wünschen Sie ihm viel Erfolg für die künftige Anwendung des Gelernten.	

ANHANG

Gespräch zum Ende der Probezeit

Checkliste: Gespräch zum Ende der Probezeit	
Die Checkliste stellt die wesentlichen Punkte im Ablauf der Vorbereitung und Durchführung eines Gesprächs zum Ende der Probezeit dar. Sie ergänzt damit die Checkliste „Planung und Ablauf von Mitarbeitergesprächen".	
Allgemeine Hinweise	**Kommentar**
Die Probezeit beträgt in der Regel mindestens drei, meistens sechs Monate. Der Mitarbeiter hat somit schon eine ausreichend lange Zeit im Unternehmen verbracht, sodass eine erste Beurteilung seiner Arbeitsleistung erfolgen kann. Spätestens zu diesem Zeitpunkt wird entschieden, ob der Mitarbeiter auch über die Probezeit hinaus beschäftigt werden sollte oder nicht. Diese Checkliste beschäftigt sich ausschließlich mit der Variante, dass der Mitarbeiter übernommen werden soll. Entscheidet sich die Organisation dagegen, findet ein reguläres Kündigungs- bzw. Austrittsgespräch statt, das in einer gesonderten Checkliste beschrieben ist.	

ANHANG

Inhalte des Gesprächs	Kommentar
Als Leitfaden für das Gespräch dienen die folgenden Fragestellungen:	
Wie weit ist der Mitarbeiter bei der Einarbeitung in seinen Aufgabenbereich fortgeschritten?	
Welche Defizite bestehen noch?	
Wurden die bei der Einstellung vereinbarten Ziele erreicht?	
Welche Hilfestellungen benötigt der Mitarbeiter noch?	
Wie weit ist eine Eingliederung ins Team gelungen?	
Welche Probleme gibt es dabei?	
Ist der Mitarbeiter in dem ihm zugewiesenen Aufgabenbereich optimal besetzt?	
Welche alternativen Aufgabenbereiche könnten infrage kommen?	
Wie sieht der Mitarbeiter selbst das?	

ANHANG

Gehaltsgespräch

Checkliste: Gehaltsgespräch

Die Checkliste stellt die wesentlichen Punkte im Ablauf der Vorbereitung und Durchführung eines Gehaltsgesprächs dar. Sie ergänzt damit die Checkliste „Planung und Ablauf von Mitarbeitergesprächen".

Je nach Situation und Struktur des Unternehmens kann sich die Gestaltung des Entgelts nach ganz unterschiedlichen Systemen gestalten. Manche Unternehmen unterliegen einem Tarifkonzept, andere haben eigene Gehaltssysteme. In einem Unternehmen werden Gehälter individuell immer wieder neu verhandelt, in anderen findet die Entscheidung sowohl über den fixen als auch möglichen variablen Anteil des Entgelts nach festen Regeln statt.

Klärung der Rahmenbedingungen	Kommentar
Informieren Sie sich im Vorfeld über die internen Strukturen, an denen ein Gehaltsgespräch auszurichten ist.	
Klären Sie vor dem Gespräch, wie Ihre Entscheidungsbefugnis für ein Entgelt aussieht. Ggf. haben Sie gar nicht die Befugnis, über die Höhe des Entgelts Ihrer Mitarbeiter zu entscheiden. In einem solchen Fall läuft das Gespräch anders ab, als wenn Sie diesbezüglich alle Freiheiten haben.	

ANHANG

Sammlung von Informationen zur Mitarbeitersituation	Kommentar
Die aktuelle Situation des Mitarbeiters sollte so gut und genau wie möglich eingeschätzt werden:	
Wie ist die aktuelle Position des Mitarbeiters?	
Wie lange ist der Mitarbeiter schon in dieser Position? Wie lange schon im Unternehmen?	
Wie hoch ist das aktuelle Entgelt des Mitarbeiters?	
Wie liegt die Gehaltshöhe im Vergleich zu anderen vergleichbaren Positionen?	
Bezieht der Mitarbeiter Sonderleistungen wie z. B. variabler Anteil zum Entgelt, Tankgutschein, Altersvorsorge, Fahrgeld, o. Ä. ?	
Wie ist die Leistung des Mitarbeiters einzuschätzen?	
Wie ist die persönliche Situation des Mitarbeiters (soweit bekannt und relevant)?	

Prüfung, ob und wie das Entgelt angepasst werden sollte	Kommentar
Ist eine Entgeltanpassung möglich?	
Wenn ja, in welcher Höhe?	
Zu welchem Zeitpunkt kann die nächste Anpassung erfolgen?	

ANHANG

Wenn Entgeltanpassung nicht möglich ist, Alternativen überlegen.	

Gibt es andere Möglichkeiten zur Motivation des Mitarbeiters, wenn eine Entgeltanpassung nicht möglich ist, z. B.:
  - Arbeit im „Home Office"
  - Tankgutschein / Fahrgeld
  - Flexiblere Arbeitszeiten
  - Mitarbeiterrabatt
  - Zusätzlicher Urlaub	

Wenn Leistungsprobleme eine Entgeltanpassung verhindern:
  - Argumente zur Leistung des Mitarbeiters bereithalten.
  - Begründungen mit Daten und Fakten belegen.	

Durchführung des Gehaltsgesprächs	**Kommentar**
Die Durchführung des Gehaltsgesprächs erfolgt in der Regel so, wie die Struktur und Organisation des jeweiligen Unternehmens es vorsieht. Somit sei an dieser Stelle auf die Information zum Ablauf von Mitarbeitergesprächen insgesamt verwiesen, an der man sich orientieren kann.	

ANHANG

Anerkennungsgespräch

Checkliste: Anerkennungsgespräch

Die Checkliste stellt die wesentlichen Punkte im Ablauf der Vorbereitung und Durchführung eines Anerkennungsgesprächs dar. Sie ergänzt damit die Checkliste „Planung und Ablauf von Mitarbeitergesprächen". Anerkennung und Lob sind wirksame Motivationsfaktoren für die Leistung des Mitarbeiters, werden aber in der Praxis leider immer noch viel zu selten ausgesprochen.

Bemühen Sie sich als Vorgesetzter daher darum, ab und zu auch mal ein geordnetes und geplantes Anerkennungsgespräch zu führen.

Anerkennung geben heißt, positives Feedback zu geben. Dies ist in der Regel nicht schwer und auch nicht besonders zeitintensiv. Dennoch: Wird Anerkennung in geordneter Form in einem eigens dafür geplanten Gespräch vermittelt, hat sie eine noch größere Wirkung.

Regeln für ein erfolgreiches Anerkennungsgespräch	Kommentar
Gleichbehandlung: Anerkennung sollte allen guten Mitarbeitern zugesprochen werden, unabhängig von Sympathien oder Antipathien. Stellen Sie als Vorgesetzter sicher, dass sie gleiche gute Leistung auch gleich positiv anerkennen.	
Gründe offenlegen: Beschreiben Sie genau, welche Leistungen Sie beeindruckt haben.	
Ehrliche Anerkennung der Leistung: Erkennen Sie die Leistung des Mitarbeiters ehrlich an	

ANHANG

und vermeiden Sie eine Abschwächung durch Vermischung mit der Leistung anderer Kollegen oder gar Ihnen selbst.	
Zeitnah loben: Die Wirkung eines Lobes ist umso größer, je schneller es nach der gezeigten Leistung ausgesprochen wird.	
Sachlich bleiben: Vermeiden Sie zu große Emotionalität. Der Mitarbeiter darf sich freuen, aber er sollte auch nicht denken, dass sie aufgrund des Lobes fortan eine tiefe Freundschaft verbindet.	

ANHANG

Kritikgespräch

Checkliste: Kritikgespräch

Die Checkliste stellt die wesentlichen Punkte im Ablauf der Vorbereitung und Durchführung eines Kritikgesprächs dar. Sie ergänzt damit die Checkliste „Planung und Ablauf von Mitarbeitergesprächen".

Ein offizielles Kritikgespräch ist dann angemessen, wenn andere Maßnahmen vorher nicht erfolgreich waren. Gründe für ein Kritikgespräch sind in der Regel Probleme in der Leistung eines Mitarbeiters über einen längeren Zeitraum hinweg, sowie deutliches Fehlverhalten des Mitarbeiters.

Vorbereitung des Kritikgesprächs	Kommentar
Grundsätzliches definieren: - Was soll mit dem Gespräch erreicht werden? - Wie soll der Mitarbeiter das Gespräch verlassen (motiviert/frustriert)? - Welche konkreten Maßnahmen sollen am Ende des Gesprächs stehen?	
Belege für das Verhalten zusammenstellen: - Daten und Fakten über mögliches Fehlverhalten aufzeichnen. - Konkrete Zahlen zum Nachweis zusammenstellen. - Mögliche Zeugen benennen.	

ANHANG

Eröffnung / Anbringen der Kritik	Kommentar
Kritik klar und sachlich äußern, nicht durch einen positiven Einstieg oder ein Lob verschleiern.	
Zügig zum Punkt kommen.	
Offene Fragen stellen.	
Dem Mitarbeiter Raum geben, den Vorgang aus seiner Sicht zu schildern, z. B. „Wie ist Ihre Meinung dazu?"; „Wie können wir dies in Zukunft vermeiden?"; „Wie stellt sich das Problem aus Ihrer Sicht dar?"	

Zustimmung/Einigkeit erzielen	Kommentar
Der Mitarbeiter soll dahingehend motiviert werden, Fehlverhalten oder Leistungsschwäche künftig zu vermeiden, durch Anmerkungen wie z. B.: „Das ist ein guter Vorschlag, wie kann ich Sie dabei unterstützen?" - „Ich kann Ihr Verhalten bis zu einem bestimmten Punkt verstehen, aber..." - „Können wir uns darauf einigen?"	

ANHANG

Konstruktive Kritik üben	Kommentar
Kritik soll beim Mitarbeiter ankommen, er soll sie verstehen.	
Der Mitarbeiter soll die Kritik einsehen.	
Der Mitarbeiter soll motiviert werden, es künftig besser machen zu wollen.	
Der Mitarbeiter soll seine Verhaltensänderung als ehrliches Ziel und nicht nur gut als gemeinte Absicht verstehen.	

Maßnahmen vereinbaren	Kommentar
Ziele und Maßnahmen zur Änderung des Verhaltens klar formulieren.	
Hilfestellung anbieten.	
Zeitrahmen für die Umsetzung der Maßnahmen festlegen.	
Termin für Folgegespräch vereinbaren.	

Wenn das Gespräch negativ verläuft...	Kommentar
Wenn der Mitarbeiter nicht an einer Verbesserung der Situation interessiert ist bzw. wenn er kein Einsehen zeigt, ist der Mitarbeiter auf mögliche Konsequenzen hinzuweisen. Dabei	

ANHANG

ist zu verdeutlichen, dass die Konsequenzen für das Verhalten nicht verhandelbar sind.	

Abschluss	**Kommentar**
Klare und eindeutige Formulierung der getroffenen Vereinbarungen z. B.: „Wenn Sie Ihr Verhalten nicht ändern, müssen Sie mit einer Abmahnung rechnen!" Oder: „Schön, dass wir uns einig sind. Ich erwarte nun also, dass Sie künftig immer pünktlich sind."	
Freundlicher und respektvoller Abschluss des Gesprächs und Verabschiedung. Auch wenn der Mitarbeiter emotionale Reaktionen zeigt, sollte der Vorgesetzte immer versuchen, gelassen und respektvoll zu bleiben.	

ANHANG

Rückkehr nach Krankheit

Checkliste: Rückkehr nach Krankheit
Die Checkliste stellt die wesentlichen Punkte im Ablauf der Vorbereitung und Durchführung eines Gesprächs zur Rückkehr nach längerer Krankheit dar. Sie ergänzt damit die Checkliste „Planung und Ablauf von Mitarbeitergesprächen".
Diese Checkliste umfasst bei weitem nicht die gesamten Anforderungen zum „Betrieblichen Eingliederungsmanagement" nach SGB IV. Die Umsetzung des vollständigen rechtskonformen Prozesses wird in der Regel durch den Personalbereich oder die Geschäftsführung gesteuert. Hier sollen nur einige Anregungen dazu gegeben werden, wie man sich grundsätzlich dem Mitarbeiter gegenüber verhalten sollte, wenn er nach längerer Abwesenheit wieder an den Arbeitsplatz zurückkehrt.

Hinweise zu den Gesprächsinhalten	Kommentar
Es ist wichtig, zu erkennen, inwieweit die Erkrankung im Zusammenhang mit dem Arbeitsumfeld steht bzw. gestanden hat. Gibt es einen – wenn auch nur indirekten – Zusammenhang, so ist zu prüfen, wie eine weitere Erkrankung in Zukunft vermieden werden kann. Somit sollte der Mitarbeiter dazu ermuntert werden, möglichst offen darüber Auskunft zu geben, welche Aspekte des Arbeitsumfeldes möglicherweise zu verändern sind. Dies können sein:	
Arbeitspensum/Zeitdruck	
Ergonomie	
Lage der Arbeitszeiten	
Verhalten der Führungskraft	

ANHANG

Umgang mit Kollegen	
Umgang mit Kunden/Externen	
Hilfe/Unterstützung fehlt.	
Arbeitsbedingungen/Umfeld (Temperatur, Luft)	
Anhand dieser Punkte wird das Gespräch durchgeführt und es wird entschieden, ob Maßnahmen oder Aktionen erforderlich sind, die die Gesundheit des Mitarbeiters für die Zukunft möglichst gut unterstützen.	

ANHANG

Kündigungsgespräch

Checkliste: Kündigungsgespräch

Die Checkliste stellt die wesentlichen Punkte im Ablauf der Vorbereitung und Durchführung eines Kündigungsgesprächs dar. Sie ergänzt damit die Checkliste „Planung und Ablauf von Mitarbeitergesprächen".

Für ein Kündigungsgespräch ist eine gute Vorbereitung ganz besonders wichtig, handelt es sich doch um ein Gespräch, dessen Inhalte und begleitende Dokumente später evtl. vor einem Gericht standhalten müssen. Ein Vorgesetzter sollte ein Kündigungsgespräch im Idealfall nicht alleine durchführen, sondern immer mit einer zweiten Person; meist ist dies jemand aus dem Personalbereich.

In der Vorbereitung ist besonders zu beachten, welche Reaktion vom Mitarbeiter zu erwarten ist. Eine Kündigung ist eine sehr persönliche und emotionale Angelegenheit, mit der verschiedene Menschen sehr unterschiedlich umgehen können. Somit sollte man auch für mögliche emotionale Ausbrüche gewappnet sein.

Positiver Gesprächseinstieg	Kommentar
Auch ein Kündigungsgespräch sollte in einer möglichst positiven Atmosphäre stattfinden. Auch wenn das Verhältnis zum Mitarbeiter sehr gestört sein mag, sind trotzdem Respekt und Höflichkeit geboten.	

ANHANG

Vermittlung der Nachricht „Kündigung"	Kommentar
Die Kündigung ist klar und deutlich auszusprechen. Vermeiden Sie unbedingt ein „Drumherum-Gerede". Verwenden Sie das Wort „Kündigung" und vermeiden Sie Aussagen wie „...müssen wir uns leider von Ihnen verabschieden", oder „... hat das hier alles keinen Sinn mehr ...". Wichtige Sätze sind daher: „Ich / wir kündige(n) Ihnen hiermit fristgerecht zum Datum X." „Der Gründe für die Kündigung sind a, b und c." „Sie werden ab sofort freigestellt. Ihr Gehalt bekommen Sie bis zum Datum X weiterhin." Je nach der Reaktion des Mitarbeiters ist es möglich, dass weitere Details im Kündigungsgespräch nicht mehr besprochen werden können. Es sollte dann möglichst kurzfristig ein Folgetermin dazu vereinbart werden.	

Klärung des weiteren sachlichen Ablaufes	Kommentar
Folgende Punkte werden im weiteren Verlauf dann besprochen und sollten ebenfalls entsprechend gut vorbereitet, geprüft und geklärt sein,	

ANHANG

ggf. auch schon mit den zugehörigen Dokumenten (z. B. schriftliche Freistellung, Aufhebungsvertrag, Zeugnis):	
Was ist der exakte Grund für die Kündigung?	
Ab wann gilt die Kündigung?	
Wie hoch ist die Abfindung?	
Erfolgt eine Freistellung?	
Wann ist der letzte Arbeitstag?	
Soll noch eine Übergabe an einen Kollegen erfolgen?	
Bekommt der Mitarbeiter bis zum Ende der Kündigungsfrist weiter sein Gehalt?	
Wie wird das Arbeitszeugnis formuliert sein?	
Wann wird das Zeugnis ausgehändigt?	
Was ist mit dem Resturlaub? Wird er ausbezahlt?	
Wie ist der Umgang mit möglichen Überstunden?	
Was ist mit betrieblichen Pensionsansprüchen?	
Wie sieht es mit ausstehenden Bonuszahlung oder sonstigen variablen Vergütungen aus?	
Wann sind die Arbeitsmittel wie Laptop, Telefon, Firmenwagen etc. abzugeben?	
Welche Unterlagen und Dokumente hat der Mitarbeiter noch in seinem Besitz, die zurückgegeben werden müssen?	

ANHANG

Behält der Mitarbeiter noch seine Zugriffsrechte zu den Systemen, zur EDV, den Schlüssel zum Bürogebäude?	

ANHANG

Exit-Gespräch

Checkliste: Exit-Gespräch

Die Checkliste stellt die wesentlichen Punkte im Ablauf der Vorbereitung und Durchführung eines Exit-Gesprächs dar. Sie ergänzt damit die Checkliste „Planung und Ablauf von Mitarbeitergesprächen".

Das Exit-Gespräch bietet die Chance, vor dem Ausscheiden eines Mitarbeiters wertvolle Informationen darüber zu erhalten, wie das Arbeitsumfeld insgesamt optimiert werden kann. Zudem fördert es die Bindung zum Mitarbeiter. Auch wenn dieser das Unternehmen verlässt, spielt es doch eine Rolle, wie sich die Beziehung zur Organisation auch über den Austritt hinaus gestaltet. Zudem ist durchaus möglich, dass ein Mitarbeiter später wieder in das Unternehmen zurückkehrt.

Inhalte des Exit-Gesprächs	Kommentar
Gründe für den Wechsel / die Kündigung.	
Positive / negative Erfahrungen im Unternehmen.	
Positive / negative Erfahrungen mit dem direkten Vorgesetzten.	
Positive / negative Erfahrungen mit den Kollegen.	
Vorschläge zur Verbesserung problematischer Punkte.	
Vorschläge zur Verbesserung des Arbeitsklimas.	

ANHANG

Hat der Mitarbeiter seine Unzufriedenheit schon früher (vor dem Entschluss zu kündigen) geäußert? Wie wurde darauf reagiert?	
Vorschläge zur Verbesserung der Produktivität.	
Welche besonderen Fähigkeiten sollte ein Nachfolger mitbringen?	
Der ausscheidende Mitarbeiter kann nicht dazu gezwungen werden, sich offen über seine Einstellung zum Unternehmen und den dort handelnden Personen zu äußern. Das Gespräch kann daher immer nur auf freiwilliger Basis erfolgen, und es ist auch nicht klar, ob auf alle Fragen eine Antwort gegeben wird. Dennoch ist jede Information, die der Mitarbeiter bereit ist, zu geben, wertvoll für das Unternehmen.	

ANHANG

Index der Beispiele

B

Betrug der Zeiterfassung 117
Brandschutzbeauftragter 170

E

Entwicklungsgespräch 152
Erkrankter Mitarbeiter fehlt für wenige Tage 85
Ermutigung des Mitarbeiters 276
Erwartungen an den Mitarbeiter 163
Erwartungen in Bezug auf Pünktlichkeit 167

F

Feedback 347
Feedback zu Unpünktlichkeit 136
Feedback zur Mitarbeiterleistung 135
Fragebogen - 360-Grad-Feedback 305
Fremdwörter 241
Führungsverantwortung 171

G

Gespräch mit negativem Inhalt 111
Gespräch mit positivem Inhalt 111
Gesprächsablauf erläutern 128
Gesprächseröffnung 125
Gesprächsprotokoll 180

H

Hilfen anbieten 337
Hinter dem eigenen Team stehen 216

K

Klare Absprachen 121
Klare Anweisungen 161
Klare Vermittlung von Inhalten 120
Konflikt zwischen Mitarbeitern 153
Konsequentes Verhalten 214
Kritik zulassen 205
Kritikgespräch 149

M

Missverständnis in der Produktion 32
Missverständnisse 159
Missverständnisse vermeiden 156
Mitarbeiter ist regelmäßig freitags und/oder montags "krank" 86
Mitarbeiter ist sehr häufig krank 86

P

Positive Beurteilung in einem Kritikgespräch 334

R

Reaktionen auf Angriffe 252

S

Suggestivfragen 237

U

Umgang mit Gerüchten 220
Umsatzziele 145
Unberechenbarkeit von Entscheidungen 203
Unvorhersehbares Verhalten des Vorgesetzten 202

V

Verantwortung für eigene Fehler übernehmen 210

ANHANG

Verhalten kritisieren - nicht Menschen! 284
Vermeidung von "Vitamin B"-Effekten 273
Vermeidung von Bewertungsfehlern . 259
Vermeidung von Halo-Effekten 263
Vermeidung von Primär- oder Rezenz-Effekten 268
Vermeidung von Tendenzfehlern 262
Verständnis sicherstellen 249
Vorschnelle Urteile 186

W

Wechsel in eine neue Position 171

Z

Ziele klar definieren 338
Zurück zum Thema 257

ANHANG

Index

3

360-Grad-Befragung .... Siehe 360-Grad-Feedback
360-Grad-Feedback 303

A

Ablauf von Mitarbeitergesprächen 123
Abschweifen von eigentlichen Thema 127
Absolute Urteile 332
Absprachen 200
Anerkennung 64
Anerkennungsgespräch 63
Anforderungsprofile 305
Anlassbezogene Mitarbeitergespräche 46
Anlässe für Mitarbeitergespräche 37
Anonymität 306
Anregungen 336
Anschuldigungen 250
Anteilnahme 228
Antipathie 259
Arbeitsanweisungen 189
Arbeitspensum 89
Arbeitsunfähigkeit 82
Arbeitszeiten 90
Argumente 62
Atmosphäre 78
Aufgabenbereiche 81
Aufgabenverteilung 178
Augenmaß 311
Austrittsgespräch 74
Authentizität 222

B

Bedürfnisanalyse 43
Berechenbarkeit 202
Betriebliches Eingliederungsmanagement 93
Beurteilungsformular 110
Beurteilungsformulare 105
Beurteilungsgespräch 39
Beurteilungskriterien 40
Beurteilungskriterium
    Loyalität und Engagement 148
Bevorzugung 348
Bewertung 295
Bewertungsfehler 258, 311
Bewertungskriterium
    Führung von Mitarbeitern 147
    Umsatz 145
Bundesarbeitsgericht 280
Burn-out 84
Buschfunk 35

C

Checkliste 127
Checkliste: Vorbereitung für ein
    Mitarbeitergespräch 102
Checklisten 349, 350
    Anerkennungsgespräch 405
    Aufbau von Vertrauen 370
    Beurteilungsgespräch
        (Jahresgespräch) 381
    Einschätzungsgespräch 383
    Einstellungsgespräch 390
    Ende der Probezeit 400
    Exit-Gespräch 417
    Gehaltsgespräch 402
    Gesprächsprotokoll 180
    Karrieregespräch 386
    Kritikgespräch 407
    Kündigungsgespräch 413
    Positive Gesprächsatmosphäre 367
    Reflexion direkt nach dem Gespräch
        356

ANHANG

Regelmäßige Reflexion 363
Rückkehr nach Krankheit 411
Selbstkontrolle........................... 183
Typische Fehler und Probleme 372
Unterweisungsgespräch 396

D

Datenschutz.................................. 82
Definition Mitarbeitergespräch 13
Defizite 291
Delegationsgespräch 66
Delegieren 69
Disziplinargespräch 173
Dokumentation 105
Du-Botschaften 250
Durchschnittliche Leistung 270

E

Ehrlichkeit............................ 113, 225
Einarbeitung 176
Einarbeitungsplan......................... 52
Einführungsgespräch 47
Einladung 108
Einseitige Betrachtung 244
Einstufung 25
Ende der Probezeit 80
Entscheidungen 288
Entwicklung des Mitarbeiters 152
Entwicklungsmöglichkeiten 43
Ergebnisse 339
Ergonomie 90
Erklären 195
Exit-Gespräch 74, Siehe Austrittsgespräch
Exkurs
    Von Sendern und Empfängern 157

F

Fachjargon 196
Fachkenntnisse 170
Feedback 29, 116, 134
Fehlende Ressourcen 44

Fehlender Wille des Mitarbeiters 45
Fehler.............................. 210, 233
Fehlverhalten 149
Folgegespräche 53
Folgetermine............................... 173
Forced Distribution 312
Forced Ranking 299
Fördermaßnahmen 170
Förderungsmöglichkeiten 43
Freundlichkeit 124
Fürsorge 95
Fürsorgepflicht 82

G

Gaußsche Kurve 301
Gaußsche Normalverteilung 271
Gedankenlesen 249
Gedankenlesen für Vorgesetzte 340
Gehaltsgespräch 61
Gemeinsames Erarbeiten von Lösungen
.... 98
Genesungsgebot 94
Gerüchte 35, 219
Gesprächsabschluss 60
Gesprächsatmosphäre 111
Gesprächseinstieg 124
Gesprächseröffnung 56
Gesprächsführung 234
Gesprächsführung 127
Gesprächsort 106
Gesprächsprotokolle 168
Gesprächsverweigerung 280
Glaubwürdigkeit 223
Gleichbehandlung 63
Glockenkurve ...... Siehe Normalverteilung

H

Halo-Effekt 313
Halo-Effekte 263
Harte Faktoren 296
Hausordnung 50
Hemmungen 276

ANHANG

Hierarchie 246
Hilfe 337
Hilfen 170
Hilfestellungen 81
Hilfsangebote 231
Hinweise 11
Höflichkeit 331
HR-Abteilung 304

I

Ich-Botschaften 250
Ideen 336
Informationsaustausch 31
Integrität 199
Interesse für Probleme von Mitarbeitern
 228

J

Jährliches Beurteilungsgespräch 144

K

Karrieregespräch 42
Kennenlernen 30
Kerninhalte 159
Klarheit 161, 166
Klebeeffekt 313
Kompetenzmodelle 305
Körpersprache 115
Krankheit 82
Krankheitsausfall 87
Krankmeldungen 94
Kriterien 333
Kritik aktiv einfordern 209
Kritik zulassen 204
Kritikgespräch 55, 149
Kultur und Werte 51
Kündigung 71, 72
Kündigungsgespräch 155
Kündigungsschutz 80

L

Leistungsbeurteilung 25
Leistungsgruppen 299
Leistungsumfeld 270
Lob 64
Loyalität 215

M

Machtkampf 248
Medizinischer Dienst der KV 93
Missverständnisse 32
Missverständnisse vermeiden 156, 159
Mitarbeiter unterstützen 230
Mitarbeiterbindung 27
Mitarbeiterführung 27
Mitarbeiterqualifikation 26
Monologe 239
Motivation 36
Motivieren 232
Multi-Rater-Feedback 303
Mündiger Mitarbeiter 189

N

Nachbereitung 182
Normalverteilung 270
Notizen 104

O

Offene Fragen 57
Online-Befragung 304
Organigramm 50

P

Personalabbau 307
Personalgespräch 280
Perspektivenwechsel 244
Phasen eines Mitarbeitergesprächs ... 123
Position 274
Positiver Start 331

ANHANG

Primacy-Effekte 267
Primäreffekt 267
Probezeit 80
Probleme 233, 335
Probleme ansprechen 34
Protokoll 178, 179
Provokationen 252

Q

Qualifikationsmaßnahmen 44
Qualitätskontrolle 182
Quote 312
Quotenregelungen 301

R

Ranking-Systeme 299
Recency-Effekte 267
Rechtliche Aspekte 41
Regelmäßige Mitarbeitergespräche 38
Regeln und Absprachen 50
Respekt 228, 332
Respektvoller Umgang 112
Rezenzeffekt 267
Rückblick 134
Rückkehr nach langer Krankheit 88
Rückkehrgespräch 97
Ruhe 293
Rundum-Feedback .... Siehe 360-Grad-Feedback

S

Sachlichkeit 64
Schweigen 278
Selbstbewertung 303
Selbsteinschätzung 43
Selbstreflexion 298
Small Talk 30
Sprachebenen 241
Sprachkenntnisse 261
Stereotypisierung 244
Suggestive Formulierungen 237

Sympathie 259, 311

T

Tadeln 230
Telefonliste 50
Tendenzfehler 262
Termin 105
Transparenz 189
Trennungsgespräch 71

U

Überforderung 92
Umgang mit Kunden 91
Ungestörtheit 108, 293
Unsachlich werden 251

V

Verantwortung 210
Verbesserung von Englischkenntnissen
 163
Vereinbarungen 306
Verhalten der Führungskraft 90
Verhältnis zu den Kollegen 91
Verletzungen 252
Verständnis 336
Vertrauen 113, 185, 370
Vertrauensbildung 28
Vertrauensverhältnis 188
Vertraulichkeit 289
Vitamin B 273
Vorbereitung 55
Vorbereitung auf ein Mitarbeitergespräch 101
Vorgaben 269
Vorteile von Mitarbeitergesprächen 23
Vorurteile 265

W

Weiche Faktoren 296
Wertschätzung 67, 96

ANHANG

Wettbewerbsfähigkeit 76
Wiedereingliederungsmanagement 92
    Rechtliche Aspekte 92
Wiedereinstieg 85
Wiedervorlagesystem 106
Willkür 312

Z

Zeitdruck 89
Zeitmangel 19

Ziele 23, 140, 338
Ziele 269
Ziele jedes Mitarbeitergesprächs 119
Zielvereinbarungen 44, 140, 178
Zuhören 78, 116
Zuverlässigkeit 200
Zwischengespräche 173

ANHANG

Downloads

Viele der im Buch vorgestellten Checklisten können Sie im praktischen PDF-Format auch von unserer Website herunterladen und ausdrucken.

Bitte besuchen Sie dazu die Website zum Buch:

www.dasmitarbeitergespräch.de

Sie finden dort alle Informationen zum kostenlosen Download der Dokumente.

ANHANG

Die Autoren

Janine Völkert-May ist Unternehmensberaterin mit den Schwerpunkten HR und Unternehmensführung. Sie verfügt über mehr als 25 Jahre Erfahrung im Personalbereich, von denen sie den größten Teil als Personalleiterin in verschiedenen Branchen, sowohl national als auch international, tätig war. Nun bietet sie Unterstützung für Unternehmen in Form eines externen Personalmanagements an. Weitere Informationen finden Sie unter www.mayhrdock.de

Dipl.-Päd. Frank E. Callies ist freiberuflicher Autor und Publizist. Als Geschäftsführer eines Verlags hat er 30 Jahre Erfahrungen im Umgang mit Mitarbeitern, Kunden und Geschäftspartnern sammeln können.

Beide Autoren haben in ihrer beruflichen Laufbahn bereits unzählige Mitarbeitergespräche geführt und kennen sämtliche Fallstricke und Probleme, die dabei auftreten können.

ANHANG

Kontakt

Haben Sie Anregungen, Ideen oder Vorschläge zum Buch? Haben Sie eine Frage? Wir freuen uns, von Ihnen zu hören und bemühen uns, alle Fragen zu beantworten.

Wenn Ihnen das Buch gefallen hat, freuen wir uns über eine kurze Rezension oder Bewertung bei Ihrem Buchhändler. Wenn Sie ein paar Minuten dafür erübrigen können, hilft uns das sehr. Wir lesen und freuen uns über jede Bewertung oder Rezension.

Schon im Voraus vielen Dank dafür 😊

Bitte senden Sie Ihre Fragen oder Vorschläge an:

Zebrabuch, Auf dem Kamp 15, 51645 Gummersbach

info@zebrabuch.de

Sie können auch den Autoren direkt schreiben:

janine.voelkert-may@zebrabuch.de

frank.callies@zebrabuch.de